北京市高等教育精品教材立项项目

“十三五”普通高等教育应用型规划教材·会计与财务系列

成本会计学

（第三版）

于富生　张　敏　编著

COST ACCOUNTING

中国人民大学出版社

·北京·

前　言

本书是应用型规划教材《成本会计学（第二版）》的修订版，同时也是北京市高等教育精品教材立项项目。

我们本着着力培养学生对成本会计实务的理解能力和操作能力的原则，在听取各方面意见和充分探讨研究的基础上，以现行企业会计准则为依据，进行了本次修订工作。在本次修订中，我们主要做了以下几个方面的工作。

(1) 取消了“待摊费用”和“预提费用”两个会计科目，对相关的核算内容进行了修订。

(2) 对第9章作业成本法的内容进行了较为全面的修改。在这一章的修订中，我们对作业成本法的一般程序进行了更为具体完整的表述，并按照相应的表述，对作业成本法的举例进行了重新设计，增加了作业成本法账务处理的内容，从而使举例更为全面完整。

(3) 根据本次修订后的内容对各章的练习题进行了修改和充实。

(4) 为了培养学生的实务操作能力，本书设计编写了“成本会计实训”的内容。

本书由于富生教授和张敏副教授编著。本次修订的分工为：1～10章的主体部分由于富生修订，1～10章的练习题部分由张敏修订；新增加的成本会计实训部分由张敏编写。

在本次修订中，中国人民大学出版社工商管理分社的编辑提出了许多宝贵意见，为提高本教材的质量，保证修订工作的顺利完成，付出了辛勤的劳动。谨向她们表示衷心的感谢。

虽然在本次修订过程中我们力尽所能，但由于水平和时间所限，修订后的教材可能仍然存在不足之处，恳请广大师生和读者继续对本书进行批评指正，提出宝贵意见和建议。

编者

前　言

编者

目　录

第 1 章 总 论

Chapter 1

如何从理论上认识成本的含义，怎样界定成本会计的对象和成本会计的工作内容，从而正确地组织企业的成本会计工作，对于企业的经营管理来说是极为重要的。本章就讲述这些方面的内容。

1.1 成本会计的产生和发展

成本会计是在社会经济发展过程中逐步形成和发展起来的。成本会计起源于15世纪的意大利。从其最初产生的原因看，主要是为了计算产品成本，从而确定已售产品的销售成本和计算盈利。当时，随着手工业的迅速发展，资本主义经济开始萌芽，为了加强经营管理和会计核算，商人普遍要求对已采用的复式簿记进行总结，从而大大地推动了复式记账法的发展和完善。在此基础上，复式簿记又由商业领域向工业领域发展，而这时工业簿记中最简单的成本计算，正是近代成本会计的前身。

16世纪初，在意大利著名的银行家梅迪奇与他人合伙开办的纺织企业中，采用了代表当时最高水平的工业簿记。在该企业的工业簿记中，就已经认识到了应将设备的原始成本分期摊销为费用，并按照毛纺织的生产工艺分为挑选、清洗、梳刷等步骤，设置成本费用明细账，进行费用的归集和计算纺织品的成本。当然，这时简单的成本计算只能称为成本会计的原始形态。此后，德国、法国、英国等欧洲国家的经济迅速发展，复式工业簿记在这些国家进一步推广和完善。但是，由于工业资本还处于初级发展阶段，虽然成本计算与复式簿记有了一定的结合，但成本计算中的许多问题尚未解决，还没有形成一套较为完备的成本核算系统。

工业革命后的英国是成本会计的真正诞生地。19世纪末期，工业革命形成高潮，企业的数量日益增多，规模不断扩大，股份公司大量涌现。社会经济的发展在客观上要求有一套完整的成本核算系统与之相适应。为准确地计算成本，为企业的经营管理提供更多的成本资料，以适应生产经营和竞争的需要，人们开始深入研究成本会计的有关问题。在此力量的推动下，19 世纪末 20 世纪初，成本会计得到了前所未有的完善和发展，形成了比较完整的理论体系和方法体系，成为工业会计中一个重要的、相对独立的组成部分。在这一时期，英、美等国的会计学者对成本会计进行了深入的研究，解决了成本会计中的三个关键问题：(1) 各项间接费用的分配，如间接制造费用与销售费用的区分、各项间接费用分配率的确定等；(2) 将成本会计科目纳入复式簿记系统，使成本计算与复式记账一体化；(3) 采用标准成本制进行成本的控制和分析。标准成本制对企业的成本预算、成本控制、成本分析和成本考核，以至对企业整个生产经营过程的管理都具有十分重要的作用。1920 年，完成了标准成本制与复式簿记的结合，标准成本制臻于完善。

第二次世界大战以后，随着科学技术的不断进步和生产力水平的迅速提高，资本主义经济进入了一个新的发展时期。资本高度集中，企业规模日益扩大，出现了许多跨国公司。与此相联系，企业的生产经营日趋复杂，企业之间的竞争日益激烈。这些新的环境和新的条件，对企业管理提出了新的要求：一方面要求企业的内部管理更趋合理、科学；另一方面要求企业更加重视对外部经济环境与客观条件的研究，重视企业与外部环境相互关系的研究，以便为企业经营管理和决策提供客观依据，提高企业的应变能力。在这种社会经济背景的推动下，成本会计在西方又得到进一步发展。成本会计吸收预算管理的内容，使企业各部门的费用均在成本会计的控制之下；成本会计吸收责任制的原则，将奖惩与有关部门和职工在成本方面的业绩联系起来；变动成本法、质量成本的核算在企业的经营管理和决策实践中广泛应用。

20 世纪 70 年代之后，高新技术迅速发展并在生产和经营管理中应用，对社会经济的发展起到了极大的推动作用。在此期间，西方发达国家相继步入富裕社会，消费者的消费行为极具选择性，这就要求企业必须及时地向消费者提供更加多样化、更具个性、日新月异的产品和服务，否则就会在激烈的市场竞争中被淘汰。在这种环境下，企业生产组织和经营管理等诸多方面都发生了前所未有的变革。为适应这种变革，以作业量为成本分配的基础，以作业为成本计算的基本对象，旨在为企业作业管理提供更为相关、相对准确的成本信息的成本计算方法——作业成本法就应运而生了。可以说，作业成本法以及以作业成本法为基础的作业成本管理的产生和逐步完善，是成本会计发展史上的重要里程碑。

1.2 成本会计与财务会计、管理会计的关系

财务会计、管理会计和成本会计是现代会计学的三个主要领域。成本会计作为这一系统的有机组成部分，与财务会计和管理会计有着密切的内在联系，它们共同构成了一个完整的现代会计学系统。

成本会计作为会计系统的一个子系统，通过成本预测、成本决策、成本计划、成本控制、成本核算、成本分析和成本考核等活动来从事企业的成本管理工作，并参与企业其他方面的管理工作。同时，成本会计在从事这些管理活动中所提供的有关成本方面的各种信息，也是财务会计和管理会计的重要信息来源。

就成本会计与财务会计的关系看：(1) 财务会计中关于资产的计价及其价值耗费的核算等都与成本会计中的成本核算有着直接的关系，是成本核算的基础。从另一方面看，财务会计也要依据成本会计所提供的有关成本费用的信息来进行存货等有关资产的计价和损益的计算确定。(2) 就财务成本的具体核算过程来说，它与财务会计系统也是密不可分的，即财务成本核算本身就是纳入以复式簿记为基础的财务会计总框架中的。(3) 就两者的服务对象看，虽然财务会计的服务对象主要是企业外部的利益相关者，成本会计的服务对象主要是企业内部的管理者，但是与财务信息一样，成本方面的信息也是投资者等企业利益相关者对企业管理当局进行业绩评价、作出投资决策的重要依据。

就成本会计与管理会计的关系来看，从发展历史上说，管理会计是在成本会计的基础上产生和发展起来的，二者之间有着天然的联系。(1) 成本会计与管理会计的目标和服务对象相同，即二者主要是为企业内部的生产经营管理和决策服务，为企业管理当局提供有用的信息。这种目标和服务对象的一致性，决定了二者在提供信息上所遵循的规则、考虑问题的出发点应该是相同的，所提供信息的内容应该是互补的。(2) 就管理会计的内容来说，它的诸多方面与成本有关，成本会计所提供的信息是管理会计所需资料的重要来源。

但是，作为会计学一个重要的独立的分支，成本会计担负着相对独立的任务，具有相对独立的理论和方法体系。因此，如何充实和完善这一理论和方法体系，是需要我们认真加以研究的重要课题。

1.3 成本的含义

成本会计是以成本为对象的一种专业会计。因此，要了解成本会计的对象和成本会计本身，首先必须了解成本的含义。

马克思指出："按照资本主义方式生产的每一个商品 W 的价值，用公式来表示是 $W=c+v+m$。如果我们从这个产品价值中减去剩余价值 m，那末，在商品中剩下的，只是一个在生产要素上耗费的资本价值 $c+v$ 的等价物或补偿价值。"① "只是补偿商品使资本家自身耗费的东西，所以对资本家来说，这就是商品的成本价格。"② 马克思在这里称为商品的"成本价格"的那部分商品价值，指的就是商品成本。

在社会主义市场经济中，商品价值、成本和利润等经济范畴，仍然有其存在的客观必然性；商品的价值仍然由三个部分组成：(1) 已耗费的生产资料转移的价值

①② 《马克思恩格斯全集》，第25卷，30页，北京，人民出版社，1974。

(c)；(2) 劳动者为自己劳动所创造的价值 (v)；(3) 劳动者为社会劳动所创造的价值 (m)。从理论上讲，上述前两个部分，即 c+v，是商品价值中的补偿部分，它构成商品的理论成本。

综上所述，可以将成本的经济实质概括为：生产经营过程中所耗费的生产资料转移的价值和劳动者为自己劳动所创造的价值的货币表现，也就是企业在生产经营中所耗费的资金总和。

马克思关于成本的论述，是我们从事理论研究和实际工作中制定成本开支范围的重要的理论基础。但是，社会经济现象是纷繁复杂、不断变化的；企业在成本核算和成本管理中需要考虑的因素也是多种多样的。因此，理论成本与实际工作所应用到的成本概念是有一定差别的。这主要表现在以下几个方面：

(1) 在实际工作中，成本的开支范围是由国家通过有关法规制度来加以界定的。为了促使企业加强经济核算，减少生产损失，对于劳动者为社会劳动所创造的某些价值，如财产保险费等，以及一些不形成产品价值的损失性支出，如工业企业的废品损失、季节性和修理期间的停工损失等，也计入成本。可见，实际工作中的成本开支范围与理论成本包括的内容是有一定差别的。就上述废品损失、停工损失等损失性支出来说，从实质上看，并不形成产品价值，它不是产品的生产性耗费，而是纯粹的损耗，其性质并不属于成本的范围。但是考虑到经济核算的要求，将其计入成本，可使企业减少生产损失。当然，对于成本实际开支范围与成本经济实质的背离，必须严格限制，否则成本的计算就失去了理论依据。

(2) 上述成本概念是就生产经营中企业所发生的全部劳动耗费而言的，即全部成本的概念。在实际工作中，是将其全部对象化，从而计算产品的全部成本，还是将其按一定的标准分类，部分计入产品成本，部分计入期间费用，则取决于成本核算制度。如按照我国现行会计制度的规定，工业企业应采用制造成本法计算产品成本，从而企业生产经营中所发生的全部劳动耗费就相应地分为产品制造（生产）成本和期间费用两大部分。在这里，产品的制造成本是指为制造产品而发生的各种费用总和，包括直接材料费用、直接人工费用和全部制造费用。期间费用则包括管理费用、销售费用和财务费用，在制造成本法下，这些费用不计入产品成本，而是直接计入当期损益。

(3) 上述理论成本的概念主要是针对商品产品成本而言的。在实际工作中为了加强企业的成本管理和正确地进行决策，涉及和应用的成本概念是多种多样的，其内涵有的已经超出了商品产品成本的范围，如可控成本、不可控成本、机会成本等。

1.4 成本会计的对象

成本会计的对象是指成本会计反映和监督的内容。明确成本会计的对象，对于确定成本会计的任务，研究和运用成本会计的方法，更好地发挥成本会计在经济管理中的作用，具有重要的意义。

上一节对成本的含义进行了说明。从理论上讲，成本所包括的内容也就是成本会计应该反映和监督的内容。但为了更详细具体地了解成本会计的对象，还必须结合企业的具体生产经营过程以及现行企业会计准则和相关会计制度的有关规定来加以说明。下面以工业企业为例，说明成本会计应反映和监督的内容。

工业企业的基本生产经营活动是生产和销售工业产品。在产品的直接生产过程中，即在从原材料投入生产到产成品制成的产品制造过程中，一方面制造出产品，另一方面要发生各种各样的生产耗费。这一过程中的生产耗费，概括地讲，包括劳动资料与劳动对象等物化劳动耗费和活劳动耗费两大部分。其中房屋、机器设备等作为固定资产的劳动资料，在生产过程中长期发挥作用，直至报废，而不改变其实物形态，但其价值则随着固定资产的磨损，通过计提折旧的方式，逐渐地、部分地转移到所制造的产品中去，构成产品生产成本的一部分；原材料等劳动对象，在生产过程中或者被消耗掉，或者改变其实物形态，其价值随之一次全部地转移到新产品中去，也构成产品生产成本的一部分；生产过程是劳动者借助劳动工具对劳动对象进行加工、制造产品的过程，通过劳动者对劳动对象的加工，才能改变原有劳动对象的使用价值，并且创造出新的价值。其中劳动者为自己劳动所创造的那部分价值，则以薪酬形式支付给劳动者，因此，这部分薪酬也构成产品生产成本的一部分。具体来说，在产品的制造过程中发生的各种生产耗费，主要包括原料及主要材料、辅助材料、燃料等的支出，生产单位（如分厂、车间）固定资产的折旧，直接生产人员及生产单位管理人员等的薪酬，以及其他一些货币支出等。所有这些支出就构成了企业在产品制造过程中的全部生产费用，而为生产一定种类、一定数量产品而发生的各种生产费用支出的总和就构成了产品的生产成本。上述产品制造过程中各种生产费用的支出和产品生产成本的形成，是成本会计应反映和监督的主要内容。

在产品的销售过程中，企业为销售产品也会发生各种各样的费用支出。例如，应由企业负担的运输费、装卸费、包装费、保险费、展览费、差旅费、广告费，以及为销售本企业商品而专设销售机构的职工薪酬费用、业务费等。所有这些为销售本企业产品而发生的费用，构成了企业的销售费用。销售费用也是企业在生产经营过程中发生的一项重要费用，它的支出及归集过程也应该成为成本会计所反映和监督的内容。

企业的行政管理部门为组织和管理生产经营活动，也会发生各种各样的费用。例如，企业行政管理部门人员的薪酬、固定资产折旧、业务招待费等。这些费用可统称为管理费用。企业的管理费用也是企业在生产经营过程中发生的一项重要费用，其支出及归集过程也应该成为成本会计所反映和监督的内容。

此外，企业为筹集生产经营所需资金等也会发生一些费用。例如，利息净支出、汇兑净损失、金融机构的手续费等。这些费用可统称为财务费用。财务费用亦是企业在生产经营过程中发生的费用，它的支出及归集过程也应该属于成本会计反映和监督的内容。

上述销售费用、管理费用和财务费用与产品生产没有直接联系，而是按发生的期间归集，直接计入当期损益，构成了企业的期间费用。

综上所述，按照现行企业会计准则和相关会计制度的有关规定，可以把工业企业成本会计的对象概括为：工业企业生产经营过程中发生的产品生产成本和期间费用。

商品流通企业、交通运输企业、施工企业、农业企业等其他行业企业的生产经营过程虽然各有其特点，但按照现行企业会计准则和相关会计制度的有关规定，从总体上看，它们在生产经营过程中所发生的各种费用，同样是部分形成企业的生产经营业务成本，部分作为期间费用直接计入当期损益。因此，从现行企业会计准则和相关会计制度的有关规定出发，可以把成本会计的对象概括为：企业生产经营过程中发生的生产经营业务成本和期间费用。

以上按照现行企业会计准则和相关会计制度的有关规定，对成本会计的对象进行了概括性的阐述。但成本会计不仅应该按照现行企业会计准则和相关会计制度的有关规定为企业正确确定利润和进行成本管理提供可靠的生产经营业务成本和期间费用信息，而且应该从企业内部经营管理的需要出发，提供多方面的成本信息。例如，为了进行短期生产经营预测和决策，应计算变动成本、固定成本、机会成本和差别成本等；为了加强企业内部的成本控制和考核，应计算可控成本和不可控成本；为了进一步提高成本信息的决策相关性，还可以计算作业成本，等等。上述按照现行企业会计准则和相关会计制度的有关规定所计算的成本（包括生产经营业务成本和期间费用），可称为财务成本；为企业内部经营管理的需要所计算的成本，可称为管理成本。因此，成本会计的对象，总括地说，应该包括各行业企业的财务成本和管理成本。

1.5 成本会计的环节

成本会计的环节，是指成本会计作为会计的一个重要分支，在企业的生产经营管理中应担负的具体工作。成本会计的环节一般包括成本预测、成本决策、成本计划、成本控制、成本核算、成本分析和成本考核等七个方面的工作。

1. 成本预测

成本预测是事前根据与成本有关的各种数据、资料以及可能发生的发展变化和将要采取的各项措施，运用一定的专门方法，对未来的成本水平及其变化趋势作出的科学的测算。成本预测可以为成本决策、成本计划和成本控制提供及时有用的信息和依据，减少生产经营管理的盲目性，提高成本管理的预见性和科学性。

企业在成本决策之前、计划期开始之前和成本计划的执行过程中都应进行成本预测。在决策阶段进行不同方案的成本预测，可以为最佳方案的选择提供依据；在成本计划期开始之前进行成本预测，可以为成本计划的编制提供依据，使成本计划建立在科学的基础之上；在成本计划的执行过程中进行成本预测（如成本的日测、周测、旬测等），提供及时的成本信息，可以大大提高成本控制的有效性。

2. 成本决策

成本决策是指根据成本预测的数据和其他有关资料，运用定量和定性的方法，在若干与生产经营和成本有关的方案中，选择最优方案，确定目标成本的行为。

成本决策是企业经营管理决策的重要组成部分。为了保证成本决策的正确性，成本决策应在成本预测、充分占有资料的基础上，拟定各种提高生产、改进技术、改善经营管理和降低成本的方案，并运用科学的方法对各个方案进行分析研究，据以作出最优的成本决策，确定目标成本。

3. 成本计划

成本计划是根据成本决策所确定的目标成本，按照计划期的生产任务、降低成本的要求以及有关资料，通过一定的程序，运用一定的方法，具体规定在计划期内为完成生产经营任务所应支出的成本、费用，并提出为达到规定的成本、费用所应采取的各项措施。

成本计划是降低成本、费用的具体目标，也是进行成本控制、成本分析和成本考核的依据。

4. 成本控制

成本控制一般是指在生产经营过程中，根据成本计划预定的目标，对实际发生或将要发生的成本、费用进行审核、比较，检测其偏离程度，评价其是否符合预定目标的要求，发现问题，及时采取措施进行处理。

上述成本控制，可称为成本的事中控制。成本的事中控制可以监督成本、费用的发生过程，揭示成本、费用脱离定额或计划的差异，从而采取措施降低成本、费用，完成和超额完成成本计划所规定的目标。

为了实现成本的最优化，保证目标成本和成本计划的先进性和可行性，在进行成本预测、成本决策和编制成本计划的过程中，也应该进行成本控制。这种成本控制，可称为成本的事前控制。成本的事前控制对于最大限度地挖掘降低成本、费用的潜力，提高经济效益有着重要的意义。

5. 成本核算

成本核算是对生产经营过程中实际发生的成本、费用进行分配、归集，并进行相应的账务处理，最终计算出各种产品成本和各项期间费用。

成本核算一般是对成本计划执行结果，亦即成本控制结果的事后反映。为了加强成本的事中控制，及时地进行成本的事中分析，有条件的企业还应在各项成本、费用发生的当时就计算实际成本、费用脱离定额或计划的差异，进行成本、费用差异的事中核算，及时地为成本的事中控制和事中分析提供信息。

6. 成本分析

成本分析是根据成本核算提供的成本数据和其他有关资料，与本期计划成本、上年同期实际成本、本企业历史先进的成本水平，以及国内外先进企业的成本等进行比较，确定成本差异，进而查明成本变动的影响因素、成本差异产生的原因，以及成本超支的责任，并提出积极的建议，以便采取有效措施，进一步降低成本，提高经济效益。

成本分析一般在期末（如月末、季末、年末），即事后定期地进行。在成本、费用发生的当时就计算其差异的企业，为了配合成本的事中控制，还应根据日常的成本资料进行成本的事中分析，为及时有效地进行成本的事中控制提供依据。

7. 成本考核

成本考核是在成本分析的基础上，定期对成本计划及其他有关指标实际完成情况进行总结和评价。为了实行成本的计划管理，落实成本管理的经济责任制，企业应编制成本计划，并将其分解、落实到企业内部的各责任单位以至职工个人，明确他们完成成本指标的经济责任。企业内部应逐级对下属单位或个人的责任成本指标的完成情况进行考核。

为了分清经济责任，使成本考核更加合理，成本考核应当在剔除客观因素（即不可控因素）对成本变动影响的基础上进行，并且与奖惩制度相结合，根据成本考核的结果进行奖惩，以充分调动企业内部各单位和职工个人执行成本计划、努力降低成本、提高经济效益的积极性。

由上述内容可以看出，成本会计的各个环节是一个相互联系、相互配合、相互补充的有机整体。其中，进行成本核算，提供真实、有用的核算资料，是成本会计其他环节的基础。没有成本核算，成本的预测、决策、计划、控制、分析和考核都无法进行。成本会计的其他环节是在成本核算的基础上，随着企业经营管理对成本会计要求的不断提高和管理科学的不断发展，以及由此决定的成本会计与管理科学结合的日趋紧密化，逐步发展形成的。因此，可以说，成本核算是狭义的成本会计，而包括上述七个环节的成本会计是广义的成本会计。

1.6 成本会计工作的组织

为了充分发挥成本会计的作用，圆满完成成本会计的任务，企业必须科学地组织成本会计工作。成本会计工作的组织主要包括：设置成本会计机构，配备必要的成本会计人员，制定科学合理的成本会计制度等。

一般来说，企业应根据本单位生产经营的特点、规模的大小和成本管理的要求等具体情况来组织成本会计工作。

1.6.1 成本会计机构

企业的成本会计机构是在企业中直接从事成本会计工作的机构。一般而言，大中型企业应在专设的会计部门中单独设置成本会计机构，专门从事成本会计工作；规模较小、会计人员不多的企业可以在会计部门中指定专人负责成本会计工作。另外，企业的有关职能部门和生产车间也应根据工作需要设置成本会计组或者配备专职或兼职的成本会计人员。

成本会计机构内部，既可以按成本会计所担负的各项任务分工，也可以按成本会计的对象分工，在分工的基础上建立岗位责任制，使每一个成本会计人员都明确自己的职责，每一项成本会计工作都有人负责。

企业内部各级成本会计机构之间的组织分工，有集中工作和分散工作两种基本方式。

所谓集中工作方式，是指企业的成本会计工作主要由企业总部的成本会计机构集中进行，车间等其他单位的成本会计机构或人员只负责原始记录和原始凭证的填制，并进行初步的审核、整理和汇总，为企业总部的成本会计机构进一步工作提供基础资料。这种工作方式的优点是：便于企业总部的成本会计机构及时掌握整个企业与成本有关的全面信息；便于集中使用计算机进行成本数据处理；还可以减少成本会计机构的层次和成本会计人员的数量。但这种工作方式不便于直接从事生产经营活动的各单位和职工及时掌握本单位的成本信息，不便于成本的及时控制和责任成本制的推行。

所谓分散工作方式，是指成本会计工作中的计划、控制、核算和分析由车间等其他单位的成本会计机构或人员分别进行。成本考核工作由上一级成本会计机构对下一级成本会计机构逐级进行。企业总部的成本会计机构除对整个企业的成本进行综合的计划、控制、分析和考核以及汇总核算外，还负责对各下级成本会计机构或人员进行业务上的指导和监督。成本的预测和决策工作一般仍由企业总部的成本会计机构集中进行。

分散工作方式的优缺点与集中工作方式正好相反。一般而言，大中型企业由于规模较大，组织结构复杂，会计人员数量较多，为了调动各级各部门控制成本费用、提高经济效益的积极性，一般应采用分散工作方式；小型企业为了提高成本会计工作的效率和降低成本管理的费用，则一般可采用集中工作方式。

1.6.2 成本会计人员

在成本会计机构中，配备适当数量思想品德优秀、精通业务的成本会计人员是做好会计工作的关键。就思想品德而言，要求成本会计人员应具备脚踏实地、实事求是、敢于坚持原则的作风和高度的敬业精神；就业务素质而言，要求成本会计人员不仅要具备较为全面的会计知识，而且要掌握一定的生产技术和经营管理方面的知识。

为了充分调动和保护会计人员的工作积极性，国家在有关会计法规中对会计人员的职责、权限、任免、奖惩以及会计人员的技术职称等方面，都做了明确的规定。这些规定对于成本会计人员也是完全适用的。

成本会计机构和成本会计人员应在企业总会计师和会计主管人员的领导下，忠实地履行自己的职责，认真完成成本会计的各项任务，并从降低成本、提高企业经济效益的角度出发，参与制定企业的生产经营决策。为此，成本会计人员应经常深入生产经营的各个环节，结合实际情况，向有关人员和职工宣传解释国家的有关方针、政策和制度，以及企业在成本管理方面的计划和目标等，并督促他们贯彻执行；同时深入了解生产经营的实际情况，注意发现成本管理中存在的问题并提出改进成本管理的意见和建议，当好企业负责人的参谋。

根据成本会计人员的职责，应赋予他们相应的权限。这些权限主要有：成本会计人员有权要求企业有关单位和人员认真执行成本计划，严格遵守国家的有关法规、制度和财经纪律；有权参与制定企业生产经营计划和各项定额，参加与成本管理有关的生产经营管理会议；有权督促检查企业各单位对成本计划和有关法规、制度、财经纪律的执行情况。

成本会计工作是一项涉及面很宽、综合性很强的管理工作，尤其是随着市场经济体制的不断发展和完善、科学技术的不断进步，按照市场经济的要求，靠技术进步降低成本，增强企业的竞争能力，提高企业的经济效益，已经成为成本会计工作的重要内容。为此，成本会计人员必须刻苦钻研业务，认真学习有关的业务知识和业务技术，不断充实和更新自己的专业知识，提高自己的素质，以适应新形势的要求。

1.6.3 成本会计制度

成本会计制度是成本会计工作的规范，是会计法规和制度的重要组成部分。企业应遵循国家有关法律、法规、制度，如《中华人民共和国会计法》《企业会计准则》等的有关规定，并适应企业生产经营的特点和管理的要求，制定企业内部成本会计制度，作为企业进行成本会计工作具体和直接的依据。

各行业企业由于生产经营的特点和管理的要求不同，所制定的成本会计制度有所不同。就工业企业来说，成本会计制度一般应包括以下几个方面的内容：

（1）关于成本预测和决策的制度。

（2）关于成本定额的制度和成本计划编制的制度。

（3）关于成本控制的制度。

（4）关于成本核算规程的制度。包括成本计算对象和成本计算方法的确定；成本项目的设置；各项费用的分配和归集的程序和方法；完工产品和在产品之间的费用分配方法等。

（5）关于责任成本的制度。

(6) 关于企业内部结算价格和内部结算办法的制度。

(7) 关于成本报表的制度。

(8) 其他有关成本会计的制度。

成本会计制度是开展成本会计工作的依据和行为规范，其是否科学合理会直接影响成本会计工作的成效。因此，成本会计制度的制定是一项复杂而细致的工作。在成本会计制度的制定过程中，有关人员不仅应熟悉国家有关法规、制度的规定，而且应深入基层做广泛深入的调查和研究工作，在反复试点、具有充分依据的基础上进行成本会计制度的制定工作。成本会计制度一经制定，就应认真贯彻执行。但随着时间的推移，实际情况往往会发生变化，出现新的情况，这时应根据变化了的情况，对成本会计制度进行修订和完善，以保证成本会计制度的科学性和先进性。

□ 练习题

单项选择题

1. （　　）构成商品的理论成本。

A. 已耗费的生产资料转移的价值

B. 劳动者为自己劳动所创造的价值

C. 劳动者为社会劳动所创造的价值

D. 已耗费的生产资料转移的价值和劳动者为自己劳动所创造的价值

2. 一般来说，实际工作中的成本开支范围与理论成本包括的内容（　　）。

A. 是有一定差别的

B. 是相互一致的

C. 是不相关的

D. 是可以相互替代的

3. 从现行会计制度的有关规定出发，成本会计的对象包括（　　）。

A. 各项期间费用的支出及归集过程

B. 产品生产成本的形成过程

C. 诸会计要素的增减变动

D. 企业生产经营过程中发生的生产经营业务成本和期间费用

4. 总括地讲，成本会计的对象是（　　）。

A. 产品生产成本

B. 期间费用

C. 生产经营业务成本和期间费用

D. 财务成本和管理成本

5. 在成本会计诸环节中最为基础的环节是（　　）。

A. 进行成本预测，编制成本计划

B. 审核和控制各项费用的支出

C. 进行成本核算，提供实际成本的核算资料

D. 参与企业的生产经营决策

6. 成本属于商品经济的（　　）范畴，它与特定的目的相关。

A. 价值　　B. 经济　　C. 理论　　D. 数量

7. 成本会计的首要职能是（　　）。

A. 反映　　B. 反映和监督

C. 监督　　D. 计划和考核

8. 成本会计反映职能的最基本方面是（　　）。

A. 检查各项生产经营耗费的合理性、合法性和有效性

B. 分析和考核成本管理工作的业绩

C. 调节和指导企业的有关经济活动

D. 提供真实的、可以验证的成本信息

第 2 章 Chapter 2 工业企业成本核算概述

成本核算是成本会计的基本环节。学习成本核算首先必须了解企业的成本核算应按照哪些要求来进行，理解成本核算的基础——费用分类，掌握为了进行成本核算需要设置哪些会计科目和成本核算的一般程序。本章就讲述这些方面的内容。

2.1 成本核算的要求

成本核算是成本会计的基本环节，同时也是成本管理重要的组成部分。为了充分发挥成本核算的作用，正确及时地为有关方面提供有用的成本信息，在成本核算中应贯彻以下要求。

1. 从管理的要求出发，做到算管结合，算为管用

所谓算管结合，是指成本核算应该与企业的经营管理密切结合。成本核算作为企业成本管理的重要组成部分，不仅要对各项费用支出进行事后的记录和计算，提供事后的成本信息，而且必须以国家有关的法规、制度和企业成本计划及相应的消耗定额为依据，加强对各项费用支出的事前、事中的审核和控制，并及时进行信息反馈。也就是说，合法、合理、有利于发展生产提高经济效益的开支，要积极予以支持，否则坚决加以抵制，当时已经无法制止的，要追究责任，采取措施，防止以后再次发生；对于各项费用的发生情况，以及费用脱离定额（或计划）的差异进行日常的计算和分析，及时进行反馈；属于定额或计划不符合实际情况而发生的差异，要按规定程序修订定额或计划。从这个意义上说，成本核算本身也是对费用支出的管理。

所谓算为管用，是指成本核算要从管理的要求出发，提供的成本信息应当满足企业经营管理的需要。比如如何进行成本核算，计算什么的成本，是算得细一些还是简一些，设置哪些会计科目，开设哪些成本项目和费用项目等，都要考虑经营管理的要求。为此，成本核算应该做到：分清主次、区别对待、主要从细、次要从简、简而有理、细而有用。

2. 正确划分各种费用界限

为了正确地进行成本核算，正确地计算产品成本和期间费用，必须正确划分以下五个方面的费用界限。

（1）正确划分应否计入产品成本、期间费用的界限。工业企业的经济活动是多方面的，其支出的用途不尽相同。而不同用途的支出，其列支的项目应该不同。例如，企业购建固定资产的支出，应计入固定资产的造价；固定资产盘亏损失、固定资产报废清理净损失等，应计入营业外支出。用于产品生产和销售、用于组织和管理生产经营活动，以及为筹集生产经营资金所发生的各种支出，即企业日常生产经营管理活动中的各种耗费，则应计入产品成本或期间费用。企业应按照国家有关成本开支范围的规定，正确地核算产品成本和期间费用。凡不属于企业日常生产经营方面的支出，均不得计入产品成本或期间费用，即不得乱挤成本；凡属于企业日常生产经营方面的支出，均应全部计入产品成本或期间费用，不得遗漏。乱挤成本，会减少企业利润和国家财政收入；少计成本，则会虚增利润，使企业成本得不到应有的补偿，从而影响企业生产经营活动的顺利进行。无论是乱挤成本还是少计成本，都会造成成本不实，不利于企业的成本管理。因此，企业必须正确划分应否计入产品成本、期间费用的界限，防止乱挤成本和少计成本的错误做法。

（2）正确划分产品生产费用与期间费用的界限。工业企业日常生产经营中所发生的各项耗费，其用途和计入损益的时间是有所不同的。用于产品生产的费用形成产品成本，并在产品销售后作为产品销售成本计入企业损益；由于当月投产的产品不一定当月产成，当月产成的产品也不一定当月销售，因而当月的生产费用往往不是计入当月损益的产品销售成本。而当月发生的销售费用、管理费用和财务费用，则是作为期间费用，直接计入当月损益。因此，为了正确计算产品成本和期间费用，正确计算企业各月份的损益，必须正确地划分产品生产费用和各项期间费用的界限。应当防止混淆产品生产费用与期间费用的界限，借以调节各月产品成本和各月损益的错误做法。

（3）正确划分各月份的费用界限。为了按月分析和考核成本计划的执行情况和结果，正确计算各月损益，还必须正确划分各月份的费用界限。本月发生的费用，都应在本月全部入账，不能将其一部分延至下月入账。更重要的是，应该贯彻权责发生制原则，正确地进行跨期摊提费用的核算。本月份支付，但属于本月及以后各月受益的费用，应在各月间合理分摊计入成本（受益期限超过一年的费用，应记作长期待摊费用，在费用项目的受益期限内分月摊入成本）。本月虽未支付，但本月已经受益，应由本月负担的费用，应预提计入本月的成本。为了简化核算工作，对于数额较小的应该跨期摊销和预提的费用，也可以将其全部计入支付月份的成本，而不作为跨期摊提费用处理。正确划分各月份的费用界限，是保证成本核算正确的重要环节。应当防止利用待摊和预提的办法人为地调节各月成本和损益的错误做法。

(4) 正确划分各种产品的费用界限。如果企业生产的产品不止一种，那么，为了正确地计算各种产品的成本，正确地分析和考核各种产品成本计划或定额成本的执行情况，必须将应计入当月产品成本的生产费用在各种产品之间正确地进行划分。凡属于某种产品单独发生，能够直接计入该种产品的费用，均应直接计入该种产品成本；凡属于几种产品共同发生，不能直接计入某种产品的费用，则应采用适当的分配方法，分配计入这几种产品的成本。应该防止在盈利产品与亏损产品之间、可比产品与不可比产品之间任意转移生产费用，借以掩盖成本超支或以盈补亏的错误做法。

(5) 正确划分完工产品与在产品的费用界限。在月末计算产品成本时，如果某种产品已全部完工，那么，这种产品的各项生产费用之和就是这种产品的完工产品成本；如果某种产品均未完工，那么，这种产品的各项生产费用之和就是这种产品的月末在产品成本；如果某种产品既有完工产品，又有在产品，则应将这种产品的各项生产费用，采用适当的分配方法在完工产品与月末在产品之间进行分配，分别计算完工产品成本和月末在产品成本。应该防止任意提高或降低月末在产品成本，人为地调节完工产品成本的错误做法。

上述五个方面费用界限的划分过程，也就是产品成本的计算和各项期间费用的归集过程。在这一过程中，应贯彻受益原则，即何者受益何者负担费用，何时受益何时负担费用；负担费用的多少应与受益程度的大小成正比。

3. 正确确定财产物资的计价和价值结转方法

工业企业的生产经营过程，同时也是各种劳动的耗费过程。在各种劳动耗费中，财产物资的耗费（即生产资料价值的转移）占有相当的比重。因此，这些财产物资的计价和价值结转方法是否恰当，会对成本计算的正确性产生重要的影响。企业财产物资的计价和价值结转方法主要包括：固定资产原值的计算方法、折旧方法、折旧率的种类和高低；固定资产与低值易耗品的划分标准；材料成本的组成内容、材料按实际成本进行核算时发出材料单位成本的计算方法、材料按计划成本进行核算时材料成本差异率的种类（个别差异率、分类差异率还是综合差异率，本月差异率还是上月差异率）、采用分类差异率时材料类距的大小等；低值易耗品和包装物价值的摊销方法、摊销率的高低及摊销期限的长短等。为了正确地计算成本，对于各种财产物资的计价和价值的结转，都应采用既较为合理又较为简便的方法；国家有统一规定的，应采用国家统一规定的方法。各种方法一经确定，应保持相对稳定，不能随意改变，以保证成本信息的可比性。

4. 做好各项基础工作

为了加强成本审核、控制，正确及时地计算成本，企业应做好以下各项基础工作。

（1）做好定额的制定和修订工作。产品的各项消耗定额，既是编制成本计划、分析和考核成本水平的依据，也是审核和控制成本的标准；而且在计算产品成本时，往往要用产品的原材料和工时的定额消耗量或定额费用作为分配实际费用的标准。因此，为了加强生产管理和成本管理，企业必须建立和健全定额管理制度，凡是能够制定定额的各种消耗，都应该制定先进、合理、切实可行的消耗定额，并随着生产的发展、技术的进步、劳动生产率的提高，不断修订消耗定额，以充分发挥其应有的作用。

（2）建立健全材料物资的计量、收发、领退和盘点制度。成本核算是以价值形式来核算企业生产经营管理中的各项费用，但价值形式的核算是以实物计量为基础的，因此，为了进行成本管理，正确地计算成本，必须建立健全材料物资的计量、收发、领退和盘点制度。凡是材料物资的收发、领退，在产品、半成品的内部转移，以及产成品的入库等，均应填制相应的凭证，办理审批手续，并严格进行计量和验收。库存的各种材料物资，车间的在产品、产成品均应按规定进行盘点。只有这样，才能保证账实相符，保证成本计算的正确性。

（3）建立健全原始记录工作。原始记录是反映生产经营活动的原始资料，是进行成本预测、编制成本计划、进行成本核算、分析消耗定额和成本计划执行情况的依据。因此，工业企业对生产过程中材料的领用、动力与工时的耗费、费用的开支、废品的发生、在产品及半成品的内部转移、产品质量检验及产成品入库等，都要有真实的原始记录。成本核算人员应会同企业的计划统计、生产技术、劳动工资、产品物资供销等有关部门，认真制定既符合成本核算需要又符合各方面管理需要，既科学又简便易行，讲求实效的原始记录制度；还要组织有关职工认真做好各种原始记录的登记、传递、审核和保管工作，以便正确及时地为成本核算和其他有关方面提供资料和信息。

（4）做好企业内部计划价格的制定和修订工作。在计划管理基础较好的企业中，为了分清企业内部各单位的经济责任，便于分析和考核企业内部各单位成本计划的完成情况和管理业绩，以及加速和简化核算工作，应对原材料、半成品、企业内部各车间相互提供的劳务（如修理、运输等）制定内部计划价格，作为企业内部结算和考核的依据。内部计划价格要尽可能符合实际，保持相对稳定，一般在年度内不变。在制定了内部计划价格的企业中，各项原材料的耗用、半成品的转移，以及各车间与部门之间相互提供劳务等，都首先要按计划价格计算（这种按实际生产耗用量和计划价格计算的成本，称为计划价格成本）。月末计算产品实际成本时，再在计划价格成本的基础上，采用适当的方法计算各产品应负担的价格差异（如材料成本差异），将产品的计划价格成本调整为实际成本。这样，既可以加速和简化核算工作，又可以分清内部各单位的经济责任。

5. 按照生产特点和管理要求，采用适当的成本计算方法

产品成本是在生产过程中形成的，产品的生产工艺过程和生产组织不同，所采用的产品成本计算方法也应该有所不同。计算产品成本是为了加强成本管理，因而

还应该根据管理要求的不同，采用不同的产品成本计算方法。企业只有按照产品生产特点和管理要求，选用适当的成本计算方法，才能正确及时地计算产品成本，为成本管理提供有用的成本信息。

2.2　费用的分类

工业企业生产经营过程中的耗费是多种多样的，为了科学地进行成本管理，正确计算产品成本和期间费用，需要对种类繁多的费用进行合理分类。费用可以按不同的标准分类，其中最基本的是按费用的经济内容和经济用途的分类。

2.2.1　费用按经济内容的分类

企业的生产经营过程也是物化劳动（劳动对象和劳动手段）和活劳动的耗费过程，因而生产经营过程中发生的费用按其经济内容，可划归为劳动对象方面的费用、劳动手段方面的费用和活劳动方面的费用三大类。这三类可以称为费用的三大要素。为了具体反映各种费用的构成和水平，还应在此基础上将其进一步划分为以下七个费用要素。所谓费用要素，就是费用按经济内容的分类。

（1）外购材料。指企业为进行生产经营而耗用的一切从外单位购进的原料及主要材料、半成品、辅助材料、包装物、修理用备件和低值易耗品等。

（2）外购燃料。指企业为进行生产经营而耗用的一切从外单位购进的各种固体、液体和气体燃料。

（3）外购动力。指企业为进行生产经营而耗用的从外单位购进的各种动力。

（4）职工薪酬。指企业为进行生产经营而发生的各种职工薪酬。

（5）折旧费。指企业按照规定的固定资产折旧方法，对用于生产经营的固定资产所计提的折旧费用。

（6）利息支出。指企业应计入财务费用的借入款项的利息支出减利息收入后的净额。

（7）其他支出。指不属于以上各要素但应计入产品成本或期间费用的费用支出，如差旅费、租赁费、外部加工费以及保险费等。

按照以上费用要素反映的费用，称为要素费用。将费用划分为若干要素分类核算的作用是：

（1）可以反映企业一定时期内在生产经营中发生了哪些费用，数额各是多少，据以分析企业各个时期各种费用的构成和水平。

（2）反映了企业生产经营中外购材料和燃料费用以及职工工资的实际支出，因而可以为企业核定储备资金定额、考核储备资金的周转速度，以及编制材料采购资金计划和劳动工资计划提供资料。

但是，这种分类不能说明各项费用的用途，因而不便于分析各种费用的支出是否节约、合理。

2.2.2 费用按经济用途的分类

工业企业在生产经营中发生的费用，首先可以分为计入产品成本的生产费用和直接计入当期损益的期间费用两类。下面分别讲述这两类费用按照经济用途的分类。

1. 生产费用按经济用途的分类

计入产品成本的生产费用在产品生产过程中的用途也不尽相同。有的直接用于产品生产，有的间接用于产品生产。因此，为具体反映计入产品成本的生产费用的各种用途，提供产品成本构成情况的资料，还应将其进一步划分为若干个项目，即产品生产成本项目。产品生产成本项目，简称产品成本项目或成本项目，就是生产费用按其经济用途分类核算的项目。工业企业一般应设置以下几个成本项目：

（1）直接材料。指直接用于产品生产、构成产品实体的原料、主要材料以及有助于产品形成的辅助材料费用。

（2）直接燃料和动力。指直接用于产品生产的各种直接燃料和动力费用。

（3）直接人工。指直接参加产品生产的工人的薪酬费用。

（4）制造费用。指间接用于产品生产的各项费用，以及虽直接用于产品生产，但不便于直接计入产品成本，因而没有专设成本项目的费用（如机器设备的折旧费用）。制造费用包括企业内部生产单位（分厂、车间）的管理人员薪酬费用、固定资产折旧费、租赁费（不包括融资租赁费）、机物料消耗、低值易耗品摊销、取暖费、水电费、办公费、运输费、保险费、设计制图费、试验检验费、劳动保护费、季节性或修理期间的停工损失以及其他制造费用。

企业可根据生产特点和管理要求对上述成本项目做适当调整。对于管理上需要单独反映、控制和考核的费用，以及产品成本中比重较大的费用，应专设成本项目；否则，为了简化核算，不必专设成本项目。例如，如果废品损失在产品成本中所占比重较大，在管理上需要对其进行重点控制和考核，则应单设“废品损失”成本项目。又如，如果工艺上耗用的直接燃料和动力不多，为了简化核算，可将其中的工艺用燃料费用并入“直接材料”成本项目，将其中的工艺用动力费用并入“制造费用”成本项目。

2. 期间费用按经济用途的分类

工业企业的期间费用按照经济用途可分为销售费用、管理费用和财务费用。

（1）销售费用。销售费用是指企业在产品销售过程中发生的费用，以及为销售本企业产品而专设的销售机构的各项经费。包括运输费、装卸费、包装费、保险费、展览费和广告费，以及为销售本企业商品而专设的销售机构（含销售网点、售后服务网点等）的职工薪酬费用、类似职工薪酬性质的费用、业务费等。

（2）管理费用。管理费用是指企业为组织和管理企业生产经营所发生的各项费用，包括企业的董事会和行政管理部门在企业的经营管理中发生的，或者应由企业统一负担的公司经费（包括行政管理部门职工薪酬费用、修理费、物料消耗、低值易耗品摊销、办公费和差旅费等）、工会经费、社会保险费、劳动保险费、董事会费（包括董事会成员津贴、会议费和差旅费等）、聘请中介机构费、咨询费（含顾问费）、诉讼费、业务招待费、技术转让费、矿产资源补偿费、无形资产摊销、职工教育经费、研究与开发费、排污费、存货盘亏或盘盈（不包括应计入营业外支出的存货损失）等。

（3）财务费用。财务费用是指企业为筹集生产经营所需资金而发生的各项费用，包括利息支出（减利息收入）、汇兑损失（减汇兑收益）以及相关的手续费等。

2.2.3 生产费用的其他分类

1. 生产费用按与生产工艺的关系分类

计入产品成本的各项生产费用，按与生产工艺的关系，可以分为直接生产费用和间接生产费用。直接生产费用是指由生产工艺本身引起的、直接用于产品生产的各项费用，如原料费用、主要材料费用、生产工人工资和机器设备折旧费等。间接生产费用是指与生产工艺没有联系，间接用于产品生产的各项费用，如机物料消耗、辅助工人工资和车间厂房折旧费等。

2. 生产费用按计入产品成本的方法分类

计入产品成本的各项生产费用，按计入产品成本的方法，可以分为直接计入费用（一般称为直接费用）和间接计入（或称分配计入）费用（一般称为间接费用）。直接计入费用是指可以分清哪种产品所耗用、可以直接计入某种产品成本的费用。间接计入费用是指不能分清哪种产品所耗用、不能直接计入某种产品成本，而必须按照一定标准分配计入有关的各种产品成本的费用。

生产费用按与生产工艺的关系分类和按计入产品成本的方法分类之间既有区别又有联系。它们之间的联系表现在：直接生产费用在多数情况下是直接计入费用，如原料、主要材料费用大多能够直接计入某种产品成本；间接生产费用在多数情况下是间接计入费用，如机物料消耗大多需要按照一定标准分配计入有关的各种产品成本。但它们毕竟是对生产费用的两种不同分类，直接生产费用与直接计入费用、间接生产费用与间接计入费用不能等同。例如，在只生产一种产品的企业（或车间）中，直接生产费用和间接生产费用都可以直接计入这种产品的成本，因而均属于直接计入费用；又如，在用同一种原材料同时生产出几种产品的联产品生产企业（或车间）中，直接生产费用和间接生产费用都需要按照一定标准分配计入有关的各种产品成本，因而均属于间接计入费用。

此外，费用还有其他的分类方法，如按与产量的关系可分为变动费用（变动成本）和固定费用（固定成本）。对此，我们将在第 7 章中详细讲解。

2.3 成本核算的一般程序和主要会计科目

2.3.1 成本核算的一般程序

成本核算的一般程序是指对企业在生产经营过程中发生的各项费用，按照成本核算的要求，逐步进行归集和分配，最后计算出各种产品的成本和各项期间费用的基本过程。根据前述成本核算的要求和费用的分类，可将成本核算的一般程序归纳如下：

（1）对企业的各项支出进行严格的审核和控制，并按照国家的有关规定确定其应否计入产品成本、期间费用，以及应计入产品成本还是期间费用。也就是说，要在对各项支出的合理性、合法性进行严格审核、控制的基础上，做好前述费用界限划分的第一个方面和第二个方面的工作。

（2）正确处理费用的跨期摊提工作。包括将本月实际支出而应该留待以后月份摊销的费用；将以前月份开支的应由本月负担的份额，摊入本月的成本；将本月尚未开支但应由本月负担的费用，预提计入本月的成本。也就是说，要做好前述第三个方面费用界限的划分工作。

（3）将应计入本月产品成本的各项生产费用，在各种产品之间按照成本项目进行分配和归集，计算出按成本项目反映的各种产品的成本。这是本月生产费用在各种产品之间横向的分配和归集，是前述第四个方面费用界限的划分工作。

（4）对于月末既有完工产品又有在产品的产品，将该种产品的生产费用（月初在产品生产费用与本月生产费用之和）在完工产品与月末在产品之间进行分配，计算出该种产品的完工产品成本和月末在产品成本。这是生产费用在同种产品的完工产品与月末在产品之间纵向的分配和归集，是前述第五个方面费用界限的划分工作。

2.3.2 成本核算的主要会计科目

为了进行成本核算，企业一般应设置“基本生产成本”“辅助生产成本”“制造费用”“销售费用”“管理费用”“财务费用”“长期待摊费用”等科目。如果需要单独核算废品损失，还应设置“废品损失”科目。下面分别予以介绍。

1. “基本生产成本”科目

基本生产是指为完成企业主要生产目的而进行的产品生产。为了归集基本生产所发生的各种生产费用，计算基本生产产品成本，应设置“基本生产成本”科目。

该科目借方登记企业为进行基本生产而发生的各种费用；贷方登记转出的完工入库的产品成本；余额在借方，表示基本生产的在产品成本，即基本生产在产品占用的资金。

“基本生产成本”科目应按产品品种或产品批别、生产步骤等成本计算对象设置产品成本明细分类账（或称基本生产明细账、产品成本计算单），账内按产品成本项目分设专栏或专行。其格式举例详见表 2—1、表 2—2。

表 2—1　　**产品成本明细账**

车间：第一车间

产品：甲产品　　单位：元

月	日	摘要	产量（件）	成本项目			成本合计
				直接材料	直接人工	制造费用	
6	30	本月生产费用		60 000	12 000	18 000	90 000
6	30	本月完工产品成本	1 000	60 000	12 000	18 000	90 000
6	30	完工产品单位成本		60	12	18	90

表 2—2　　**产品成本明细账**

车间：第一车间

产品：乙产品　　单位：元

月	日	摘要	产量（件）	成本项目			成本合计
				直接材料	直接人工	制造费用	
5	31	在产品费用		15 000	6 000	9 000	30 000
6	30	本月生产费用		75 000	29 000	44 000	148 000
6	30	生产费用合计		90 000	35 000	53 000	178 000
6	30	本月完工产品成本	2 000	72 000	27 300	41 340	140 640
6	30	完工产品单位成本		36	13.65	20.67	70.32
6	30	在产品费用		18 000	7 700	11 660	37 360

如果企业生产的产品品种较多，为了按照产品成本项目（或者既按车间又按成本项目）汇总反映全部产品总成本，还可以设置基本生产成本二级账。基本生产成本二级账的格式详见表 2—3。

表 2—3　　**基本生产成本二级账**

车间：第一车间　　单位：元

月	日	摘要	成本项目			合计
			直接材料	直接人工	制造费用	
5	31	在产品费用	15 000	6 000	9 000	30 000
6	30	本月生产费用	135 000	41 000	62 000	238 000
6	30	生产费用合计	150 000	47 000	71 000	268 000
6	30	本月完工产品成本	132 000	39 300	59 340	230 640
6	30	在产品费用	18 000	7 700	11 660	37 360

2. “辅助生产成本”科目

辅助生产是指为基本生产服务而进行的产品生产和劳务供应。辅助生产所提供的产品和劳务，有时也对外销售，但这不是它的主要目的。为了归集辅助生产所发生的各种生产费用，计算辅助生产所提供的产品和劳务的成本，应设置“辅助生产成本”科目。该科目的借方登记为进行辅助生产而发生的各种费用；贷方登记完工入库产品的成本或分配转出的劳务成本；余额在借方，表示辅助生产在产品的成本，即辅助生产在产品占用的资金。

“辅助生产成本”科目应按辅助生产车间和生产的产品、劳务分设明细分类账，账中按辅助生产的成本项目或费用项目分设专栏或专行进行明细登记。

3. “制造费用”科目

为了核算企业为生产产品和提供劳务而发生的各项制造费用，应设置“制造费用”科目。该科目的借方登记实际发生的制造费用；贷方登记分配转出的制造费用；除季节性生产企业外，该科目月末应无余额。

“制造费用”科目应按车间、部门设置明细分类账，账内按费用项目设专栏进行明细登记。

4. “废品损失”科目

需要单独核算废品损失的企业，应设置“废品损失”科目。该科目的借方登记不可修复废品的生产成本和可修复废品的修复费用；贷方登记废品残料回收的价值、应收的赔款以及转出的废品净损失；该科目月末应无余额。

“废品损失”科目应按车间设置明细分类账，账内按产品品种分设专户，并按成本项目设专栏或专行进行明细登记。

5. “销售费用”科目

为了核算企业在产品销售过程中所发生的各项费用以及为销售本企业产品而专设的销售机构的各项经费，应设置“销售费用”科目。该科目的借方登记实际发生的各项销售费用；贷方登记期末转入“本年利润”科目的销售费用；期末结转后该科目应无余额。

“销售费用”科目的明细分类账应按费用项目设专栏进行明细登记。

6. “管理费用”科目

为了核算企业行政管理部门为组织和管理生产经营活动而发生的各项管理费用，应设置“管理费用”科目。该科目的借方登记发生的各项管理费用；贷方登记期末转入“本年利润”科目的管理费用；期末结转后该科目应无余额。

“管理费用”科目的明细分类账应按费用项目设专栏进行明细登记。

7. “财务费用”科目

为了核算企业为筹集生产经营所需资金而发生的各项费用，应设置“财务费用”科目。该科目的借方登记发生的各项财务费用；贷方登记应冲减财务费用的利息收入、汇兑收益以及期末转入“本年利润”科目的财务费用；期末结转后该科目应无余额。

“财务费用”科目的明细分类账应按费用项目设专栏进行明细登记。

8. “长期待摊费用”科目

为了核算企业已经支出，但摊销期限在一年以上（不含一年）的各项费用，应设置“长期待摊费用”科目。该科目的借方登记实际支付的各项长期待摊费用；贷方登记分期摊销的长期待摊费用；该科目的余额在借方，表示企业尚未摊销的各项长期待摊费用的摊余价值。

“长期待摊费用”科目应按费用种类设置明细账进行明细核算。

结合本节所讲述的成本核算的一般程序和成本核算的主要会计科目，下面以图 2—1 列示成本核算账务处理的基本程序。通过这一图示，可以对成本核算的账务处理有一个概括的了解，也可以从账务处理的角度进一步理解成本核算的一般程序。

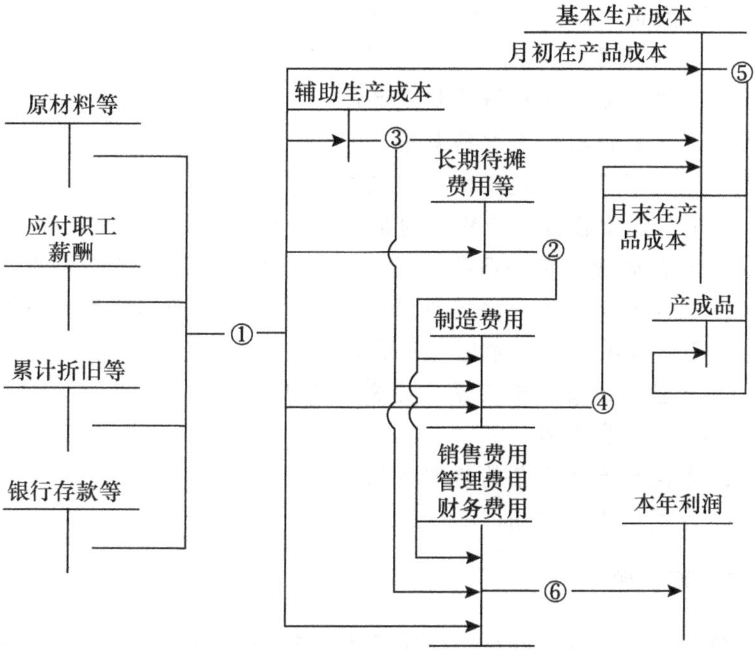

图 2—1　成本核算账务处理基本程序图

说明：
①各项要素费用的分配。
②跨期摊提费用的摊销和预提。
③分配辅助生产费用。
④分配制造费用。
⑤结转完工产品成本。
⑥结转各项期间费用。

练习题

一、单项选择题

1. 下列各项中属于产品成本项目的是（　　）。

A. 废品损失　　B. 职工薪酬费用　C. 管理费用　　D. 销售费用

2. 下列各项中应计入制造费用的是（　　）。

A. 构成产品实体的原材料费用

B. 产品生产工人工资

C. 车间管理人员工资

D. 工艺用燃料费用

3. 下列各项属于费用要素的是（　　）。

A. 折旧费用　　B. 财务费用　　C. 销售费用　　D. 管理费用

4. 下列属于直接计入费用的是（　　）。

A. 几种产品共同耗用的辅助材料费用

B. 几种产品共同耗用的制造费用

C. 联产品耗用的原材料费用

D. 某种产品单独耗用的原材料费用

5. 下列属于直接生产费用的是（　　）。

A. 车间管理人员的薪酬费用　　B. 产品生产工人的薪酬费用

C. 车间生产人员的薪酬费用　　D. 生产车间的办公费用

6. 下列各项应计入管理费用的是（　　）。

A. 企业行政管理部门用固定资产的折旧费用

B. 产品广告费用

C. 车间生产用设备的折旧费用

D. 车间的办公费用

二、案例题

［资料］　中南公司是一个能源消耗较多的企业，能源方面的费用在产品成本中所占的比重很大。该公司设有三个基本生产车间及锅炉车间和汽车运输队两个辅助生产部门。三个基本生产车间的规模都比较大，生产的产品品种都比较多；在两个辅助生产部门中，锅炉车间的规模比较大，汽车运输队的规模较小。

［要求］　根据该公司的上述情况讨论以下问题：

1. 为了给成本管理提供较为详细的产品成本资料，该公司的基本生产车间的产品成本账以及账中的成本项目应该如何设置？

2. 从简化核算的角度出发，辅助生产部门的成本核算应如何设账？

第3章 Chapter 3 费用在各种产品及期间费用之间的分配和归集

本章以上一章所讲述的费用分类、成本核算的一般程序等内容为基础，详细系统地讲述各项要素费用、跨期摊提费用、辅助生产费用、制造费用、废品损失等的分配、归集的程序和方法。本章及下一章讲述的内容是各种类型企业都适用的成本核算的基本原理，同时也是以后有关章节内容的基础，非常重要。

3.1 各项要素费用的分配

3.1.1 要素费用分配概述

对于各项要素费用，应按其用途，区别不同情况进行分配。

对于基本生产车间发生的直接用于产品生产而且专设成本项目的费用，例如构成产品实体的原材料费用、工艺用燃料和动力费用、生产工人的薪酬费用，应单独记入“基本生产成本”科目。如果是某种产品的直接计入费用，还应直接记入该产品成本明细账的“直接材料”“直接燃料和动力”“直接人工”等相应的成本项目；如果是几种产品共同负担的间接计入费用，则应采用适当的分配方法，分配记入这几种产品成本明细账的“直接材料”“直接燃料动力”“直接人工”等相应的成本项目。

对于基本生产车间发生的直接用于产品生产但没有专门设立成本项目的费用，以及间接用于产品生产的费用，例如基本生产车间的机器设备的折旧费等，应先记入“制造费用”总账科目及所属明细账有关的费用项目；月末再将归集的全部制造费用转入“基本生产成本”总账科目，并根据具体情况将“制造费用”明细账中归集的费用直接记入或分配记入各相关产品的成本明细账的“制造费用”成本项目。

间接计入费用的分配，应该选择适当的分配方法。所谓分配方法适当，是指分配依据的标准与分配对象有比较密切的联系，因而分配结果比较合理，而且分配标准的资料比较容易取得，计算比较简便。分配间接计入费用的标准主要有：(1) 成果类，如产品的重量、体积、产量、产值等；(2) 消耗类，如生产工时、生产工资、机器工时、原材料消耗量或原材料费用等；(3) 定额类，如定额消耗量、定额费用等。分配费用的计算公式概括为：

$$费用分配率=\frac{待分配费用总额}{分配标准总额}$$

$$某分配对象应分配的费用=该对象的分配标准额\times 费用分配率$$

辅助生产车间发生的各项要素费用的分配方法，与基本生产车间的分配方法基本相同。但在辅助生产车间规模不大、发生的制造费用较少的情况下，对于辅助生产车间的制造费用，可以不通过“制造费用”科目核算，而直接记入“辅助生产成本”总账科目及其所属明细账。辅助生产费用应按照受益情况，通过一定的分配程序和方法，转入“基本生产成本”“制造费用”“管理费用”等总账科目和有关明细账。

通过以上的归集和分配，在“基本生产成本”总账和所属各种产品成本明细账的各成本项目，归集了本月份基本生产各种产品发生（负担）的全部生产费用；再加上月初在产品费用，并将其在完工产品与月末在产品之间进行分配，即可计算出完工产品和月末在产品成本。

在生产经营过程中发生的用于产品销售的费用、行政管理部门发生的费用，以及筹集资金活动中发生的费用等各项期间费用，则不计入产品成本，而应分别记入“销售费用”“管理费用”“财务费用”总账科目及其所属明细账，然后转入“本年利润”科目，冲减当月损益。

对于购置和建造固定资产的费用、购买无形资产的费用等资本性支出，不计入产品成本和期间费用，记入“在建工程”“无形资产”等科目。

各项要素费用的分配是通过编制各种费用分配表进行的，根据分配表编制会计分录，据以登记各种成本、费用总账科目及其所属明细账。

3.1.2 材料费用的分配

企业生产经营过程中领用的各种材料，包括原料及主要材料、半成品、辅助材料、包装物、修理用备件、低值易耗品等，无论是外购还是自制，都应根据审核后的领退料凭证，按照材料的具体用途进行分配和归集。

1. 原材料费用的分配

直接用于生产产品、构成产品实体的原材料费用，在产品成本中一般占有较大的比重，按照重要性原则，规定有单独的成本项目，通常是按照产品品种（或成本计算对象）分别领用，例如纺织生产用的原棉、冶炼用的矿石、机械生产用的钢材等，属于直接计入费用，可以直接记入各种产品成本的“直接材料”成本项目；对于不能按照产品品种（或成本计算对象）分别领用，而是几种产品共同耗用的原料及主要材料，如化工生产的多种产品所耗用的原材料费用，属于间接计入费用，则应采用既合理又简便的分配方法，在各种产品之间进行分配，再记入各种产品成本的“直接材料”成本项目。

原材料费用的分配标准很多，可以按照产品的重量、体积分配。在材料消耗定额比较准确的情况下，原材料费用可以按照产品的材料定额消耗量的比例或材料定额费用的比例分配。

（1）按原材料定额消耗量比例分配原材料费用。计算分配程序是：第一，计算各种产品原材料定额消耗量；第二，计算单位原材料定额消耗量应分配的原材料实际消耗量（即原材料消耗量分配率）；第三，计算出各种产品应分配的原材料实际消耗量；第四，计算出各种产品应分配的原材料实际费用。计算公式如下：

1）某种产品原材料定额消耗量＝该种产品实际产量×单位产品原材料定额消耗量

2）$$\text{原材料消耗量分配率}=\frac{\text{原材料实际消耗总量}}{\text{各种产品原材料定额消耗量之和}}$$

3）某种产品应分配的原材料实际消耗量＝该种产品的原材料定额消耗量×原材料消耗量分配率

4）某种产品应分配的原材料实际费用＝该种产品应分配的原材料实际消耗量×材料单价

【例 3—1】　中北公司生产甲、乙两种产品，共同耗用原材料 9 000 千克，每千克 10 元，共计 90 000 元。生产甲产品 1 000 件，单件甲产品原材料消耗定额为 6 千克；生产乙产品 500 件，单件乙产品原材料消耗定额为 3 千克。原材料费用分配计算如下：

1）甲产品原材料定额消耗量＝1 000×6＝6 000(千克)

乙产品原材料定额消耗量＝500×3＝1 500(千克)

2）$$\text{原材料消耗量分配率}=\frac{9\ 000}{6\ 000+1\ 500}=1.2$$

3）甲产品应分配的原材料实际消耗量＝6 000×1.2＝7 200(千克)

乙产品应分配的原材料实际消耗量＝1 500×1.2＝1 800(千克)

4）甲产品应分配的原材料实际费用＝7 200×10＝72 000(元)

乙产品应分配的原材料实际费用＝1 800×10＝18 000(元)

上列计算分配提供了各种产品的原材料实际消耗量的资料，便于考核原材料消耗定额的执行情况，有利于加强原材料消耗的实物管理，但分配计算的工作量较大。为了简化计算分配工作，也可以采用按原材料定额消耗量比例直接分配原材料费用的方法。计算分配程序是：第一，计算各种产品原材料定额消耗量；第二，计算单位原材料定额消耗量应分配的原材料费用（即原材料消耗量的费用分配率）；第三，计算各种产品应分配的实际材料费用。仍以例 3—1 的资料计算分配如下：

1）各种产品原材料定额消耗量（同例 3—1）。

2）$原材料费用分配率=\frac{原材料实际费用总额}{各种产品原材料定额消耗量之和}$

$=\frac{90\,000}{6\,000+1\,500}=12$

3）各产品应分配原材料费用。

甲产品：6 000×12=72 000（元）

乙产品：1 500×12=18 000（元）

（2）按原材料定额费用比例分配原材料费用。计算分配程序是：第一，计算各种产品原材料定额费用；第二，计算单位原材料定额费用应分配原材料实际费用（即原材料费用分配率）；第三，计算出各种产品应分配的原材料实际费用。计算公式如下：

1）某种产品原材料定额费用=该种产品实际产量×单位产品原材料费用定额

2）$原材料费用分配率=\frac{各种产品原材料实际费用总额}{各种产品原材料定额费用总额}$

3）某种产品应分配的原材料实际费用=该种产品原材料定额费用×原材料费用分配率

【例 3—2】 某企业生产甲、乙两种产品，共同领用 A，B 两种主要材料，共计 115 500 元。本月投产甲产品 400 件，乙产品 500 件。甲产品材料消耗定额：A 材料 10 千克，B 材料 8 千克；乙产品材料消耗定额：A 材料 5 千克，B 材料 6 千克。A 材料单价 6 元，B 材料单价 15 元。计算分配如下：

1）甲、乙产品原材料定额费用。

甲产品：A 材料定额费用=400×10×6=24 000（元）

B 材料定额费用=400×8×15=48 000（元）

甲产品材料定额费用合计 72 000 元

乙产品：A 材料定额费用=500×5×6=15 000（元）

B 材料定额费用=500×6×15=45 000（元）

乙产品材料定额费用合计 60 000 元

2）原材料费用分配率。

$原材料费用分配率=\frac{115\,500}{72\,000+60\,000}=0.875$

3）甲、乙产品应分配的原材料实际费用。

甲产品：72 000×0.875=63 000（元）

乙产品：60 000×0.875=52 500（元）

直接用于产品生产、有助于产品形成的辅助材料，一般属于间接计入费用，应采用适当的分配方法进行分配以后，记入各种产品成本明细账的“直接材料”成本项目。对于消耗定额比较准确的辅助材料，与分配原材料费用方法基本相同，按照产品定额消耗量或定额费用的比例分配；对于与产品产量直接有联系的辅助材料，如包装材料可按产品产量比例分配；对于耗用在原材料上的辅助材料，如油漆、染料等可以按照原材料耗用量的比例分配。

各种材料费用的分配是通过编制材料费用分配表进行的，材料费用分配表是按车间、部门和材料的类别，根据归类后的领退料凭证和其他有关资料编制的。材料费用分配表的格式及举例详见表 3—1（中北公司材料费用分配表。该公司辅助生产车间的制造费用不通过制造费用明细账核算）。

表 3—1　　**材料费用分配表**

车间或部门名称：　　20×3 年 6 月

应借科目	成本或费用项目	直接计入金额（元）	分配计入金额（分配率：12）		材料费用合计（元）
			定额消耗量（千克）	分配金额（元）	
基本生产成本——甲产品	直接材料	1 500	6 000	72 000	73 500
——乙产品	直接材料	900	1 500	18 000	18 900
小计		2 400	7 500	90 000	92 400
辅助生产成本——运输	材　料	600			600
——供水	材　料	900			900
小计		1 500			1 500
制造费用——基本生产车间	机物料消耗	400			400
管理费用	物料消耗	300			300
销售费用	物料消耗	200			200
合计		4 800		90 000	94 800

根据材料费用分配表编制会计分录，据以登记有关总账和明细账。编制会计分录如下：

借：基本生产成本　　92 400
　　辅助生产成本　　1 500
　　制造费用　　400
　　管理费用　　300
　　销售费用　　200
　贷：原材料　　94 800

上述原材料费用是按实际成本进行核算分配的。如果原材料费用是按计划成本进行核算分配，计入产品成本和期间费用的原材料费用是计划成本，还应该分配材料成本差异额。

2. 燃料费用的分配

燃料实际上也是原材料的一部分，但是，如果燃料费用在产品成本中所占比重较大，为了加强对能源耗费的分析和考核，应增设“燃料”会计科目，同时在成本项目中与动力费用一起专设“直接燃料和动力”成本项目，以单独提供燃料和动力费用方面的会计核算资料。燃料费用的分配与原材料费用的分配程序和方法相同。直接用于产品生产的燃料，在只生产一种产品或者是按照产品品种（或成本计算对象）分别领用，属于直接计入费用，可以直接记入各种产品成本明细账的“直接燃料和动力”成本项目；如果不能按产品品种分别领用，而是几种产品共同耗用的燃料，属于间接计入费用，应采用适当的分配方法，在各种产品之间进行分配，然后再记入各种产品成本明细账的“直接燃料和动力”成本项目。分配标准可以按产品的重量、体积、所耗燃料的数量或费用，也可以按燃料的定额消耗量或定额费用比例等进行分配。

直接用于产品生产、专设成本项目的燃料费用，应记入“基本生产成本”科目的借方及其所属明细账的“直接燃料和动力”成本项目；直接用于辅助生产、专设成本项目的燃料费用，应记入“辅助生产成本”科目及其所属明细账的“直接燃料和动力”成本项目；直接用于基本生产和辅助生产但没有专设成本项目的燃料费用，应记入“基本生产成本”“辅助生产成本”科目的借方及其所属明细账有关项目（如“直接材料”成本项目）；对于间接用于生产以及用于企业管理和产品销售的燃料费用，应分别记入“制造费用”“辅助生产成本”“管理费用”和“销售费用”科目及其所属明细账的有关项目。已领燃料总额，应记入“燃料”科目的贷方。不设“燃料”科目的，则记入“原材料”科目的贷方。

【例 3—3】 中北公司甲、乙两种产品耗用燃料和动力较多，为了加强对能源耗费的核算和控制，增设“燃料”会计科目和“直接燃料和动力”成本项目。该公司甲、乙两种产品的工艺用燃料费用为间接计入费用，按规定该项间接计入费用按定额费用比例进行分配。20×3 年 6 月份甲、乙两种产品工艺用燃料费用为 44 100 元；两种产品的定额燃料费用为甲产品 24 000 元，乙产品 18 000 元。计算分配如下：

$$燃料费用分配率=\frac{44\ 100}{24\ 000+18\ 000}=1.05$$

甲产品应分配燃料费用＝24 000×1.05＝25 200(元)

乙产品应分配燃料费用＝18 000×1.05＝18 900(元)

燃料费用的分配是通过编制燃料费用分配表进行的。根据中北公司 20×3 年 6 月份燃料的发料凭证和例 3—3 的计算分配结果，编制燃料费用分配表如表 3—2 所示。

表 3—2 **燃料费用分配表**

车间或部门名称： 20×3 年 6 月

应借科目	成本或费用项目	直接计入金额（元）	分配计入金额（分配率：1.05）		燃料费用合计（元）
			定额燃料费用（元）	分配金额（元）	
基本生产成本——甲产品	直接燃料和动力		24 000	25 200	25 200
——乙产品	直接燃料和动力		18 000	18 900	18 900
小计			42 000	44 100	44 100

续前表

应借科目	成本或费用项目	直接计入金额（元）	分配计入金额（分配率：1.05）		燃料费用合计（元）
			定额燃料费用（元）	分配金额（元）	
辅助生产成本——运输 ——供水 小计	燃料和动力 燃料和动力	1 000 500 1 500			1 000 500 1 500
合计		1 500		44 100	45 600

根据该燃料费用分配表编制的会计分录为：

借：基本生产成本　44 100

　　辅助生产成本　1 500

　贷：燃料　45 600

3.1.3　外购动力费用的分配

外购动力费用是指企业从外部购买的各种动力，如电力、热力等所支付的费用。外购动力有的直接用于产品生产，如生产工艺用电力；有的间接用于产品生产，如生产单位（车间或分厂）照明用电力；有的则用于经营管理，如企业行政管理部门照明用电力和取暖等。外购动力费用的分配，在企业各车间、部门有计量仪器记录的情况下，应以仪器所示的耗用数量为分配标准进行费用的分配；在没有计量仪器的情况下，要按照一定的标准进行费用的分配。以电力费用为例，企业各车间、部门以及车间的产品动力用电和照明用电一般都分别装有电表，因此，它们之间电费的分配应以用电度数为依据进行分配，而车间的产品动力用电，一般不按产品分别安装电表，因而车间动力用电费用在各种产品之间一般按产品的生产工时比例、机器工时比例、定额耗电量比例或其他比例分配。

动力（以电力为例）费用分配的计算方式如下：

$$\text{电力费用分配率}=\frac{\text{电力费用总额}}{\text{各车间、部门动力和照明用电度数之和}}$$

$$\text{某车间、部门照明用电力费用}=\text{该车间部门照明用电度数}\times\text{电力费用分配率}$$

$$\text{某车间动力用电力费用}=\text{该车间动力用电度数}\times\text{电力费用分配率}$$

$$\text{某车间动力用电力费用分配率}=\frac{\text{该车间动力用电力费用}}{\text{该车间各种产品生产工时之和}}$$

$$\text{某产品分配动力用电力费用}=\text{该车间某产品生产工时}\times\text{该车间动力用电力费用分配率}$$

直接用于产品生产的动力费用，应借记“基本生产成本”总账科目及所属产品成本明细账“直接燃料和动力”成本项目；直接用于辅助生产又单独设置“直接燃料和动力”成本项目的动力费用，借记“辅助生产成本”总账科目及所属明细账的“直接燃料和动力”成本项目；用于基本生产车间和辅助生产车间的照明用电，以及行政管理部门的照明用电等，应分别借记“制造费用”“辅助生产成本”“管理费用”等总账科目及其所属明细账有关项目；如果基本生产和辅助生产不单独设置“直接燃料和动力”成本项目，发生的动力费用则应借记“制造费用”科目及其明细账有关项目。外购动力费用总额应根据有关转账凭证或付款凭证，贷记“应付账款”或“银行存款”科目。

【例 3—4】 中北公司 6 月耗电度数合计 75 600 度，金额 22 680 元，每度电 0.3 元。直接用于产品生产耗电 65 000 度，金额 19 500 元。该公司没有分产品安装电表，但规定按机器工时比例分配动力费用。甲产品机器工时为 9 600 小时，乙产品机器工时为 6 650 小时。该公司基本生产成本明细账设有“直接燃料和动力”成本项目。甲、乙产品动力费用分配计算如下：

$$\text{动力费用分配率}=\frac{19\,500}{9\,600+6\,650}=1.2$$

甲产品应分配的动力费用$=9\,600\times1.2=11\,520$(元)

乙产品应分配的动力费用$=6\,650\times1.2=7\,980$(元)

外购动力费用的分配是通过编制外购动力费用分配表进行的。现列示中北公司 20×3 年 6 月外购动力费用分配表（见表 3—3）。表中动力费用在各部门之间以耗用度数为标准分配，产品动力费用以机器工时为标准进行分配（见例 3—4）。

表 3—3 **外购动力费用分配表**

20×3 年 6 月

应借科目	成本或费用项目	机器工时（分配率：1.20）	度数（单价：0.3 元）	分配金额（元）
基本生产成本——甲产品	直接燃料和动力	9 600		11 520
——乙产品	直接燃料和动力	6 650		7 980
小计		16 250	65 000	19 500
辅助生产成本——运输	燃料和动力		3 000	900
——供水	燃料和动力		2 000	600
小计				1 500
制造费用——基本生产车间	水电费		2 400	720
管理费用	水电费		2 000	600
销售费用	水电费		1 200	360
合计			75 600	22 680

根据上列外购动力费用分配表，应编制的会计分录为：

借：基本生产成本		19 500
辅助生产成本		1 500
制造费用		720
管理费用		600

　　销售费用　　360
　贷：应付账款（或银行存款）　　22 680

3.1.4　职工薪酬的分配

职工薪酬是指企业为获得职工提供的服务或解除劳动关系而给予的各种形式的报酬或补偿。职工薪酬包括短期薪酬、离职后福利、辞退福利和其他长期职工福利等，内容较多，这里我们只介绍短期薪酬的分配。短期薪酬是指企业在职工提供相关服务的年度报告期间结束后 12 个月内需要全部予以支付的职工薪酬。

1. 工资费用的计算与分配

这里的工资费用是指短期薪酬中构成工资总额的部分，包括职工工资、奖金、津贴和补贴、加班加点工资和特殊情况下支付的工资等，除此之外的短期薪酬，我们归为其他短期薪酬。

每月企业会计部门应根据工资卡、考勤记录、产量记录等计算本月应付给每位职工的薪酬。在此基础上，根据算出的职工薪酬，按车间、部门分别编制工资结算单，单中按照职工类别和姓名分别填列应付每位职工的各种薪酬、代发款项、代扣款项和应发金额，作为与职工进行薪酬结算的依据。单中应付职工薪酬的金额也是计算职工薪酬费用的依据。

直接进行产品生产的生产工人的薪酬费用，专门设有“直接人工”成本项目。其中计件工资属于直接计入费用，应根据工资结算单直接计入某种产品成本的“直接人工”成本项目；计时工资在属于间接计入费用的情况下，应按产品的生产工时比例，分配计入各有关产品成本的“直接人工”成本项目；奖金、津贴和补贴，以及特殊情况下支付的工资等，一般也属于间接计入费用，应按直接计入的工资比例或生产工时比例，分配计入各有关产品成本的“直接人工”成本项目。

需要指出的是，按照产品的实际生产工时比例分配生产工人的薪酬费用，能够将产品所分配的薪酬费用与劳动生产率联系起来。某种产品如果单位产品耗用的生产工时减少，说明劳动生产率提高，其所分配的职工薪酬费用就应减少。相反，如果单位产品耗用的生产工时增加，说明劳动生产率降低，其所分配的职工薪酬费用就应增加。因此，按产品的实际生产工时比例分配生产工人薪酬费用比较合理。但是，如果取得各种产品的实际生产工时数据比较困难，而各种产品的单件工时定额比较准确，也可以按产品的定额工时比例，分配生产工人薪酬费用。按生产工时（实际或定额）比例分配生产工人薪酬费用的计算公式如下：

$$工资费用分配率=\frac{某车间生产工人计时工资总额}{该车间各种产品生产工时(实际或定额)总额}$$

$$某产品应分配计时工资=\begin{matrix}该产品生产工时\\(实际或定额)\end{matrix}\times\begin{matrix}工资费用\\分配率\end{matrix}$$

【例 3—5】　中北公司生产甲、乙两种产品，生产工人计件工资分别为：甲产品 5 000 元，乙产品 4 000 元；甲、乙产品计时工资共计 108 000 元。甲、乙产品生产工时分别为 10 000 小时和 8 000 小时。计时工资按生产工时比例分配计算如下：

$$工资费用分配率=\frac{108\,000}{10\,000+8\,000}=6$$

$$甲产品分配工资费用=10\,000\times6=60\,000(元)$$

$$乙产品分配工资费用=8\,000\times6=48\,000(元)$$

生产车间管理人员和技术人员的工资，属于间接生产费用，记入“制造费用”科目；其他各部门人员的工资，不计入产品成本，分别记入“销售费用”“管理费用”等科目。

工资费用分配是通过编制工资费用分配表进行的，根据工资费用分配表编制会计分录，登记有关总账和明细账。工资费用分配表格式及举例见表 3—4（中北公司工资费用分配表）。

表 3—4 **工资费用分配表**

20×3 年 6 月

应借科目	成本或费用项目	直接计入金额（元）	分配计入金额		工资费用合计（元）
			生产工时（小时）	分配金额（分配率：6）	
基本生产成本——甲产品	直接人工	5 000	10 000	60 000	65 000
——乙产品	直接人工	4 000	8 000	48 000	52 000
小计		9 000	18 000	108 000	117 000
辅助生产成本——运输	职工薪酬	6 400			6 400
——供水	职工薪酬	5 000			5 000
小计		11 400			11 400
制造费用——基本生产车间	职工薪酬	6 000			6 000
管理费用	职工薪酬	5 000			5 000
销售费用	职工薪酬	1 200			1 200
合计		32 600		108 000	140 600

根据以上工资费用分配表，应编制的会计分录如下：

借：基本生产成本 117 000
　　辅助生产成本 11 400
　　制造费用 6 000
　　管理费用 5 000
　　销售费用 1 200
　贷：应付职工薪酬 140 600

2. 其他短期薪酬的分配

其他短期薪酬包括职工福利费、各种社会保险费、住房公积金、工会经费、职工教育经费、短期带薪缺勤、利润分享计划等。

【例 3—6】 假定中北公司 20×3 年 6 月其他短期薪酬费用分配如表 3—5 所示。

表 3—5　**其他短期薪酬费用分配表**

20×3 年 6 月　　单位：元

应借科目		成本或费用项目	其他短期薪酬
基本生产成本	甲产品	直接人工	26 000
	乙产品	直接人工	20 800
	小计		46 800
辅助生产成本	运输	职工薪酬	2 560
	供水	职工薪酬	2 000
	小计		4 560
制造费用	基本生产车间	职工薪酬	2 400
管理费用		职工薪酬	2 000
销售费用		职工薪酬	480
合计			56 240

其他短期薪酬费用分配表的会计分录如下：

借：基本生产成本——甲产品　26 000
　　　　　　　　——乙产品　20 800
　　辅助生产成本——运输　2 560
　　　　　　　　——供水　2 000
　　制造费用——基本生产车间　2 400
　　管理费用　2 000
　　销售费用　480
　贷：应付职工薪酬　56 240

需要说明的是，以上我们只讲述了短期职工薪酬费用的计算与分配问题，对于其他应计入本期成本、费用的职工薪酬费用也应按照其用途进行分配，计入相关的产品成本或期间费用。

3.1.5　固定资产折旧费用的分配

固定资产在长期使用过程中保持实物形态不变，但其价值随着固定资产的使用和时间的推移而逐渐减少，这部分减少的价值就是固定资产折旧。固定资产折旧是企业生产经营过程的劳动耗费，它应以折旧费的形式计入产品成本和期间费用。

固定资产的折旧费用应按照固定资产的使用车间、部门进行汇总。对企业的生产单位（车间或分厂）来说，由于一种产品的生产往往需要使用多种机器设备，而每一种机器设备又可能生产多种产品，因此，机器设备的折旧费用虽然是直接用于产品生产的费用，但一般属于分配工作比较复杂的间接计入费用，为了简化产品成本的计算工作，不专设成本项目，而与生产单位的其他间接用于产品生产的固定资产（如车间厂房）的折旧费用一起记入“制造费用”科目的借方。企业行政管理部门和其他经营业务部门的固定资产折旧费用，则分别记入“管理费用”“销售费用”“其他业务支出”等科目的借方。固定资产折旧总额记入“累计折旧”科目的贷方。

折旧费用的分配是通过编制折旧费用分配表进行的。

【例 3—7】 现列举中北公司 20×3 年 6 月的折旧费用分配表（见表 3—6）。

表 3—6 **折旧费用分配表**

20×3 年 6 月 单位：元

项目	基本生产车间	辅助生产车间		行政管理部门	专设销售机构	合计
		运输	供水			
折旧费	12 140	336	400	3 000	1 000	16 876

根据以上折旧费用分配表，应编制的会计分录如下：

借：制造费用 12 140
　　辅助生产成本 736
　　管理费用 3 000
　　销售费用 1 000
　贷：累计折旧 16 876

3.1.6 其他费用

要素费用中的其他费用是指上述各项费用以外的费用支出。包括修理费、差旅费、邮电费、保险费、劳动保护费、运输费、办公费、水电费、技术转让费、业务招待费等。这些费用有的是产品成本的组成部分，有的则不是。其中属于产品成本组成部分的各种费用，也没有专门设立成本项目。因此，在发生这些费用时，应该按照发生的车间、部门和用途进行归类，分别借记“制造费用”“辅助生产成本”“管理费用”“销售费用”等科目，贷记“银行存款”等科目。

【例 3—8】 中北公司以银行存款支付本月发生的办公费用共计 4 300 元。其中，基本生产车间 600 元，辅助生产运输车间 500 元，辅助生产供水车间 400 元，行政管理部门 2 400 元，专设销售机构 400 元。据此编制如下会计分录：

借：制造费用 600
　　辅助生产成本——运输 500
　　　　　　　　——供水 400
　　管理费用 2 400
　　销售费用 400
　贷：银行存款 4 300

【例 3—9】　中北公司本月发生的其他费用共计 1 500 元。其中，辅助生产运输车间 400 元；辅助生产供水车间 300 元；销售部门（运输费）200 元；行政管理部门 500 元；财务费用（手续费）100 元。据此编制会计分录如下：

借：辅助生产成本——运输	400	
——供水	300	
管理费用	500	
销售费用	200	
财务费用	100	
贷：银行存款		1 500

除上述费用外，要素费用还应包括企业各车间、部门领用低值易耗品所发生的费用、企业应计入财务费用的利息费用等。由于这些方面的费用往往需要在各会计期间进行摊销或者预提，因此它的核算放在下一节讲述。

各种要素费用通过上述分配程序，已经按照费用的用途分别记入“基本生产成本”“辅助生产成本”“制造费用”“销售费用”“管理费用”“财务费用”等科目的借方。其中记入“基本生产成本”科目借方的费用，已经分别计入各有关产品成本明细账及所属的成本项目。这就是说，在成本、费用核算中，已经进行了前述第一个方面和第二个方面费用界限的划分工作。

3.2　跨期摊提费用的归集和分配

跨期摊提费用是指费用的受益期不是或不限于支付月份，而是跨越若干个月份，需要各受益月份进行摊销或计提的费用。

如前所述，为了正确划分各月份的费用界限，本月支付应由本月和以后各月负担的费用，应按一定标准分配摊销计入本月和以后各月；本月尚未支付但本月已经受益，应由本月负担的费用，应当计提计入本月。

正确地核算跨期摊提费用是费用分配中应贯彻的受益原则的要求，也是权责发生制原则在成本、费用核算中的体现。

下面我们就费用的跨期摊销和跨期计提的核算分别加以讲述。

3.2.1　费用的跨期摊销

对于本期发生（支付）的，但受益期为本月和以后各月，所以应由本月和以后各月的产品成本或期间费用共同负担的，摊销期限在一年以内的各项费用，如低值易耗品摊销、预付的房屋租金等，应在其受益期限内分月摊销，计入产品成本或期间费用。但如果其金额很小，不进行逐期摊销，对产品成本或期间费用的影响很小，那么为了简化核算，可以直接计入支付月份的产品成本或期间费用，而不再进行摊销。

在进行费用的跨期摊销时，应按照费用的用途、摊销期限和受益情况计算各月的摊销数额，并据以借记“辅助生产成本”“制造费用”“管理费用”“销售费用”等科目及其所属明细账，贷记有关反映费用摊销的科目。

【例3—10】 某企业有两个生产车间，其中第一车间领用低值易耗品单位价值很低，使用期限较短，每次领用的数量也不多，因此，该企业对第一车间领用的低值易耗品采用一次摊销法（即将低值易耗品的价值一次计入领用月份的产品成本或期间费用）；由于第二车间领用的低值易耗品单位价值很高，使用期限也较长，因此，该企业对第二车间领用的低值易耗品采用分次摊销法（即根据低值易耗品使用期限的长短，对其价值分月平均摊销）。该企业6月份生产车间领用和报废低值易耗品的情况如下：

(1) 第一车间领用生产工具一批，其实际成本为600元，以前月份领用的另一批生产工具在本月报废，残料验收入库作价50元。

(2) 第二车间领用专用模具一批，其实际成本为48 000元，该批低值易耗品在一年内按月平均摊销；以前月份领用的另一批专用模具（其领用时的总实际成本为30 000元，已摊销价值为25 000元，未摊销价值为5 000元）在本月报废，残料验收入库作价50元。

根据以上资料编制的会计分录如下：

第一车间：

(1) 领用低值易耗品。

借：制造费用	600	
贷：低值易耗品		600

(2) 报废低值易耗品。

借：原材料	50	
贷：制造费用		50

第二车间：

(1) 领用低值易耗品。

每月的摊销额＝48 000÷12＝4 000(元)

借：低值易耗品——在用	48 000	
贷：低值易耗品——在库		48 000
借：制造费用	4 000	
贷：低值易耗品——摊销		4 000

(2) 报废低值易耗品。

借：制造费用	5 000	
贷：低值易耗品——摊销		5 000
借：低值易耗品——摊销	30 000	
贷：低值易耗品——在用		30 000
借：原材料	50	

贷：制造费用　50

低值易耗品价值的摊销也可以采用五五摊销法。采用这种方法，低值易耗品在领用时摊销其价值的 50%，在报废时再摊销其价值的另外 50%。现举例说明如下。

【例 3—11】　中北公司低值易耗品的日常收发按实际成本进行核算。20×3 年 6 月仓库发出低值易耗品一批，价值 1 200 元，领用单位及领用低值易耗品金额如表 3—7 所示。

表 3—7　**低值易耗品领用表**　单位：元

领用单位	领用金额
基本生产车间	480
供水车间	180
运输车间	180
企业管理部门	240
专设销售机构	120

中北公司对各车间、部门领用的低值易耗品采用五五摊销法进行摊销。根据以上资料编制低值易耗品摊销分配表如表 3—8 所示。

表 3—8　**低值易耗品摊销分配表**

20×3 年 6 月　单位：元

费用种类	应借科目	金额
低值易耗品摊销	制造费用——基本生产车间	240
低值易耗品摊销	辅助生产成本——供水	90
低值易耗品摊销	辅助生产成本——运输	90
低值易耗品摊销	管理费用	120
低值易耗品摊销	销售费用	60

编制会计分录如下：

(1) 领用低值易耗品 1 200 元时。

借：低值易耗品——在用　1 200

　贷：低值易耗品——在库　1 200

(2) 摊销低值易耗品价值时。

借：制造费用——基本生产车间　240

　　辅助生产成本——供水　90

　　　　　　　　——运输　90

　　管理费用　120

　　销售费用　60

　贷：低值易耗品——摊销　600

假定中北公司上述 6 月份发出的低值易耗品于本年 12 月份全部报废，其残值收入为120元，其中基本生产车间：48元，供水车间：18元，运输车间：18元，企业管理部门：24元，专设销售机构：12元。

（3）该批低值易耗品报废时。

1）报废低值易耗品的残料入库及摊销低值易耗品价值。

借：原材料　120
　　制造费用——基本生产车间　192
　　辅助生产成本——供水　72
　　　　　　　　——运输　72
　　管理费用　96
　　销售费用　48
　贷：低值易耗品——摊销　600

2）注销该批低值易耗品。

借：低值易耗品——摊销　1 200
　贷：低值易耗品——在用　1 200

长期待摊费用是指企业已经发生但应由本期和以后各期负担的分摊期限在一年以上的各项费用，如以经营租赁方式租入的固定资产发生的改良支出等。

【例3—12】 某公司20×3年1月以经营租赁方式租入一项固定资产为公司管理部门所用，同时为使该项固定资产能正常使用进行了改良工程，发生了改良支出60 000元。该项固定资产的租期为4年，改良后的耐用期为5年。

有关经济业务的会计分录如下：

（1）发生改良支出时。

借：长期待摊费用——租入固定资产改良支出　60 000
　贷：银行存款等　60 000

（2）每月摊销改良支出时。

每月应摊销额＝60 000÷(12×4)＝1 250(元)

借：管理费用　1 250
　贷：长期待摊费用　1 250

3.2.2 费用的跨期计提

对于本月已经受益，在以后月份才实际支付的费用，按照权责发生制和费用分配的受益原则，应在受益的各月预先进行计提，并按照用途进行分配和归集。这种费用的计提一方面会使企业的成本、费用增加，另一方面会使企业的负债增加。

在进行费用的跨期计提时，应按照费用的用途、恰当的计提标准计算其各月应计提数额，并据以借记“辅助生产成本”“制造费用”“管理费用”“财务费用”“销售费用”等科目及其所属明细账，贷记有关的负债类科目及其所属明细账；实际支付时，借记有关的负债类科目及其所属明细账，贷记“银行存款”等科目。下面以银行短期借款的利息为例说明费用的跨期计提的核算。

在实际工作中，短期借款的利息一般是按季结算支付。按照权责发生制的原则，企业对于短期借款的利息一般应采用按月计提的办法进行核算，即每月月末估计当月的利息数额，计提应付的利息；季末实际支付利息时冲减已经计提的利息，实际支付的利息费用与计提利息之间的差额，调整计入季末月份的财务费用。每月计提利息费用时，借记“财务费用”科目，贷记“应付利息”科目；季末实际支付利息费用时，借记“应付利息”科目，贷记“银行存款”科目。

【例 3—13】　中北公司 20×3 年 4 月 1 日从银行取得偿还期限为 6 个月，每季结息一次，年利率为 6%的短期借款 1 600 000 元，用于生产经营周转；该企业对此项短期借款的利息支出采用按月计提的办法进行核算。应付利息明细账和利息费用分配表如表 3—9 和表 3—10 所示。

表 3—9　　**应付利息明细账**

月	日	摘要	借方	贷方	余额	
					借或贷	金额
4	30	计提 4 月份利息费用		8 000	贷	8 000
5	31	计提 5 月份利息费用		8 000	贷	16 000
6	30	支付利息费用	24 000		借	8 000
	30	计提 6 月份利息费用		8 000	平	0

表 3—10　　**利息费用分配表**

20×3 年 6 月　　单位：元

费用种类	应借科目	余额
利息费用	财务费用	8 000

该企业取得借款的第一个季度，4 月、5 月、6 月三个月应编制的有关会计分录如下：

（1）取得借款时。

借：银行存款　　1 600 000

　贷：短期借款　　1 600 000

（2）4 月和 5 月末计提利息费用时。

$$月末预提利息费用=1\,600\,000\times 6\%\times\frac{1}{12}=8\,000(元)$$

借：财务费用　　8 000

　贷：应付利息　　8 000

（3）6 月份实际支付借款利息时。

借：应付利息　　24 000

　贷：银行存款　　24 000

（4）6 月末计提利息费用时。

借：财务费用　　8 000

　贷：应付利息　　8 000

如果季末月份（6 月份）的利息不再进行计提，则上述第（3）笔业务的会计分录为：

借：财务费用　　8 000

　　应付利息　　16 000

　贷：银行存款　　24 000

通过跨期摊提费用的核算，按照权责发生制原则和费用分配的受益原则，正确划分了各月的成本、费用界限，即第 2 章所讲述的第三个方面的费用界限。

3.3 辅助生产费用的归集和分配

辅助生产是指为基本生产车间、企业行政管理部门等单位服务而进行的产品生产和劳务供应。其中有的只提供一种劳务，如供电、供水、供气、运输等辅助生产；有的则生产多种产品，如从事工具、模具、修理用备件的制造等辅助生产。辅助生产提供的产品和劳务，有时也对外销售，但主要是为本企业服务。

3.3.1 辅助生产费用的归集

辅助生产费用的归集和分配应通过“辅助生产成本”科目进行。该科目同“基本生产成本”科目一样，一般应按车间以及产品或劳务的种类设置明细账，账内按照成本项目设置专栏进行明细核算。进行辅助生产发生的各项费用，应记入该科目的借方。

辅助生产车间的制造费用一般应先通过“制造费用”科目进行归集，然后从该科目直接转入或分配转入“辅助生产成本”科目及所属明细账的“制造费用”成本项目。对于直接用于辅助生产产品或提供劳务并专设成本项目的费用，应记入“辅助生产成本”科目及所属明细账的有关成本项目。辅助生产完工的产品或劳务成本，经过分配以后从“辅助生产成本”科目的贷方转出，期末如有借方余额则为辅助生产的在产品费用。

如果辅助生产车间规模很小，发生的制造费用很少，也不对外销售产品或提供劳务，为了简化核算工作，辅助生产车间的制造费用可以不单独设置“制造费用——辅助生产车间”明细账进行汇总，而直接记入“辅助生产成本”科目及其明细账的有关项目。这时，“辅助生产成本”明细账就是按照成本项目与费用项目相结合设置专栏，而不是单独按成本项目设置专栏。下面以中北公司为例说明这种辅助生产成本明细账的格式，详见表 3—11 和表 3—12。

表 3—11　　**辅助生产成本明细账**

辅助生产车间：运输　　20×3 年 6 月　　单位：元

摘要	材料	燃料和动力	职工薪酬	折旧费	办公费	低值易耗品摊销	其他	合计	转出
材料费用分配表	600								
燃料费用分配表		1 000							
外购动力费用分配表		900							
工资费用分配表			6 400						
其他短期薪酬费用分配表			2 560						
折旧费用分配表				336					
低值易耗品摊销分配表						90			
办公等费用支出（付款凭证）					500		400		
辅助生产费用分配表									
合计	600	1 900	8 960	336	500	90	400	12 786	

表 3—12　　**辅助生产成本明细账**

辅助生产车间：供水　　20×3 年 6 月　　单位：元

摘要	材料	燃料和动力	职工薪酬	折旧费	办公费	低值易耗品摊销	其他	合计	转出
材料费用分配表	900								
燃料费用分配表		500							
外购动力费用分配表		600							
工资费用分配表			5 000						
其他短期薪酬费用分配表			2 000						
折旧费用分配表				400					
低值易耗品摊销分配表						90			
办公等费用支出（付款凭证）					400		300		
辅助生产费用分配表									
合计	900	1 100	7 000	400	400	90	300	10 190	

3.3.2 辅助生产费用的分配

辅助生产费用的分配，就是将归集在“辅助生产成本”科目及其明细科目借方的辅助生产费用，采用规定的计算方法计算其总成本和单位成本，并按各受益对象耗用数量进行分配。

辅助生产车间的产品和劳务的种类不同，费用分配的程序也不一样。所提供的产品，如工具、模具和修理用备件等产品成本，应在产品完工时，从“辅助生产成本”科目分别转入“低值易耗品”和“原材料”科目；而提供的劳务作业，如水、电等所发生的费用，应转入“基本生产成本”“制造费用”“管理费用”“销售费用”等科目。由于辅助生产提供的产品或劳务主要是为基本生产车间服务的，但在某些辅助生产车间也有相互提供劳务的情况，为了正确地计算辅助生产产品和劳务的成本，在分配辅助生产费用时，应考虑辅助生产车间相互提供劳务对成本的影响。

辅助生产费用的分配通常采用直接分配法、交互分配法、代数分配法和计划成本分配法等。

1. 直接分配法

直接分配法是将各辅助生产车间发生的费用，直接分配给辅助生产以外的各受益产品、单位，而不考虑辅助生产车间之间相互提供产品或劳务情况的一种辅助生产费用分配方法。其计算公式如下：

$$\text{单位成本(分配率)}=\frac{\text{待分配的辅助生产费用}}{\text{辅助生产车间以外的其他受益单位耗用的劳务数量}}$$

$$\text{某受益单位应分配的辅助生产费用}=\text{该受益单位耗用劳务(产品)数量}\times\text{单位成本}$$

【例 3—14】 中北公司运输、供水两个辅助生产车间提供的产品及劳务数量如表 3—13 所示。采用直接分配法的辅助生产费用分配表如表 3—14 所示。

表 3—13　　辅助生产车间供应产品及劳务数量

受益单位	耗用运输劳务（吨公里）	耗水（立方米）
辅助生产车间——运输		3 200
——供水	2 000	
小计	2 000	3 200
基本生产车间	20 000	15 000
行政管理部门	1 620	3 000
专设销售机构	21 000	2 380
小计	42 620	20 380
合计	44 620	23 580

表 3—14　　辅助生产费用分配表

（直接分配法）

20×3 年 6 月　　金额单位：元

项目		运输	供水	分配金额合计
待分配辅助生产费用		12 786	10 190	22 976
供应辅助生产以外的劳务数量		42 620 吨公里	20 380 立方米	
单位成本（分配率）		0.3	0.5	
基本生产车间	耗用数量	20 000 吨公里	15 000 立方米	
	分配金额	6 000	7 500	13 500
行政管理部门	耗用数量	1 620 吨公里	3 000 立方米	
	分配金额	486	1 500	1 986
专设销售机构	耗用数量	21 000 吨公里	2 380 立方米	
	分配金额	6 300	1 190	7 490
合计		12 786	10 190	22 976

说明：运输单位成本（分配率）$=\frac{12\ 786}{42\ 620}=0.3$

供水单位成本（分配率）$=\frac{10\ 190}{20\ 380}=0.5$

根据辅助生产费用分配表编制会计分录如下：

借：制造费用——基本生产车间　　13 500

管理费用　　1 986

销售费用　　7 490

贷：辅助生产成本——运输　　12 786

——供水　　10 190

采用直接分配法，由于各辅助生产车间只对辅助生产以外的受益产品、部门分配费用，计算工作简便。当辅助生产车间相互提供产品或劳务数量差异较大时，分配结果会有较大的误差。因此，直接分配法一般适用于辅助生产车间不相互提供产品、劳务或提供产品、劳务较少的情况。

2. 交互分配法

交互分配法是对各辅助生产车间的辅助生产费用进行交互和对外两次分配的一种辅助生产费用分配方法。在这种方法下，首先，根据各辅助生产车间交互分配前的单位成本（费用分配率）和相互提供的产品或劳务数量，在各辅助生产车间之间进行交互分配；然后，将各辅助生产车间交互分配后的实际费用（交互分配前的费用＋交互分配转入的费用－交互分配转出的费用），即对外分配费用，再按交互分配后的单位成本（费用分配率）和提供的产品或劳务数量，向辅助生产车间以外的各受益单位分配辅助生产费用。

【例 3—15】　中北公司按交互分配法编制的辅助生产费用分配表如表 3—15 所示。

表 3—15

辅助生产费用分配表

（交互分配法）

20×3 年 6 月

金额单位：元

项目		运输车间			供水车间			合计
		数量（吨公里）	分配率	分配金额	数量（立方米）	分配率	分配金额	
待分配辅助生产费用		44 620	0.286 6	12 786	23 580	0.432 1	10 190	22 976
交互分配	辅助生产——运输			1 382.72	−3 200		−1 382.72	
	辅助生产——供水	−2 000		−573.2			573.2	
对外分配辅助生产费用		42 620	0.319	13 595.52	20 380	0.460 3	9 380.48	
对外分配	基本生产车间	20 000		6 380	15 000		6 904.5	13 284.5
	行政管理部门	1 620		516.52	3 000		1 380.47	1 896.99
	专设销售机构	21 000		6 699	2 380		1 095.51	7 794.51
	合计	42 620		13 595.52	20 380		9 380.48	22 976

说明：尾差计入行政管理部门应分配的费用，以下同此。

表 3—15 中有关计算如下：

（1）交互分配前的费用分配率。

运输车间：$\frac{12\,786}{44\,620}\approx 0.286\,6$

供水车间：$\frac{10\,190}{23\,580}\approx 0.432\,1$

（2）交互分配。

运输车间向供水车间分配运输费＝2 000×0.286 6＝573.2(元)

供水车间向运输车间分配水费＝3 200×0.432 1＝1 382.72(元)

（3）交互分配后的实际费用（即对外分配费用）。

运输车间：12 786＋1 382.72－573.2＝13 595.52(元)

供水车间：10 190＋573.2－1 382.72＝9 380.48(元)

（4）交互分配后的费用分配率。

运输车间：$\frac{13\,595.52}{42\,620}\approx 0.319$

供水车间：$\frac{9\,380.48}{20\,380}\approx 0.460\,8$

（5）对外分配。

基本生产车间分配运输费＝20 000×0.319＝6 380(元)

基本生产车间分配水费＝15 000×0.460 3＝6 904.5(元)
专设销售机构分配运输费＝21 000×0.319＝6 699(元)
专设销售机构分配水费＝2 380×0.460 3＝1 095.51(元)
行政管理部门分配运输费＝13 595.52－(6 380＋6 699)＝516.52(元)
行政管理部门分配水费＝9 380.48－(6 904.5＋1 095.51)＝1 380.47(元)

根据辅助生产费用分配表编制会计分录如下：

(1) 交互分配。

借：辅助生产成本——运输	1 382.72	
——供水	573.2	
贷：辅助生产成本——供水		1 382.72
——运输		573.2

(2) 对外分配。

借：制造费用——基本生产车间	13 284.5	
管理费用	1 896.99	
销售费用	7 794.51	
贷：辅助生产成本——运输		13 595.52
——供水		9 380.48

交互分配法分配给各受益单位的费用比较准确，也有利于考核各辅助生产车间的费用水平。但各辅助生产费用要计算两个单位成本，进行两次分配，因而增加了核算工作量。

3. 代数分配法

代数分配法是运用代数中多元一次联立方程的原理分配辅助生产费用的一种方法。采用这种方法，首先根据各辅助生产车间相互提供产品或劳务的数量，求解联立方程，计算辅助生产车间产品或劳务的单位成本；然后根据各受益单位（包括辅助生产车间）耗用产品或劳务的数量和单位成本，计算分配辅助生产费用。

【例 3—16】 假设中北公司运输车间的单位成本为 x，供水车间的单位成本为 y，设立如下联立方程：

$$\begin{cases} 12\,786+3\,200y=44\,620x \\ 10\,190+2\,000x=23\,580y \end{cases}$$

解得

$$\begin{cases} x=0.319\,5 \\ y=0.459\,2 \end{cases}$$

根据以上计算结果编制的辅助生产费用分配表如表 3—16 所示。

表 3—16 **辅助生产费用分配表**

（代数分配法）

20×3 年 6 月 金额单位：元

项目				运输	供水	合计
待分配费用				12 786	10 190	22 976
劳务供应数量总额				44 620 吨公里	23 580 立方米	—
用代数算出的实际单位成本				0.319 5	0.459 2	—
辅助生产车间耗用	应借“辅助生产成本”科目	运输车间	数量		3 200 立方米	—
			金额		1 469.44	1 469.44
		供水车间	数量	2 000 吨公里		—
			金额	639		639
		小计		639	1 469.44	2 108.44
基本生产车间耗用	应借“制造费用”科目	数量		20 000 吨公里	15 000 立方米	—
		金额		6 390	6 888	13 278
专设销售机构耗用	应借“销售费用”科目	数量		21 000 吨公里	2 380 立方米	—
		金额		6 709.5	1 092.9	7 802.4
行政管理部门耗用	应借“管理费用”科目	数量		1 620 吨公里	3 000 立方米	—
		金额		516.94	1 378.66	1 895.6
分配金额合计				14 255.44	10 829	25 084.44

根据辅助生产费用分配表编制会计分录如下：

借：辅助生产成本——运输 1 469.44

——供水 639

制造费用——基本生产车间 13 278

销售费用 7 802.4

管理费用 1 895.6

贷：辅助生产成本——运输 14 255.44

——供水 10 829

4. 计划成本分配法

计划成本分配法是按照计划单位成本计算、分配辅助生产费用的一种方法。采用计划成本分配法，首先按劳务的计划单位成本分配辅助生产为各受益单位（包括其他辅助生产车间）提供的劳务费用，再计算辅助生产的实际成本（包括辅助生产内部交互分配转入的辅助生产费用）与按计划成本分配转出的费用的差额，即辅助生产成本差异。辅助生产成本差异可以追加分配给辅助生产以外的各受益单位，为了简化分配工作也可将其全部计入管理费用。

【例 3—17】 假设某企业设有锅炉、运输两个辅助生产车间。锅炉车间提供的蒸汽按立方米计量，运输车间提供的运输劳务按吨公里计量。辅助生产车间的制造费用通过单设的“制造费用”科目核算。该企业有关费用资料如表 3—17 所示。

表 3—17　　辅助生产车间供应产品及劳务数量　　金额单位：元

<table>
<tr><th colspan="2">项目</th><th>锅炉车间</th><th>运输车间</th></tr>
<tr><td rowspan="3">辅助生产待分配费用</td><td>“辅助生产成本”科目</td><td>24 000</td><td>7 200</td></tr>
<tr><td>“制造费用”科目</td><td>4 000</td><td>1 100</td></tr>
<tr><td>小计</td><td>28 000</td><td>8 300</td></tr>
<tr><td colspan="2">供应劳务数量</td><td>4 800 立方米</td><td>11 000 吨公里</td></tr>
<tr><td colspan="2">计划单位成本</td><td>6</td><td>1.2</td></tr>
<tr><td rowspan="6">耗用劳务数量</td><td>锅炉车间</td><td></td><td>500 吨公里</td></tr>
<tr><td>运输车间</td><td>800 立方米</td><td></td></tr>
<tr><td>基本生产车间</td><td>3 000 立方米</td><td>6 500 吨公里</td></tr>
<tr><td>专设销售机构</td><td>600 立方米</td><td>3 500 吨公里</td></tr>
<tr><td>行政管理部门</td><td>400 立方米</td><td>500 吨公里</td></tr>
<tr><td>合计</td><td>4 800 立方米</td><td>11 000 吨公里</td></tr>
</table>

根据上例资料按计划成本分配法编制辅助生产费用分配表，如表 3—18 所示。

表 3—18　　辅助生产费用分配表

（计划成本分配法）

20×3 年 6 月　　金额单位：元

<table>
<tr><th colspan="3">项目</th><th>锅炉车间</th><th>运输车间</th><th>金额合计</th></tr>
<tr><td rowspan="3">待分配费用</td><td colspan="2">“辅助生产成本”科目</td><td>24 000</td><td>7 200</td><td>31 200</td></tr>
<tr><td colspan="2">“制造费用”科目</td><td>4 000</td><td>1 100</td><td>5 100</td></tr>
<tr><td colspan="2">小计</td><td>28 000</td><td>8 300</td><td>36 300</td></tr>
<tr><td colspan="3">供应劳务数量</td><td>4 800 立方米</td><td>11 000 吨公里</td><td>—</td></tr>
<tr><td colspan="3">计划单位成本</td><td>6</td><td>1.2</td><td>—</td></tr>
<tr><td rowspan="6">制造费用</td><td rowspan="2">锅炉车间</td><td>耗用数量</td><td></td><td>500 吨公里</td><td></td></tr>
<tr><td>分配金额</td><td></td><td>600</td><td>600</td></tr>
<tr><td rowspan="2">运输车间</td><td>耗用数量</td><td>800 立方米</td><td></td><td></td></tr>
<tr><td>分配金额</td><td>4 800</td><td></td><td>4 800</td></tr>
<tr><td rowspan="2">基本生产车间</td><td>耗用数量</td><td>3 000 立方米</td><td>6 500 吨公里</td><td></td></tr>
<tr><td>分配金额</td><td>18 000</td><td>7 800</td><td>25 800</td></tr>
<tr><td rowspan="2">销售费用</td><td rowspan="2">专设销售机构</td><td>耗用数量</td><td>600 立方米</td><td>3 500 吨公里</td><td></td></tr>
<tr><td>分配金额</td><td>3 600</td><td>4 200</td><td>7 800</td></tr>
<tr><td rowspan="2">管理费用</td><td rowspan="2">行政管理部门</td><td>耗用数量</td><td>400 立方米</td><td>500 吨公里</td><td></td></tr>
<tr><td>分配金额</td><td>2 400</td><td>600</td><td>3 000</td></tr>
<tr><td colspan="3">按计划成本分配合计①</td><td>28 800</td><td>13 200</td><td>42 000</td></tr>
<tr><td colspan="3">辅助生产实际成本②</td><td>28 600</td><td>13 100</td><td>41 700</td></tr>
<tr><td colspan="3">辅助生产成本差异③=②−①</td><td>−200</td><td>−100</td><td>−300</td></tr>
</table>

辅助生产实际成本为“待分配费用＋分配转入的辅助生产费用”，表中有关计算如下：

锅炉车间的辅助生产实际成本＝28 000＋600＝28 600(元)

运输车间的辅助生产实际成本=8 300+4 800=13 100(元)

根据分配表编制会计分录如下：

（1）按计划成本分配辅助生产费用。

借：制造费用——锅炉车间	600	
——运输车间	4 800	
——基本生产车间	25 800	
销售费用	7 800	
管理费用	3 000	
贷：辅助生产成本——锅炉车间		28 800
——运输车间		13 200

（2）结转辅助生产车间的制造费用。

借：辅助生产成本——锅炉车间	4 600	
——运输车间	5 900	
贷：制造费用——锅炉车间		4 600
——运输车间		5 900

（3）结转辅助生产成本差异（为了简化核算，辅助生产成本差异记入“管理费用”科目）。

借：管理费用	300（红字）	
贷：辅助生产成本——锅炉车间		200（红字）
——运输车间		100（红字）

采用计划成本分配法，各种辅助生产费用只分配一次，而且劳务的计划单位成本是事先确定的，因而简化了计算工作。通过差异的计算，还能反映和考核辅助生产成本计划的执行情况。由于差异全部计入管理费用，因而便于分析和考核各受益单位的成本，有利于分清企业内部各单位的经济责任。但采用这种分配方法，辅助生产劳务的计划单位成本必须比较准确。

3.4 制造费用的归集和分配

3.4.1 制造费用的归集

制造费用是指企业为生产产品（或提供劳务）而发生的应该计入产品成本，但没有专设成本项目的各项生产费用。制造费用中大部分不是直接用于产品生产的费用，而是间接用于产品生产的费用。制造费用通过“制造费用”科目进行核算。该科目分别按不同的车间、部门设置明细账。制造费用的内容比较复杂，应该按照管理要求分别设立若干费用项目进行计划和核算，归类反映各项费用的计划执行情况。制造费用的项目有的可以按照费用的经济用途设立，如用于车间办公方面的各项支出，设立“办公费”项目；有的可以按照费用的经济内容设立，如全车间的机器设备和厂房建筑物等的折旧费，设立“折旧费”项目。

发生制造费用时，根据有关的付款凭证、转账凭证和前述各种费用分配表，记入“制造费用”科目的借方，并视具体情况分别记入“原材料”“应付职工薪酬”“累计折旧”“银行存款”等科目的贷方；期末按照一定的标准分配记入“基本生产成本”等科目。除季节性生产的车间外，“制造费用”科目期末应无余额。

【例 3—18】 根据中北公司的各种费用分配表及付款凭证登记基本生产车间“制造费用”明细账，见表 3—19。

表 3—19 **制造费用明细账**

车间名称：基本生产车间 20×3 年 6 月 单位：元

摘要	机物料消耗	运输费	职工薪酬	折旧费	办公费	水电费	低值易耗品摊销	其他	合计	转出
材料费用分配表	400								400	
外购动力费用分配表						720			720	
工资费用分配表			6 000						6 000	
其他短期薪酬费用分配表			2 400						2 400	
折旧费用分配表				12 140					12 140	
低值易耗品摊销分配表							240		240	
办公等费用支出（付款凭证）					600				600	
辅助生产费用分配表		6 000				7 500			13 500	
制造费用分配表										36 000
合计	400	6 000	8 400	12 140	600	8 220	240		36 000	36 000

3.4.2 制造费用的分配

月份终了，企业应将归集的制造费用分配转入有关产品成本或劳务成本。基本生产车间的制造费用是产品生产成本的组成部分。在只生产一种产品的车间，制造费用可以直接计入该产品的生产成本；在生产多种产品的车间，制造费用则应该采用既合理又较简便的分配方法，分配计入各种产品的生产成本，即记入“基本生产成本”科目及其明细账的“制造费用”成本项目。制造费用的分配方法一般有：生产工时比例法、生产工人工资比例法、机器工时比例法、年度计划分配率法等。企业应根据自己的实际情况，选择合理的分配方法。分配方法一经确定，不能随意变动，以保证产品成本的客观性和可比性。不论采用哪种分配方法，都应根据分配计算的结果，编制制造费用分配表。根据分配表进行制造费用分配的总分类核算和明细核算。

1. 生产工时比例法

生产工时比例法是按照各种产品所用生产工人工时的比例分配制造费用的一种方法。其计算公式如下：

$$\text{制造费用分配率}=\frac{\text{制造费用总额}}{\text{各产品生产工时总额}}$$

$$\text{某种产品应分配的制造费用}=\text{该产品生产工时}\times\text{制造费用分配率}$$

如果产品的工时定额比较准确，制造费用也可以按定额工时的比例分配。计算公式如下：

$$\text{制造费用分配率}=\frac{\text{制造费用总额}}{\text{各产品定额工时总额}}$$

$$\text{某种产品应分配的制造费用}=\text{该产品定额工时}\times\text{制造费用分配率}$$

【例 3—19】 中北公司基本生产车间 6 月份制造费用总额为 36 000 元，实际生产工时为 18 000 小时，其中，甲产品实际生产工时为 10 000 小时，乙产品实际生产工时为 8 000 小时，分配制造费用的有关计算如下：

$$\text{制造费用分配率}=\frac{36\,000}{10\,000+8\,000}=2$$

$$\text{甲产品应分配的制造费用}=10\,000\times2=20\,000(\text{元})$$

$$\text{乙产品应分配的制造费用}=8\,000\times2=16\,000(\text{元})$$

按生产工时比例法编制制造费用分配表，见表 3—20。

表 3—20 **制造费用分配表**

（生产工时比例法）

车间名称：基本生产车间　　20×3 年 6 月　　单位：元

应借科目	生产工时	分配金额（分配率：2）
基本生产成本——甲产品	10 000	20 000
——乙产品	8 000	16 000
合计	18 000	36 000

根据制造费用分配表，编制会计分录如下：

借：基本生产成本——甲产品　　20 000
　　　　　　　——乙产品　　16 000
　贷：制造费用——基本生产车间　　36 000

2. 生产工人工资比例法

生产工人工资比例法是以各种产品的生产工人工资的比例分配制造费用的一种方法。计算公式如下：

$$制造费用分配率=\frac{制造费用总额}{各产品生产工人工资总额}$$

某种产品应分配的制造费用＝该产品生产工人工资×制造费用分配率

由于工资费用分配表中有现成的生产工人工资的资料，因此该种分配方法核算工作简便。如果生产工人工资是按生产工时比例分配计入各种产品成本的，那么，按照生产工人工资比例分配制造费用，实际上也就是按照生产工时比例分配制造费用。采用该方法，各种产品生产的机械化程度应该相差不大，否则机械化程度高的产品，由于工资费用少，分配负担的制造费用也少，会影响制造费用分配的合理性。

3. 机器工时比例法

机器工时比例法是按照各种产品所用机器设备运转时间的比例分配制造费用的一种方法。这一方法适用于产品生产机械化程度较高的车间。因为在这种车间的制造费用中，与机器设备使用有关的费用比重较大，而这部分费用与机器设备运转的时间有着密切的联系。采用这一方法必须具备各种产品所用机器工时的原始记录。

3.5 废品损失的核算

废品损失是指生产过程中发生的各种废品所形成的报废损失和修复费用。生产过程中的废品是指不符合规定的技术标准，不能按原定用途使用，或需要加工修理才能使用的在产品、半成品或产成品，而不论其是生产过程中发现的还是入库后发现的。

废品的报废损失，是指不可修复废品的生产成本扣除残料价值后的损失；废品的修复费用，是指可修复废品在返修过程中所发生的修理费用。应当注意的是，无须返修而降价出售的不合格品，其降价损失反映为销售收入的减少，不作废品损失处理；产成品入库后，由于保管不善而损坏变质的损失，属管理问题，应作为管理费用，不作废品损失；产品出售以后发现的废品所发生的一切损失，也不包括在废品损失内。废品损失核算的依据是经过质量检验部门填制并审核的废品通知单。

如果企业不单独核算废品损失，则不设“废品损失”科目，也不设“废品损失”成本项目，发生不可修复废品，只从全部产量中扣除报废产品数量，而不单独归集废品生产成本；废品的残料价值直接冲减“基本生产成本”科目及其明细账中的“原材料”成本项目。发生可修复废品，其修理费用也直接记入“基本生产成本”科目及其明细账的有关成本项目。辅助生产一般不单独核算废品损失。

单独核算废品损失的企业，在会计科目中应增设“废品损失”科目，在成本项目中应增设“废品损失”项目。

废品损失的归集和分配，应根据废品损失计算表和分配表等有关凭证，通过“废品损失”科目进行。“废品损失”科目应按车间设置明细账，账内按产品品种和成本项目登记废品损失。该科目的借方归集不可修复废品的生产成本（即不可修复废品的生产成本从“基本生产成本”科目转入“废品损失”科目）和可修复废品的修复费用；贷方登记废品残料回收价值和应收的赔款、不可修复废品的生产成本和可修复废品的修复费用减去回收残料价值和应收赔款后的差额，即应由本月生产的同种合格品产品成本负担的废品净损失，应从“废品损失”科目贷方转入“基本生产成本”科目的借方（记入本月同种产品成本明细账“废品损失”成本项目）；该科目月末无余额。

3.5.1 不可修复废品损失的归集和分配

为了归集和分配不可修复废品损失，必须首先计算废品的成本。废品成本是指产品在生产过程中截止到报废时所耗费的一切费用。从废品成本中扣除回收的残值和应收赔款，算出废品的净损失，计入该种产品成本。由于不可修复废品的成本与合格品的成本在分离前是归集在一起的，因此，需要采取一定的方法予以划分。有两种常用的方法：一是按废品的实际成本计算；二是按废品所耗定额费用计算。

（1）按实际成本计算。按废品的实际成本计算，就是在废品报废时根据废品和合格品所发生的全部实际费用，采用一定的分配方法，在合格品与废品之间进行分配，计算出废品的实际成本，从“基本生产成本”科目转入“废品损失”科目。

【例3—20】 某企业的基本生产车间本月生产A产品1 000件，其中有50件是不可修复废品；合格品的生产工时为9 600小时，废品的生产工时为400小时。A产品生产明细账所列合格品和废品的全部生产成本为：直接材料36 000元，直接燃料和动力9 000元，直接人工20 000元，制造费用25 000元，共计90 000元。废品残料回收价值为500元，原材料是生产开工时一次投入的，故原材料费用按合格品数量与废品数量比例分配；其他费用按生产工时比例分配。编制废品损失计算表，见表3—21。

表 3—21 **废品损失计算表**

（按实际成本计算）

车间名称：基本生产车间 20×3 年 6 月

产品名称：A 产品 单位：元

项目	数量（件）	直接材料	生产工时（小时）	直接燃料和动力	直接人工	制造费用	合计
合格品和废品生产费用总额	1 000	36 000	10 000	9 000	20 000	25 000	90 000
费用分配率		36		0.9	2	2.5	
废品成本	50	1 800	400	360	800	1 000	3 960
减：回收残料价值		500					500
废品损失		1 300		360	800	1 000	3 460

根据废品损失计算表，编制会计分录如下：

1）结转废品生产成本（实际成本）。

借：废品损失——A 产品 3 960

贷：基本生产成本——A 产品——直接材料 1 800

——直接燃料和动力 360

——直接人工 800

——制造费用 1 000

2）回收残料价值。

借：原材料 500

贷：废品损失——A 产品 500

3）将废品净损失转入合格品成本。

借：基本生产成本——A 产品——废品损失 3 460

贷：废品损失——A 产品 3 460

在完工以后发现的废品，其单位废品负担的各项生产费用与单位合格品负担的完全相同，可按合格品和废品的数量比例分配各项生产费用，计算废品的实际生产成本。按废品的实际生产成本计算废品损失，符合实际，但核算工作量较大。

（2）按定额费用计算。按废品所耗定额费用计算的方法，也称为按定额成本计算方法，就是按废品数量和废品的各项费用定额计算废品的定额成本，再将废品的定额成本扣除废品残料的回收价值，即为废品损失，而不考虑废品实际发生的费用。

【例 3—21】 中北公司基本生产车间产品完工验收入库时发现甲产品有 10 件为不可修复废品，回收残料价值 100 元，按定额成本计算废品成本和废品损失，编制废品损失计算表，见表 3—22。

表 3—22

废品损失计算表
（按定额成本计算）
20×3 年 6 月

车间名称：基本生产车间
产品名称：甲产品
废品数量：10 件

单位：元

项目	直接材料	直接燃料和动力	直接人工	制造费用	合计
费用定额	60	30	75	20	185
废品定额成本	600	300	750	200	1 850
减：回收残料价值	100				100
废品损失	500	300	750	200	1 750

根据废品损失计算表编制会计分录如下：

1）结转废品生产成本（定额成本）。

借：废品损失——甲产品　　1 850
　贷：基本生产成本——甲产品——直接材料　　600
　　　　　　　　　　　　　——直接燃料和动力　　300
　　　　　　　　　　　　　——直接人工　　750
　　　　　　　　　　　　　——制造费用　　200

2）回收残料价值。

借：原材料　　100
　贷：废品损失——甲产品　　100

3）将废品净损失转入合格品成本。

借：基本生产成本——甲产品——废品损失　　1 750
　贷：废品损失——甲产品　　1 750

3.5.2 可修复废品损失的归集和分配

可修复废品损失是指废品在修复过程中所发生的各项修复费用。可修复废品返修以前发生的生产费用归集在“基本生产成本”科目，不必转出，因为它不是废品损失。返修时发生的修复费用为废品损失，应根据各种费用分配表等记入“废品损失”科目。如有残值和应收赔款，应冲减废品损失。修复完毕，将废品损失（修复费用减去残值和赔款）从“废品损失”科目的贷方转入“基本生产成本”科目的借方及其有关成本明细账的“废品损失”成本项目。

3.6 期间费用的核算

期间费用是指本期发生的不计入产品成本而直接计入当期损益的各项费用，包括管理费用、销售费用和财务费用。

3.6.1　管理费用

企业发生的管理费用，在“管理费用”科目和所属明细科目进行归集。“管理费用”科目应按费用项目设置明细账，用来反映和考核各项费用的支出情况。发生或支付各项管理费用时，记入该科目的借方和有关科目的贷方。月末，结转管理费用时记入该科目的贷方和“本年利润”科目的借方，期末结转后本科目应无余额。

【例 3—22】　根据中北公司各种费用分配表和有关凭证，登记管理费用明细账，见表 3—23。

表 3—23　　**管理费用明细账**

20×3 年 6 月　　单位：元

摘要	物料消耗	职工薪酬	折旧费	办公费	水电费	低值易耗品摊销	运输费	其他	合计	转出	余额
办公等费用支出（付款凭证）				2 400				500	2 900		
材料费用分配表	300								300		
外购动力费用分配表					600				600		
工资费用分配表		5 000							5 000		
其他短期薪酬费用分配表		2 000							2 000		
折旧费用分配表			3 000						3 000		
低值易耗品摊销分配表						120			120		
辅助生产费用分配表					1 500		486		1 986		
转账凭证（转出）										15 906	
本月合计	300	7 000	3 000	2 400	2 100	120	486	500	15 906	15 906	0

月末将归集在“管理费用”总账科目和所属明细账借方的管理费用，转入“本年利润”科目。编制会计分录如下：

借：本年利润　　15 906

　贷：管理费用　　15 906

3.6.2 销售费用

销售费用的归集和结转是通过“销售费用”总账科目和所属明细账进行的。“销售费用”科目应按费用项目设明细账，进行明细核算，用以反映和考核各项费用的支出情况。发生和支付各项销售费用时，记入“销售费用”科目的借方，记入“银行存款”“应付账款”“应付职工薪酬”等科目的贷方。月末将归集在“销售费用”总账及所属明细账借方的销售费用，结转到“本年利润”科目，结转后本科目和所属明细账无余额。

【例 3—23】 根据中北公司各种费用分配表和有关凭证，登记销售费用明细账，见表 3—24。

表 3—24　　销售费用明细账

20×3 年 6 月　　单位：元

摘要	物料消耗	职工薪酬	折旧费	办公费	水电费	低值易耗品摊销	运输费	包装费	广告费	合计	转出	余额
办公等费用支出（付款凭证）				400			200			600		
材料费用分配表	200									200		
外购动力费用分配表					360					360		
工资费用分配表		1 200								1 200		
其他短期薪酬费用分配表		480								480		
折旧费用分配表			1 000							1 000		
低值易耗品摊销分配表						60				60		
辅助生产费用分配表					1 190		6 300			7 490		

续前表

摘要	物料消耗	职工薪酬	折旧费	办公费	水电费	低值易耗品摊销	运输费	包装费	广告费	合计	转出	余额
转账凭证（转出）											11 390	
本月合计	200	1 680	1 000	400	1 550	60	6 500			11 390	11 390	0

月末将归集在“销售费用”总账科目和明细账借方的销售费用，结转到“本年利润”科目，编制如下会计分录：

借：本年利润　　11 390

　贷：销售费用　　11 390

3.6.3 财务费用

财务费用的归集和结转，通过“财务费用”总账科目和所属明细账进行。“财务费用”科目应按费用项目设置明细账，用以反映和考核各项费用的支出情况。支付或预提利息费用时，记入“财务费用”科目的借方和“银行存款”或“应付利息”科目的贷方。在发生利息收入或汇兑收益时，应记入“银行存款”等科目的借方和“财务费用”科目的贷方。这些抵减财务费用的金额，既要记入该总账科目的贷方，又应在财务费用明细账借方“利息支出”和“汇兑损失”费用项目中用红字或负数登记。月末结转财务费用时，记入本科目的贷方和“本年利润”科目的借方，结转后本科目无余额。

【例 3—24】 中北公司 6 月发生利息收入 200 元，根据有关凭证作会计分录如下：

借：银行存款　　200

　贷：财务费用　　200

根据中北公司各种费用分配表和有关凭证，登记财务费用明细账，见表 3—25。

表 3—25 **财务费用明细账**

20×3 年 6 月　　单位：元

摘要	利息支出	汇兑损失	手续费	其他	合计	转出	余额
利息收入	[200]				[200]		
利息费用分配表	8 000				8 000		
支付手续费（付款凭证）			100		100		
转账凭证（转出）						7 900	
本月合计	7 800		100		7 900	7 900	0

月末将归集在“财务费用”总账科目和明细账借方的财务费用，结转到“本年

利润”科目，编制会计分录如下：

借：本年利润　　7 900

　贷：财务费用　　7 900

□ 练习题

一、单项选择题

1. 基本生产车间直接用于产品生产、构成产品实体的原材料和主要材料，应通过（　　）成本项目反映。

A. 直接材料　　B. 原材料

C. 原料及主要材料　　D. 外购材料

2. 企业在生产多种产品时，几种产品共同耗用的生产工人的计时工资属于（　　）。

A. 直接计入费用　　B. 间接计入费用

C. 间接生产费用　　D. 制造费用

3. 基本生产车间计提的固定资产折旧费，应借记（　　）。

A. “基本生产成本”科目　　B. “制造费用”科目

C. “管理费用”科目　　D. “销售费用”科目

4. 原材料的分配方法中，有利于加强原材料消耗的实物管理的方法是（　　）。

A. 按产品的原材料定额消耗量比例分配

B. 按产品的原材料定额费用比例分配

C. 按产品的体积分配

D. 按产品的重量分配

5. 用于企业生产经营的固定资产的折旧费用，按照用途进行分配，不可能记入的会计科目是（　　）。

A. “基本生产成本”　　B. “制造费用”

C. “销售费用”　　D. “管理费用”

二、核算与计算题

习题一

[目的]　练习按定额消耗量比例分配原材料费用。

[资料]　某企业生产甲、乙两种产品，共同耗用某种原材料费用 12 800 元。单件产品原材料消耗定额为：甲产品 10 千克，乙产品 12 千克。本月投产甲产品 100 件，乙产品 50 件。

[要求]　按原材料定额消耗量比例分配计算甲、乙产品实际耗用原材料费用。

习题二

[目的]　练习按定额费用比例分配原材料费用。

[资料] 某企业生产甲、乙两种产品，耗用原材料费用共计52 920元。本月投产甲产品200件，乙产品300件。单件原材料费用定额为：甲产品120元，乙产品100元。

[要求] 按定额费用比例分配计算甲、乙产品实际耗用原材料费用。

习题三

[目的] 练习职工薪酬费用的分配。

[资料] 某企业生产甲、乙、丙三种产品，实际工时为：甲产品2 000小时，乙产品1 500小时，丙产品2 500小时。根据工资结算凭证汇总的职工薪酬费用为：基本生产车间生产工人职工薪酬36 000元，车间管理人员职工薪酬3 500元，企业行政管理部门人员的职工薪酬费用2 000元，专设销售机构人员职工薪酬2 000元。

[要求] 按实际工时比例计算分配甲、乙、丙三种产品的职工薪酬费用，并根据分配结果和所给资料编制职工薪酬费用分配的会计分录。

习题四

[目的] 练习辅助生产费用分配的直接分配法。

[资料] 某企业设有供水和运输两个辅助生产车间。辅助生产车间发生的制造费用不通过“制造费用”科目核算。供水车间本月发生费用24 000元，提供水12 600立方米，其中，为运输部门提供600立方米，为基本生产车间提供9 600立方米，为行政管理部门提供2 400立方米，水费按立方米比例分配。运输部门本月发生费用18 000元，运输材料物资等38 000吨公里，其中，为供水车间提供运输劳务2 000吨公里，为基本生产车间提供运输劳务32 000吨公里，为企业行政管理部门提供运输劳务4 000吨公里。

[要求] 采用直接分配法计算分配供水费用、运输费用（列示计算过程），编制对外分配的会计分录（“辅助生产成本”科目列示明细科目）。

习题五

[目的] 练习辅助生产费用分配的交互分配法。

[资料] 某企业设有供水、运输两个辅助生产车间。辅助生产车间发生的制造费用不通过“制造费用”科目核算。本月发生辅助生产费用、提供劳务量等详见表3—26。

表3—26　辅助生产费用及供应劳务数量表

辅助生产车间名称		供水车间	运输车间
待分配费用（元）		18 600	38 250
劳务供应数量		93 000立方米	85 000吨公里
耗用劳务数量	供水车间		5 000吨公里
	运输车间	2 400立方米	
	基本生产车间	6 000立方米	70 000吨公里
	行政管理部门	900立方米	10 000吨公里

［要求］ 采用交互分配法编制辅助生产费用分配表，编制交互分配和对外分配的会计分录（“辅助生产成本”“制造费用”科目列示明细科目）。

习题六

［目的］ 练习辅助生产费用分配的计划成本分配法。

［资料］ 某企业设有供电和运输两个辅助生产车间。辅助车间发生的制造费用通过“制造费用”科目核算。本月发生的辅助生产费用、提供的劳务数量见表3—27。

表3—27 辅助生产费用及供应劳务数量表 单位：元

辅助生产车间名称		供电车间	运输车间
“辅助生产成本”科目金额		28 000	6 000
“制造费用——辅助生产车间”科目金额		2 300	1 100
待分配费用合计		30 300	7 100
供应劳务数量		30 500 度	23 500 吨公里
计划单位成本		1	0.4
耗用劳务数量	供电车间		2 000
	运输车间	2 000	
	第一车间	13 000	9 000
	第二车间	12 500	11 500
	行政管理部门	3 000	1 000

［要求］ 采用计划成本分配法进行辅助生产费用的分配，并编制相应的会计分录（辅助生产的成本差异全部计入管理费用）。

习题七

［目的］ 练习不可修复废品损失的核算。

［资料］ 某工业企业不可修复废品成本按定额成本计价。不可修复废品损失计算表所列甲种产品不可修复废品的定额成本资料为：不可修复废品 10 件，每件直接材料费用定额 50 元，10 件废品的定额工时共为 120 小时。每小时的费用定额为：直接人工 7 元，制造费用 3 元。不可修复废品的残料作为辅助材料入库，按计划成本计价 100 元，应由过失人员赔款 80 元。不可修复废品净损失由当月产品成本负担。

［要求］

(1) 计算甲种产品不可修复废品的定额成本及净损失。

(2) 编制结转不可修复废品定额成本、残值、赔款和废品净损失的会计分录。

三、案例题

［资料］ 瑞丰公司第一车间生产甲、乙、丙、丁四种产品。在生产这四种产

品所耗用的各种材料中，有三种材料是共同耗用，其费用总额大约占这四种产品材料总费用的 40%，其余部分的材料是各种产品单独领用。该公司定额管理工作基础扎实，上述各种产品的各项消耗定额、费用定额健全准确。

［要求］　根据上述情况讨论以下问题：

1. 各种产品生产耗用的各种材料费用从总体上应如何分配？
2. 从简化费用分配工作的角度看，应如何分配？
3. 从为管理提供更多信息的角度看，应如何分配？所提供的增量信息对成本分析有什么用处？

第4章

Chapter 4

生产费用在完工产品与在产品之间的分配和归集

4.1 在产品数量的核算

企业发生的各项生产费用，经过在各种产品之间的分配和归集以后，应计入本月各种产品成本的生产费用，都已按成本项目全部记入了“基本生产成本”科目及其所属明细账中。在各种产品的成本明细账中，期初在产品费用加上本月计入的费用，就是该种产品的全部生产费用。如果某种产品期末没有在产品，那么该种产品的全部生产费用就是本期完工产品的成本；如果某种产品本期没有完工产品，那么该种产品的全部生产费用就是期末在产品的成本；如果某种产品本期既有完工产品，期末又有在产品，那么就需要采用适当的方法，将该种产品的全部生产费用在本期完工产品与期末在产品之间进行分配，分别计算出完工产品成本和期末在产品成本。

月初在产品费用、本月生产费用、本月完工产品费用和月末在产品费用四者之间的关系，可用下列公式表示：

月初在产品费用＋本月生产费用＝本月完工产品费用＋月末在产品费用

公式左边两项是已知数，右边两项是未知数。公式左边两项费用之和，在完工产品与月末在产品之间采用一定的分配方法进行分配。完工产品和月末在产品分配费用的方法一般有两类：一类是先确定月末在产品费用，然后再计算完工产品费用，即

月初在产品费用＋本月生产费用－月末在产品费用＝本月完工产品费用

另一类是将月初在产品费用加上本月生产费用，采用一定的标准进行分配，同时计算出完工产品费用和月末在产品费用。

无论采取哪类分配方法，都必须正确组织在产品数量核算，取得在产品数量的核算资料。

4.1.1　在产品收发结存的日常核算

在产品有广义在产品和狭义在产品之分。

广义在产品是指没有完成全部生产过程、不能作为商品销售的产品。包括正在车间加工中的在产品、需要继续加工的半成品、等待验收入库的产品、正在返修和等待返修的废品等。对外销售的自制半成品属于商品产品，验收入库后不应列为在产品，不可修复废品也不包括在在产品之内。

广义在产品是就整个企业来说的。而狭义的在产品是就某一生产步骤、某一生产车间来说的，即狭义的在产品只包括尚在本步骤、本车间加工中的那部分在产品和本步骤、本车间已完工但尚未转出的产品。

在产品结存的数量，应同时具备账面核算资料和实际盘点资料。为此，企业一方面要做好在产品收发结存的日常核算工作；另一方面要做好在产品的清查工作。做好这两项工作，既可以从账面上随时掌握在产品的动态，又可以查清在产品的实际数量。这对于正确计算产品成本，加强生产资金管理和保护在产品的安全完整，都具有十分重要的意义。

为了进行在产品收发结存的日常核算，应在生产车间内部按产品的品种和在产品的品名（如零部件的名称）设置“在产品收发结存账”（实际工作中也称“在产品台账”），以便反映车间各种在产品的转入、转出和结存的数量。根据生产的特点和管理的要求，有的还应进一步按照加工工序组织在产品数量的核算。

在产品在各车间或车间内部的转移，应认真做好计量验收工作。在此基础上，根据领料凭证、在产品内部转移凭证以及产品交库凭证及时登记在产品收发结存账。该账可以由车间核算人员登记；也可以由各班组工人核算员登记，由车间核算人员审核汇总。在产品收发结存账的基本格式如表 4—1 所示。

表 4—1　　**在产品收发结存账**

（在产品台账）

在产品名称、编号：1502　　车间名称：2 车间　　单位：件

月	日	摘要	转入		转出			结存		备注
			凭证号	数量	凭证号	合格品	废品	完工	未完工	
7	1			70					70	
7	2			40		60	2	18	30	
7	7			20		26		7	35	
7	31	合计		980		934	11	15	20	

4.1.2 在产品清查的核算

为了核实在产品的数量，了解在产品的质量，必须做好在产品的清查工作。在产品的清查工作应定期进行，也可以不定期进行轮流清查。对于清查的结果，应根据实际盘点数和账面资料编制“在产品盘点表”。如果账实不符，应查明盈亏的原因，并及时处理。

在产品发生盘盈时，按计划成本或定额成本借记“基本生产成本”科目，贷记“待处理财产损溢”科目；按照规定核销时，则借记“待处理财产损溢”科目，贷记“管理费用”科目，冲减管理费用。

在产品发生盘亏和毁损时，应借记“待处理财产损溢”科目，贷记“基本生产成本”科目，冲减在产品的账面价值。毁损在产品的残值，应借记“原材料”“银行存款”等科目，贷记“待处理财产损溢”科目，冲减其损失。按规定核销时，应根据不同情况分别将损失从“待处理财产损溢”科目的贷方转入有关科目的借方，其中准予计入管理费用的损失，转入“管理费用”科目的借方；由于自然灾害造成的非常损失并收到保险公司的保险赔款部分，记入“银行存款”科目或“其他应收款”科目的借方，其余损失记入“营业外支出”科目的借方；应由过失单位或过失人员赔偿的，记入“其他应收款”科目的借方，要求赔偿。

【例4—1】 某工业企业基本生产车间本月末对在产品进行了清查，其结果为：甲产品的在产品盘盈8件，单位定额成本20元；乙产品的在产品盘亏10件，单位定额成本30元，过失人赔款50元；丙产品的在产品毁损250件，由自然灾害造成，单位定额成本40元，残料入库作价200元，应由保险公司赔偿7 000元，其余损失计入营业外支出。都已经批准转账。

（1）在产品盘盈的核算。

1）盘盈时。

借：基本生产成本——甲产品	160	
贷：待处理财产损溢		160

2）批准后转账。

借：待处理财产损溢	160	
贷：管理费用		160

（2）在产品盘亏的核算。

1）盘亏时。

借：待处理财产损溢	300	
贷：基本生产成本——乙产品		300

2）批准后转账。

借：其他应收款	50	
管理费用	250	
贷：待处理财产损溢		300

(3) 在产品毁损的核算。

1) 毁损转账。

借：待处理财产损溢	10 000	
贷：基本生产成本——丙产品		10 000

2) 残料入库。

借：原材料	200	
贷：待处理财产损溢		200

3) 批准后转账。

借：其他应收款（或银行存款）	7 000	
营业外支出	2 800	
贷：待处理财产损溢		9 800

对于库存半成品和辅助生产的在产品的数量和清查的核算，与基本生产基本相同，只是它们的清查结果分别在“自制半成品”和“辅助生产成本”科目中核算。

4.2　完工产品和在产品之间分配费用的方法

如何选择既合理又较简便的方法，将生产费用在完工产品与在产品之间进行分配，是成本计算工作中一个重要而复杂的问题，尤其是在在产品结构复杂、零部件种类和加工工序较多的情况下。在选择完工产品和在产品之间分配费用方法时，企业应该根据在产品数量的多少、各月在产品数量变化的大小、各项费用比重的大小，以及定额管理基础的好坏等具体条件来决定。完工产品和在产品之间分配费用的方法通常有以下几种。

4.2.1　不计算在产品成本法

采用这种分配方法时，月末虽然有在产品，但不计算在产品成本。这种方法适用于各月末在产品数量很少，是否计算在产品成本对于完工产品成本的影响很小，管理上不要求计算在产品成本，为了简化核算工作，可以不计算在产品成本。即某种产品本月归集的全部生产费用就是该种产品完工产品成本。

4.2.2　按年初数固定计算在产品成本法

采用这种分配方法时，各月末不具体计算在产品成本的实际数额，而固定以年初数来反映。这种方法适用于在产品数量较少，或者在产品数量虽多但各月之间在产品数量变动不大，月初、月末在产品成本的差额不大，是否计算各月在产品成本的差额，对完工产品成本的影响不大，为了简化核算工作，同时又反映在产品占用的资金，各月在产品成本可以按年初数固定计算。例如，炼铁厂、化工厂或其他有固定容器装置的在产品，数量都较稳定，可以采用这种方法。采用该种方法，某种产品本月发生的生产费用就是本月完工产品的成本。年终时，根据实际盘点的在产品数量，重新调整计算确定在产品成本，以免在产品成本与实际出入过大，影响成本计算的正确性。

4.2.3 在产品按所耗直接材料费用计价法

采用这种方法时，月末在产品只计算耗用的直接材料费用，不计算所耗用的直接人工等加工费用，产品的加工费用全部计入完工产品成本。某种产品的全部生产费用减月末在产品直接材料费用，就是完工产品的成本。这种方法适用于各月末在产品数量较多，各月末在产品数量变化也较大，同时直接材料费用在成本中所占比重较大的产品。例如，造纸、酿酒等行业的产品，直接材料费用占产品成本比重较大。

【例 4—2】 某企业生产甲产品，该产品直接材料费用在产品成本中所占比重较大，在产品只计算直接材料费用，采用在产品按所耗直接材料费用计价法。甲产品月初在产品直接材料费用（即月初在产品费用）为 6 400 元；本月发生直接材料费用 24 000 元，直接人工等加工费用共计 18 400 元；完工产品 860 件，月末在产品 140 件。该种产品的直接材料费用是在生产开始时一次投入的，单位完工产品和单位月末在产品所消耗的直接材料费用相同，因此，直接材料费用按完工产品和在产品的数量比例进行分配。分配计算如下：

$$\text{直接材料费用分配率}=\frac{6\,400+24\,000}{860+140}=30.4$$

完工产品应分配的直接材料费用＝860×30.4＝26 144(元)

月末在产品应分配的直接材料费用(月末在产品费用)＝140×30.4

＝4 256(元)

完工产品费用＝26 144＋18 400＝44 544(元)

或 ＝6 400＋(24 000＋18 400)－4 256＝44 544（元）

在这里需要说明的是，就一般情况而言，如果直接材料是在生产开始时一次投入的，单位完工产品与单位月末在产品所消耗的直接材料费用是一样的，因此，应按照完工产品与月末在产品的实际数量比例来进行直接材料费用的分配。但是，同样是直接材料在生产开始时一次投入，如果产品在加工过程中有损耗，并且这种损耗对参与直接材料费用分配的完工产品的数量和月末在产品的数量有影响，那么，就不能按完工产品和月末在产品的实际数量比例分配直接材料费用，而应当分别将各道工序在产品的直接材料数量进行还原，折合成未经加工的材料数量以后，再乘以直接材料的单价，计算月末在产品的直接材料费用。

【例 4—3】 假定某纺织企业纺纱的清花工序的计划损耗率为 3%，在产品数量为 24 000 千克，原棉的单价为每千克 12 元，则

月末在产品消耗的原棉数量＝24 000÷(1－4%)＝25 000(千克)

月末在产品的直接材料费用＝25 000×12＝300 000(元)

4.2.4　约当产量比例法

约当产量比例法是将月末在产品数量按照完工程度折算为相当于完工产品的数量，即约当产量，然后按照完工产品产量（即完工程度为 100%的约当产量）与月末在产品约当产量比例分配计算完工产品费用和月末在产品费用的方法。

采用该种方法，在产品既要计算直接材料费用，又要计算直接人工等其他费用。这种方法适用于月末在产品数量较多，各月末在产品数量变化也较大，产品成本中原材料费用和直接人工等加工费用比重相差不多的产品。

约当产量比例法所采用的有关计算公式如下：

$$在产品约当产量=在产品数量\times完工百分比(完工率)$$

$$某项费用分配率=\frac{该项费用总额}{完工产品产量+在产品约当产量}$$

$$完工产品应分配的该项费用=完工产品数量\times费用分配率$$

$$\begin{aligned}在产品应分配的该项费用&=在产品约当产量\times费用分配率\\&=费用总额-完工产品费用\end{aligned}$$

【例 4—4】　某企业生产乙产品，本月完工 750 件，月末在产品 150 件，月初在产品和本月合计：直接材料费用为 45 000 元，直接人工费用为 8 400 元，制造费用为 12 600 元。直接材料是在生产开始时一次投入的，分配各项加工费用、计算约当产量所依据的完工率均为 60%。直接材料费用按照完工产品和月末在产品数量的比例分配，各项加工费用按照完工产品数量和月末在产品约当产量的比例分配。分配计算如下：

（1）计算月末在产品约当产量。

$$月末在产品约当产量=150\times60\%=90(件)$$

（2）直接材料费用分配。

$$直接材料费用分配率=\frac{45\,000}{750+150}=50$$

$$完工产品直接材料费用=750\times50=37\,500(元)$$

$$在产品直接材料费用=150\times50=7\,500(元)$$

（3）直接人工费用分配。

$$直接人工费用分配率=\frac{8\,400}{750+90}=10$$

$$完工产品直接人工费用=750\times10=7\,500(元)$$

$$在产品直接人工费用=90\times10=900(元)$$

（4）制造费用分配。

$$制造费用分配率=\frac{12\,600}{750+90}=15$$

完工产品制造费用＝750×15＝11 250(元)

在产品制造费用＝90×15＝1 350(元)

(5) 计算完工产品和在产品成本。

完工产品成本＝37 500＋7 500＋11 250＝56 250(元)

在产品成本＝7 500＋900＋1 350＝9 750(元)

从以上计算公式可以看出，在约当产量比例法下，在产品完工程度的测定对于费用分配的正确性有决定性影响。从精细化分配费用的角度看，应针对不同成本项目的具体情况来确定其完工率及约当产量，并在此基础上分配各项费用。但一般来说，各项加工费用是按照生产工时来分配和归集的，在采用约当产量比例法时，一般可以按照生产工时投入情况来确定在产品的加工进度，即完工程度，进而计算约当产量，分配各项加工费用。直接材料的投入方式可以有多种，在采用约当产量比例法时，应根据直接材料投入方式的不同以及其他具体情况，来确定投料率，进而计算约当产量，分配直接材料费用。

1. 直接材料费用的分配

如果直接材料费用是在生产开始时一次投入的，可以参照上述在产品按所耗直接材料费用计价法进行直接材料费用的计算分配。

如果直接材料随着加工进度陆续投入，则可以分为以下三种情况：

(1) 直接材料随着加工进度陆续投入，且直接材料投入的程度与加工进度完全一致或基本一致，这时分配直接材料费用所依据的月末在产品约当产量可以与分配加工费用所采用的在产品约当产量一致，即月末在产品的投料率可以采用分配加工费用时的完工率。

(2) 直接材料随加工进度陆续投入，其投料程度与加工进度不一致，则应按工序分别确定各工序在产品的投料率。在确定各工序的投料率时，一般以各工序的直接材料消耗定额为依据，投料程度按完成本工序投料的50%折算。

【例4—5】 某种产品需经两道工序制成，直接材料消耗定额为500千克，其中，第一道工序直接材料消耗定额为240千克，第二道工序直接材料消耗定额为260千克。月末在产品数量：第一道工序为200件，第二道工序为150件。完工产品为241件，月初在产品和本月发生的原材料费用共计38 400元。计算过程和结果如表4—2所示。

表4—2

工序	本工序直接材料消耗定额（千克）	完工率（投料率）	在产品约当产量（件）	完工产品（件）	合计（件）
1	240	$\frac{240\times50\%}{500}\times100\%=24\%$	200×24%＝48	—	—
2	260	$\frac{240+260\times50\%}{500}\times100\%=74\%$	150×74%＝111	—	—
合计	500	—	159	241	400

直接材料是在每道工序随加工进度陆续分次投料，因此每道工序投料程度按50%折算。

$$直接材料费用分配率=\frac{38\ 400}{241+159}=96$$

完工产品分配直接材料费用=241×96=23 136(元)

月末在产品分配直接材料费用=159×96=15 264(元)

(3) 直接材料随加工进度分工序投入，但在每一道工序则是在开始时一次投入，则也应按工序确定投料率，不过在确定各工序的投料率时，应以各工序的直接材料消耗定额为依据，投料程度按完成本工序投料的 100%计算。

【例 4—6】 采用例 4—5 中某产品在各工序的直接材料消耗定额，但直接材料在各工序开始时一次投入。计算过程和结果如表 4—3 所示。

表 4—3

工序	工序开始时一次投入的直接材料定额（千克）	完工率（投料率）	在产品约当产量（件）	完工产品（件）	合计（件）
1	240	$\frac{240}{500}\times100\%=48\%$	200×48%=96	—	—
2	260	$\frac{240+260}{500}\times100\%=100\%$	150×100%=150	—	—
合计	500	—	246	241	487

由于直接材料是在每道工序一开始就投入的，在同一工序中各件在产品直接材料的消耗定额就是该工序的消耗定额，不应按 50%折算，最后一道工序在产品的消耗定额为完工产品的消耗定额，完工率为 100%。

$$直接材料费用分配率=\frac{38\ 400}{241+246}=78.85$$

完工产品直接材料费用=241×78.85=19 002.85(元)

月末在产品直接材料费用=246×78.85=19 397.15(元)

2. 加工费用的分配

采用约当产量比例法分配加工费用时，首先要测定在产品的完工程度（完工率），在此基础上，计算在产品的约当产量，进而进行费用的分配。测定在产品完工程度的方法一般有两种：

第一种，平均计算，即一律按 50%作为各工序在产品的完工程度。这是在各工序在产品数量和单位产品在各工序的加工量都相差不多的情况下，后面各工序在产品多加工的程度可以抵补前面各工序少加工的程度。这样，全部在产品完工程度均可按 50%平均计算。

第二种，各工序分别测定完工率。为了保证成本计算的准确性，加快成本的计算工作，可以按照各工序的累计工时定额占完工产品工时定额的比例计算，事前确定各工序在产品的完工率。计算公式如下：

$$某工序在产品完工率=\frac{前面各工序工时定额之和+本工序工时定额\times 50\%}{产品工时定额}$$

公式中的“本工序”，即在产品所在工序，其工时定额乘以 50%，是因为该工序中各件在产品的完工程度不同，为了简化完工率的测算工作，在产品所在工序的加工程度一律按平均完工率 50%计算。在产品从上一道工序转入下一道工序时，因上一道工序已经完工，所以前面各道工序的工时定额应按 100%计算。

【例 4—7】 某企业甲产品单位工时定额 40 小时，经过三道工序制成。第一道工序工时定额为 8 小时，第二道工序工时定额为 16 小时，第三道工序工时定额为 16 小时。各道工序内各件在产品加工程度均按 50%计算。各工序完工率计算如下：

$$第一道工序完工率=\frac{8\times 50\%}{40}\times 100\%=10\%$$

$$第二道工序完工率=\frac{8+16\times 50\%}{40}\times 100\%=40\%$$

$$第三道工序完工率=\frac{8+16+16\times 50\%}{40}\times 100\%=80\%$$

根据各工序的月末在产品数量和各工序完工率，计算出月末各工序在产品的约当产量及其总数，据以分配费用。

【例 4—8】 假定例 4—7 中的甲产品本月完工 200 件。第一道工序的在产品 20 件，第二道工序的在产品 40 件，第三道工序的在产品 60 件。根据各工序月末在产品的数量和各工序的完工率，分别计算各工序月末在产品的约当产量及其总数，如表 4—4 所示。

表 4—4 **约当产量计算表**

产品名称：甲 20×3 年×月 单位：件

在产品所在工序	完工率（%）	在产品数量		完工产品产量	产量合计
		结存量	约当产量		
1	10	20	2		
2	40	40	16		
3	80	60	48		
合计	—	120	66	200	266

假定例 4—7 中甲产品月初加本月发生的加工费用为：直接人工 7 980 元，制造费用 8 512 元。完工产品与月末在产品加工费用的分配计算如下：

（1）直接人工的分配。

$$直接人工费用分配率=\frac{7\,980}{200+66}=30$$

$$完工产品分配直接人工费用=200\times 30=6\,000(元)$$

月末在产品分配直接人工费用＝66×30＝1 980(元)

(2) 制造费用的分配。

$$制造费用分配率=\frac{8\,512}{200+66}=32$$

完工产品分配制造费用＝200×32＝6 400(元)

月末在产品分配制造费用＝66×32＝2 112(元)

4.2.5 在产品按完工产品成本计算法

这种分配方法是将在产品视同完工产品分配费用。它适用于月末在产品已经接近完工，或者产品已经加工完毕，但尚未验收或包装入库的情况。在这种情况下，在产品成本已接近完工产品成本，为了简化核算工作，将月末在产品视同完工产品，因此，按完工产品与在产品的数量分配费用。

【例 4—9】 某产品月初在产品费用和本月发生费用累计数为：直接材料费用 42 000元，直接人工 18 000 元，制造费用 32 000 元。完工产品 800 件，月末在产品 200 件，该产品已接近完工，采用月末在产品成本按完工产品成本计算。其计算分配结果如表 4—5 所示。

表 4—5　　单位：元

成本项目 ①	生产费用合计 ②	费用分配率 ③=②/(④+⑥)	完工产品		月末在产品	
			数量（件） ④	费用 ⑤=④×③	数量（件） ⑥	费用 ⑦=⑥×③
直接材料	42 000	42	800	33 600	200	8 400
直接人工	18 000	18	800	14 400	200	3 600
制造费用	32 000	32	800	25 600	200	6 400
合计	92 000	—	—	73 600	—	18 400

表中各项费用分配率是根据各该生产费用的累计数，除以完工产品数量与月末在产品数量之和计算的；各该费用分配率分别乘以完工产品数量和月末在产品数量，求得完工产品与月末在产品分配的各项费用。

4.2.6 在产品按定额成本计价法

这种分配方法是按照预先制定的定额成本计算月末在产品成本，某种产品全部生产费用（月初在产品费用加本月生产费用）减月末在产品的定额成本，就是完工产品成本。也就是说，每月实际生产费用脱离定额的差异，全部计入当月完工产品成本。这种方法适用于定额管理基础比较好，各项消耗定额或费用定额比较准确、稳定，而且各月在产品数量变动不大的产品。

在计算月末在产品定额成本时，直接材料项目可根据在产品数量和单位在产品原材料成本定额计算，其他项目一般可根据全部产品的定额工时和各项费用的计划分配率计算。

【例 4—10】 某企业甲产品本月期初在产品费用和本月费用累计数为：直接材料费用 32 300 元，直接人工费用 21 200 元，制造费用 20 500 元。月末在产品 100 件，甲产品所耗材料在生产开始时一次投入，每件在产品直接材料定额成本 80 元，全部在产品定额工时为 600 小时，每小时各项费用的计划分配率为：直接人工费用 6 元，制造费用 5.5 元。月末在产品的定额成本以及完工产品的成本计算如下：

（1）月末在产品定额成本。

直接材料费用＝100×80＝8 000(元)
直接人工费用＝600×6＝3 600(元)
制造费用＝600×5.5＝3 300(元)
合　计　　14 900 元

（2）本月完工产品成本。

直接材料费用＝32 300－8 000＝24 300(元)
直接人工费用＝21 200－3 600＝17 600(元)
制造费用＝20 500－3 300＝17 200(元)
合　计　　59 100 元

由上述举例可以看出，采用这种分配方法，月末在产品定额成本与实际成本之间的差异（脱离定额差异），全部由完工产品负担不尽合理。如前所述，在各项消耗定额或费用定额比较准确、稳定，各月在产品数量变化不大的条件下，采用这种分配方法能够比较准确、简便地解决完工产品与月末在产品之间分配费用的问题，否则会影响产品成本计算的正确性。采用这种分配方法，如果产品成本中原材料费用所占比重较大，为了进一步简化成本计算工作，月末在产品成本可以只按定额直接材料费用计算，其他各项实际费用计入完工产品成本。也就是把前述第三种分配方法在产品按所耗直接材料费用计价法，与第六种分配方法在产品按定额成本计价法相结合应用，即在产品按定额直接材料费用计价法，月末在产品只计算所耗直接材料费用，而直接材料费用又是按定额计算的。

4.2.7 定额比例法

定额比例法是产品的生产费用按照完工产品和月末在产品的定额消耗量或定额费用的比例，分配计算完工产品成本和月末在产品成本的方法。其中，直接材料费用按照直接材料定额消耗量或直接材料定额费用比例分配；直接人工费用、制造费用等各项加工费，既可以按定额工时的比例分配，也可以按定额费用比例分配。

这种分配方法适用于定额管理基础较好，各项消耗定额和费用定额比较准确、稳定，各月末在产品数量变动较大的产品。因为月初和月末在产品费用之间脱离定额的差异要在完工产品与月末在产品之间按比例分配，从而提高了产品成本计算的准确性。

定额比例法计算公式如下。

公式 1：

$$\text{消耗量分配率}=\frac{\text{月初在产品实际消耗量}+\text{本月实际消耗量}}{\text{完工产品定额消耗量}+\text{月末在产品定额消耗量}}$$

$$\text{完工产品实际消耗量}=\text{完工产品定额消耗量}\times\text{消耗量分配率}$$

$$\text{完工产品费用}=\text{完工产品实际消耗量}\times\text{原材料单价（或单位工时的直接人工费用、单位工时的制造费用）}$$

$$\text{月末在产品实际消耗量}=\text{月末在产品定额消耗量}\times\text{消耗量分配率}$$

$$\text{月末在产品费用}=\text{月末在产品实际消耗量}\times\text{原材料单价（或单位工时的直接人工费用、单位工时的制造费用）}$$

按照公式 1 分配，既可以提供完工产品和月末在产品的实际费用资料，又可以提供实际消耗量资料，便于考核和分析各项消耗定额的执行情况。但是，在各产品所耗原材料的品种较多的情况下，采用这种分配方法工作量较大。为了简化核算工作，也可以采用下列公式计算分配。

公式 2：

$$\text{直接材料费用分配率}=\frac{\text{月初在产品实际直接材料费用}+\text{本月实际直接材料费用}}{\text{完工产品定额直接材料费用}+\text{月末在产品定额直接材料费用}}$$

$$\text{完工产品实际直接材料费用}=\text{完工产品定额直接材料费用}\times\text{直接材料费用分配率}$$

$$\text{月末在产品实际直接材料费用}=\text{月末在产品定额直接材料费用}\times\text{直接材料费用分配率}$$

或

$$=\text{月初在产品实际直接材料费用}+\text{本月实际直接材料费用}-\text{完工产品实际直接材料费用}$$

$$\text{某项加工费用分配率}=\frac{\text{月初在产品该项加工费用的实际金额}+\text{本月该项加工费用的实际金额}}{\text{完工产品定额工时}+\text{月末在产品定额工时}}$$

$$\text{完工产品应负担的某项加工费用实际金额}=\text{完工产品定额工时}\times\text{该项加工费用分配率}$$

$$\text{月末在产品应负担的某项加工费用实际金额}=\text{月末在产品定额工时}\times\text{该项加工费用分配率}$$

或

$$=\text{月初在产品该项实际加工费用}+\text{本月该项实际加工费用}-\text{完工产品应负担该项实际加工费用}$$

【例 4—11】　某产品月初在产品费用为：直接材料费用 2 800 元；直接人工费

用 1 900 元；制造费用 1 400 元。本月生产费用为：直接材料费用 14 300 元；直接人工费用 11 900 元；制造费用 7 800 元。完工产品 1 000 件，直接材料定额费用 15 000元；定额工时 2 000 小时。月末在产品 200 件，直接材料定额费用 3 000 元；定额工时 300 小时。完工产品与月末在产品之间，直接材料费用按直接材料定额费用比例分配，其他费用按定额工时比例分配。各项费用分配计算结果如表 4—6 所示。

表 4—6　　产品成本明细账

产品名称：某产品　　20×3 年×月　　单位：元

成本项目 ①	月初在产品费用 ②	本月费用 ③	生产费用合计 ④=②+③	费用分配率 ⑤=④/(⑥+⑧)	完工产品费用		月末在产品费用	
					定额 ⑥	实际费用 ⑦=⑥×⑤	定额 ⑧	实际费用 ⑨=⑧×⑤
直接材料	2 800	14 300	17 100	0.95	15 000	14 250	3 000	2 850
直接人工	1 900	11 900	13 800	6	2 000*	12 000	300*	1 800
制造费用	1 400	7 800	9 200	4		8 000		1 200
合计	6 100	34 000	40 100	—	—	34 250		5 850

* 单位为工时。

按照上述公式计算分配费用，必须取得完工产品和月末在产品的定额消耗量或定额费用资料。完工产品和月末在产品的直接材料定额消耗量和工时定额消耗量，是根据完工产品和月末在产品的实际数量乘以单位直接材料消耗定额和工时消耗定额计算求得的。完工产品和月末在产品的定额费用，是根据完工产品和月末在产品的直接材料定额消耗量和工时定额消耗量，乘以原材料计划单价或单位小时计划工资、费用计算求得的。采用这种方法，在在产品的种类和生产工序繁多时，核算工作量繁重。因此，月末在产品定额消耗量可采用简化的方法计算（倒挤法）。其计算公式如下：

$$\text{月末在产品定额消耗量}=\text{月初在产品定额消耗量}+\text{本月投入的定额消耗量}-\text{本月完工产品定额消耗量}$$

式中，月初在产品定额消耗量根据上月成本计算资料取得。本月投入的定额消耗量其中的直接材料定额消耗量，根据领料凭证所列直接材料定额消耗量等数据计算求得；本月投入的工时定额消耗量，根据有关定额工时的原始记录计算求得。按照上述倒挤法计算月末在产品的定额数据，可以简化计算工作，但是在发生在产品盘盈盘亏的情况下，计算求得的成本资料就不能如实反映产品成本的水平。为了提高成本计算的正确性，必须每隔一定时期对在产品进行一次实地盘点，根据在产品的实存数计算一次定额消耗量。

【例 4—12】　仍以前例资料。某产品月初在产品定额直接材料费用 2 700 元；定额工时 280 小时。本月投入生产定额直接材料费用 15 300 元；定额工时 2 020 小时。本月实际发生的费用和完工产品定额资料等同前例。各项费用分配计算结果详见表 4—7。

表 4—7　　产品成本明细账

产品名称：某产品　　20×3 年×月　　单位：元

成本项目 ①	月初在产品		本月投入		合计		费用分配率 ⑧=⑦/⑥	完工产品		月末在产品	
	定额 ②	实际 ③	定额 ④	实际 ⑤	定额 ⑥=②+④	实际 ⑦=③+⑤		定额 ⑨	实际 ⑩=⑨×⑧	定额 ⑪=⑥−⑨	实际 ⑫=⑪×⑧
直接材料	2 700	2 800	15 300	14 300	18 000	17 100	0.95	15 000	14 250	3 000	2 850
直接人工	280*	1 900	2 020*	11 900	2 300*	13 800	6	2 000*	12 000	300*	1 800
制造费用		1 400		7 800		9 200	4		8 000		1 200
合计	—	6 100	—	34 000	—	40 100	—	—	34 250	—	5 850

*单位为工时。

月末在产品原材料定额费用＝2 700＋15 300－15 000＝3 000(元)

月末在产品定额工时＝280＋2 020－2 000＝300(小时)

采用定额比例法分配完工产品与月末在产品费用，分配结果比较正确，同时还便于将实际费用与定额费用进行比较，考核和分析定额的执行情况。

4.2.8　完工产品成本结转的账务处理

通过前一章所讲述的生产费用在各种产品之间的分配和归集（生产费用的横向分配和归集），以及本章讲述的生产费用在完工产品和在产品之间的分配和归集（生产费用的纵向分配和归集）以后，就可以计算出各种完工产品的实际成本。在此基础上，应进行完工产品成本结转的账务处理工作。

工业企业的完工产品包括产成品以及自制的材料、工具和模具等。在完工产品成本算出以后，它的成本应从“基本生产成本”科目和各种产品成本明细账的贷方转入各有关科目的借方，其中完工入库产成品的成本，应转入“库存商品”科目的借方；完工自制材料、工具、模具等的成本，应分别转入“原材料”和“低值易耗品”等科目的借方。“基本生产成本”科目的月末余额就是基本生产在产品的成本，也就是占用在基本生产过程中的生产资金，应与所属各种产品成本明细账中月末在产品成本之和核对相符。

□ 练习题

一、单项选择题

1. 采用约当产量法，如果产品生产过程中直接人工费用和制造费用的发生都比较均衡，在产品完工程度可按（　　）计算。

A. 25%　　B. 50%　　C. 60%　　D. 100%

2. 当某成本项目的总额占产品成本比重较大，且各月月末在产品数量较多或在产品数量不均衡时，为了简化核算，在产品成本可以采用（　　）计算。

A. 计算在产品成本法

B. 不计算在产品成本法

C. 在产品按固定成本计算法

D. 在产品成本按比重较大的成本项目费用计算法

3. 某种产品的各项定额准确、稳定，且各月末在产品数量变化不大，为了简化成本计算工作，其生产费用在完工产品与在产品之间进行分配应采用（　　）。

A. 定额比例法　　B. 约当产量比例法

C. 在产品按定额成本计价法　　D. 在产品按固定成本计价法

4. 在产品采用定额成本计价法计算时，其实际成本与定额成本之间的差异应计入（　　）。

A. 期间费用　　B. 完工产品成本

C. 营业外支出　　D. 在产品成本

5. 原材料在每道工序开始时一次投入的情况下，分配直接材料费用的在产品完工率，等于直接材料的（　　）与该产品完工的原材料消耗定额的比率。

A. 所在工序消耗定额

B. 所在工序累计消耗定额

C. 所在工序累计消耗定额的 50%

D. 所在工序消耗定额的 50%

二、核算与计算题

习题一

[目的]　练习月末在产品按所耗直接材料费用计价法。

[资料]　某企业乙产品的原材料在生产开始时一次投料，产品成本中直接材料费用所占比重很大，月末在产品按所耗原材料费用计价。5 月初在产品直接材料费用 3 600 元。5 月生产费用：直接材料费用 14 400 元，直接燃料和动力费用 500 元，直接人工费用 900 元，制造费用 600 元。本月完工产品 400 件，月末在产品 200 件。

[要求]　分配计算乙产品完工产品成本和月末在产品成本。

习题二

[目的]　练习约当产量比例法。

[资料]　某企业生产甲产品由三道工序制成，原材料在生产开始时一次投入。单位产品工时定额为 50 小时，第一道工序工时定额为 10 小时，第二道工序工时定额为 20 小时，第三道工序工时定额为 20 小时。各道工序在产品所完成的累计工时定额按上道工序累计工时定额，加上本道工序工时定额的 50%计算。本月甲产品完工 400 件，各道工序在产品数量：第一道工序 40 件，第二道工序 20 件，第三道工序 30 件。月初在产品及本月生产费用累计为：直接材料费用 147 000 元，直接人工费用 109 000 元，制造费用 87 200 元。

［要求］

(1) 分工序计算完工率。

(2) 分工序计算在产品约当产量。

(3) 计算费用分配率。

(4) 计算完工产品费用和月末在产品费用。

(5) 编制完工产品入库的会计分录。

习题三

［目的］ 练习采用约当产量比例法分配原材料费用。

［资料］ 甲产品由两道工序制成。原材料随生产进度分工序投料，在每道工序开始时一次投料。第一道工序投入原材料定额为 300 千克，月末在产品数量 150 件；第二道工序投入原材料定额为 200 千克，月末在产品数量 110 件。完工产品为 800 件，月初在产品和本月发生的实际直接材料费用累计 64 000 元。

［要求］

(1) 分别计算两道工序按原材料消耗程度表示的在产品完工率。

(2) 分别计算两道工序按原材料消耗程度表示的在产品约当产量。

(3) 按约当产量比例法分配完工产品与月末在产品的直接材料费用。

习题四

［目的］ 练习采用约当产量比例法分配直接材料费用。

［资料］ 乙产品由两道工序制成。原材料不是在生产开始时一次投入，而是在各工序陆续投入，投料程度与生产工时投入的进度不一致。第一道工序直接材料消耗定额为 16 千克，月末在产品数量 400 件；第二道工序直接材料消耗定额为 24 千克，月末在产品数量 300 件。完工产品 790 件，月初在产品和本月发生的实际直接材料费用累计 90 000 元。

［要求］

(1) 分别计算两道工序按直接材料消耗程度表示的在产品完工率。

(2) 分别计算两道工序按直接材料消耗程度表示的在产品约当产量。

(3) 采用约当产量比例法分配完工产品与月末在产品的直接材料费用。

习题五

［目的］ 练习在产品按定额成本计价法。

［资料］ 某产品各项消耗定额比较准确、稳定，各月在产品数量变化不大，月末在产品按定额成本计价。该产品月初和本月发生的生产费用合计：直接材料费用 13 600 元，直接人工费用 47 600 元，制造费用 34 200 元，原材料在生产开始时一次投料，单位产品原材料费用定额 27 元。完工产品 400 件，月末在产品数量 100 件，定额工时共计 800 小时。每小时费用定额：工资 7 元，制造费用 5 元。

［要求］ 采用月末在产品按定额成本计价法，分配计算月末在产品定额成本和完工产品成本。

习题六

［目的］ 练习定额比例法。

［资料］ 某工业企业20×3年9月甲产品成本明细账部分数据如表4—8所示。该产品采用定额比例法分配费用。

表4—8 甲产品成本明细账

20×3年9月 单位：元

项目		直接材料	直接人工	制造费用	合计
月初在产品		2 240	1 900	1 660	5 800
本月生产费用		17 780	15 325	12 915	46 020
累计					
费用分配率					
完工产品	定额	15 470	2 120（工时）		
	实际				
月末在产品	定额	2 730	530（工时）		
	实际				

［要求］

(1) 直接材料费用按直接材料定额费用比例分配；其他费用按定额工时比例分配。在账内计算分配完工产品与月末在产品成本。

(2) 编制完工产品入库的会计分录。

三、案例题

案例一

［资料］ 丰华公司第一车间生产甲、乙两种产品，设有直接材料、直接人工、直接燃料和动力、制造费用等四个成本项目。两种产品消耗的原材料费用为直接计入费用，且两种产品所消耗的原材料均是在生产开始时一次投入的；两种产品耗用的生产工人的薪酬费用、燃料和动力费用以及制造费用均为间接计入费用，其中生产工人的薪酬费用是按生产工时比例在甲、乙产品之间进行分配，燃料和动力费用以及制造费用是按机器工时比例在甲、乙产品之间进行分配。由于甲、乙两种产品均属于月末在产品数量较多、各月末在产品数量变化也较大、成本中的直接材料费用和加工费用比重相差不多的产品，因此，该企业在为这两种产品选择完工产品与在产品之间费用分配方法时，拟采用约当产量比例法。但是，在讨论如果采用约当产量比例法，应如何选择在产品完工程度的衡量标准时，出现了以下两种不同的意见。

第一种意见：产品消耗的原材料是在生产开始时一次投入的，所以直接材料费用应按实际件数在完工产品与在产品之间进行分配；由于在费用的横向分配（费用在甲、乙两种产品之间分配）时，生产工人的薪酬费用是按生产工时比例分配的，而燃料动力费用和制造费用是按机器工时比例分配的，因此，在采用约当产量比例法在完工产品与在产品之间分配直接人工费用、直接燃料和动力费用、制造费用时，衡量在产品完工程度的标准应该是不同的，即在分配直接人工费用时衡量在产品完工程度的标准应该采用生产工时，而在分配直接燃料和动力费用以及制造费用时，应该选择机器工时作为衡量在产品完工程度的标准。

第二种意见：同意第一种意见中关于直接材料费用在完工产品与在产品之间应该按实际件数进行分配的做法，但认为在分配直接人工费用、直接燃料和动力费用、制造费用时，均可以选择生产工时作为衡量在产品完工程度的标准。

［要求］　针对以上两种意见，讨论以下问题：

1. 你认为哪一种意见更为合理？理由何在？

2. 结合本案例的情况，谈谈在产品成本计算中，费用的纵向分配与横向分配之间的关系。

案例二

［资料］　青川公司生产和销售甲、乙、丙三种产品。这三种产品的生产均经过三个工序，其他情况如下：

1. 甲产品的在产品在三个生产工序上的数量分布较为均衡；在三个工序上加工所需要的定额工时为：第一工序 2 小时，第二工序 8 小时，第三工序 20 小时。

2. 乙产品的在产品在三个生产工序上的数量分布也较为均衡；在三个工序上加工所需要的定额工时为：第一工序 9 小时，第二工序 10 小时，第三工序 11 小时。

3. 丙产品的在产品在三个生产工序上的数量分布很不均衡；在三个工序上加工所需要的定额工时为 6 小时。

［要求］　根据青川公司甲、乙、丙三种产品的上述情况，讨论以下问题：

如果采用约当产量比例法将这三种产品的加工费用在完工产品与月末在产品之间进行分配，它们的完工率分别应如何计算？理由何在？

第 5 章
Chapter 5
产品成本计算方法概述

5.1 生产特点和管理要求对产品成本计算的影响

在第 2 章阐述工业企业成本核算要求时曾述及，企业应该适应生产特点和管理要求，采用适当的成本计算方法。从本章起，将讲述如何将前面几章所讲述的成本核算的要求、一般程序以及费用分配的原理和方法与企业生产特点和管理要求结合起来，具体确定计算产品成本所应采用的方法。

产品成本是在生产过程中形成的，因此生产的特点在很大程度上影响着成本计算方法的特点；另外，成本计算是为成本管理提供资料的，因此采用什么方法，提供哪些资料，必须考虑成本管理的要求。当然，成本管理的要求也脱离不开生产的特点。以上两个方面的关系说明，企业在确定产品成本计算方法时，必须从具体情况出发，同时考虑企业的生产特点和进行成本管理的要求。

不同部门、行业的生产特点千差万别，但按照工业生产的一般特点，可做如下分类。

5.1.1 生产按工艺过程特点分类

产品生产的工艺过程是指从原材料投入生产直到产成品的产出所顺序经过的各个生产阶段和环节的一系列技术工程。工业企业的生产，按其生产工艺过程的特点，可以分为单步骤生产和多步骤生产两种类型。

1. 单步骤生产

单步骤生产，亦称简单生产，是指生产工艺过程不能间断，不可能或不需要划分为几个生产步骤的生产，如发电、采掘等工业生产。这类生产由于技术上的不可间断（如发电），或由于工作地点上的限制（如采煤），通常只能由一个企业整体进行，而不能由几个企业协作进行。

2. 多步骤生产

多步骤生产，亦称复杂生产，是指生产工艺过程由若干个可以间断的、分散在不同地点、分别在不同时间进行的生产步骤所组成的生产，如纺织、钢铁、机械、造纸、服装等工业生产。多步骤生产按其产品的加工方式，又可分为连续式生产和装配式生产。连续式生产又称连续加工式生产，是指原材料投入生产后，要依次经过若干个生产步骤的连续加工，才能成为产品的生产，如纺织、钢铁等工业生产。装配式生产又称平行加工式生产，是指先将原材料分别在各个加工车间平行加工为零件、部件，然后再将零件、部件装配成产品的生产，如机械、车辆、仪表制造等工业生产。

5.1.2　生产按生产组织特点分类

生产组织方式主要是指企业生产产品品种的多少，同种产品产量的大小及其生产的重复程度。工业企业的生产，按其生产组织的特点，可以分为大量生产、成批生产和单件生产三种类型。

1. 大量生产

大量生产是指不断地重复生产相同产品的生产。在进行这种生产的企业或车间中，产品的品种较少，而且比较稳定，如采掘、纺织、面粉、化肥行业的生产。

2. 成批生产

成批生产是指按照事先规定的产品批别和数量进行的生产。在进行这种生产的企业或车间中，产品品种较多，而且具有一定的重复性，如服装、机械的生产。成批生产按照产品批量的大小，又可以分为大批生产和小批生产。大批生产，由于生产产品的批量大，往往在几个月内不断地重复生产一种或几种产品，因而其性质近似于大量生产；小批生产，由于生产产品的批量小，一批产品一般可以同时完工，因而其性质近似于单件生产。

3. 单件生产

单件生产类似于小批生产，是指根据订货单位的要求，进行个别的、特殊产品的生产，如重型机械制造和船舶制造等。在进行这种生产的企业或车间中，产品的品种多，而且很少重复。

单步骤生产和连续加工式的多步骤生产的生产组织多为大量生产。装配式的多步骤生产的生产组织，则有大量生产、成批生产和单件生产的区别。

5.1.3 生产特点和成本管理要求对产品成本计算的影响

生产特点不同，对成本进行管理的要求也不一样。而生产特点和管理要求又必然对产品成本计算产生影响。这一影响主要表现在以下几个方面。

1. 对成本计算对象的影响

生产的特点和管理的要求对成本计算的影响集中地表现在对成本计算对象确定上的影响。

从产品生产工艺过程看，单步骤生产的工艺过程不能间断，因而不可能也不需要按照生产步骤计算产品成本，只能按照产品的品种计算成本。而在多步骤生产中，为了加强各个生产步骤的成本管理，往往不仅要求按照产品的品种或批别计算成本，而且要求按照产品生产的步骤计算成本。但是，如果企业的规模较小，管理上不要求按照生产步骤考核生产费用、计算产品成本，也可以不按照生产步骤计算成本，而只按照产品品种或批别计算成本。

从产品生产组织特点看，在大量生产的情况下，企业连续不断地重复生产一种或若干种产品，因而管理上只要求（而且也只能）按照产品的品种计算成本。在大批生产的情况下，由于生产产品的批量大，往往在几个月内不断重复生产一种或若干种产品，因而往往也同大量生产一样，只要求按照产品品种计算成本。此外，在大批生产的情况下，产品的品种一般比较稳定，为了经济合理地组织生产，对于耗用量较少的零部件往往集中加以生产，以供几批产品耗用；对于耗用量较多的零部件，也可以另行分批生产。在这种情况下，零部件生产的批别与产品生产的批别往往是不一致的，因而也就不能按照产品的批别计算成本，而只能按照产品的品种计算成本。在小批、单件生产的情况下，由于其生产的产品批量小，一批产品一般可以同时完工，因而有可能按照产品的批别或件别，归集生产费用，计算产品成本。从管理要求看，为了分析和考核各批产品的成本水平，也要求按照产品批别或件别计算成本。

综上所述，在产品成本计算工作中有三种不同的成本计算对象：

（1）以产品品种为成本计算对象；

（2）以产品批别为成本计算对象；

（3）以产品生产步骤为成本计算对象。

成本计算对象的确定，是设置产品成本明细账、归集生产费用、计算产品成本的前提，是构成成本计算方法的主要标志，因而也是区别各种成本计算基本方法的主要标志。

2. 对产品成本计算期的影响

产品成本计算期的确定，主要取决于生产组织的特点。在大量、大批生产中，每月都有产品完工并销售，为了计算各月产品销售成本和利润，就要求定期按月计算产品成本。在这种情况下，成本计算期往往与产品生产周期不一致。在小批、单件生产中，各批或各件产品的生产周期是不一致的，每月也不一定都有完工产品，完工产品成本有可能在某批或某件产品完工以后计算，因而完工产品成本计算是不定期的，其成本计算期与产品的生产周期基本一致，而与核算报告期不一致。

3. 对完工产品与在产品之间费用分配的影响

由于生产特点与月末在产品的数量有着密切的联系，因而它会对完工产品与在产品之间的费用分配产生重要影响。在单步骤生产中，生产过程不能间断，生产周期也短，一般没有在产品，或者在产品数量很少，因而计算产品成本时，生产费用不必在完工产品与在产品之间进行分配。在多步骤生产中，是否需要在完工产品与在产品之间分配费用，在很大程度上取决于生产组织的特点。在大量、大批生产中，由于原材料不断投入，产品不断完工，月末经常存在为数不少的在产品，因而在计算成本时，就需要采用适当的方法，将生产费用在完工产品与在产品之间进行分配。在小批、单件生产中，在每批、每件产品完工前，产品成本明细账中所记录的生产费用就是在产品的成本；完工后，其所记费用就是完工产品的成本，因而一般不存在在完工产品与在产品之间分配费用的问题。

5.2　产品成本计算的基本方法和辅助方法

上一节概括阐述了生产特点和成本管理要求对产品成本计算的影响，并阐明了这一影响主要表现在成本计算对象的确定上。产品成本计算，就是按照成本计算对象分配和归集生产费用，计算各成本计算对象的总成本和单位成本的过程，这也进一步说明了成本计算对象的确定是产品成本计算的核心，因而也是构成产品成本计算方法的主要标志。本节就是在此基础上具体阐明成本计算对象与产品成本计算方法的关系。

5.2.1　产品成本计算的基本方法

为了适应不同类型生产特点和成本管理的要求，在产品成本计算工作中有三种不同的成本计算对象：产品品种、产品批别和产品的生产步骤。因而以成本计算对象为主要标志（或以其命名）的产品成本计算的基本方法也有三种。

（1）以产品品种为成本计算对象的产品成本计算方法，称为品种法。适用于单步骤的大量生产，如发电、采掘等作业；也可用于不需要分步骤计算成本的多步骤的大量、大批生产，如小型造纸厂、水泥厂等。

（2）以产品批别为成本计算对象的产品成本计算方法，称为分批法。适用于单件、小批的单步骤生产或管理上不要求分步骤计算成本的多步骤生产，如修理作业、专用工具模具制造、重型机械制造、船舶制造等。

（3）以产品生产步骤为成本计算对象的产品成本计算方法，称为分步法。适用于大量、大批的多步骤生产，如纺织、冶金、机械制造等。

这三种方法之所以称为产品成本计算的基本方法，是因为这三种方法与不同生产类型的特点有着直接联系，而且涉及成本计算对象的确定，因而是计算产品实际成本必不可少的方法。概括所有工业企业，不论哪一种生产类型，进行成本计算所采用的基本方法都不外乎这三种。

5.2.2 产品成本计算的辅助方法

除上述基本方法，在产品品种、规格繁多的工业企业中，如针织厂、灯泡厂等，为了简化成本计算工作，还应用一种简便的产品成本计算方法——分类法；在定额管理工作基础好的工业企业中，为了配合和加强定额管理，加强成本控制，更有效地发挥成本计算的分析和监督作用，还应用一种将符合定额的费用和脱离定额的差异分别核算的产品成本计算方法——定额法；在一些发达国家，为了加强成本控制，正确评价企业生产经营业绩，实现成本的标准化管理，还采用一种成本计算方法——标准成本法。这些方法与生产类型的特点没有直接联系，不涉及成本计算对象，它们的应用或者是为了简化成本计算工作，或者是为了加强成本管理，只要条件具备，在哪种生产类型企业都能用。因此，从计算产品实际成本的角度来说，它们不是必不可少的。基于上述情况，这些方法通称辅助方法。产品成本计算的辅助方法必须与产品成本计算的基本方法结合起来使用，不能单独使用。

需要指出的是，产品成本计算的基本方法和辅助方法的划分，是从计算产品实际成本角度考虑的，并不是因为辅助方法不重要；相反，有的辅助方法，如定额法，对于控制生产费用、降低产品成本具有重要作用。

在工业企业中，确定不同的成本计算对象，采用不同的成本计算方法，主要是为了适应企业的生产特点和管理要求，正确提供成本核算资料以加强成本管理。但是，不论什么生产类型的企业，不论采用什么成本计算方法，最终都必须按照产品品种算出产品成本。因此，按照产品品种计算成本，是产品成本计算的最起码的要求，换言之，品种法是上述基本方法中最基本的成本计算方法。

综上所述，可将产品成本计算方法归纳如图 5—1 所示。

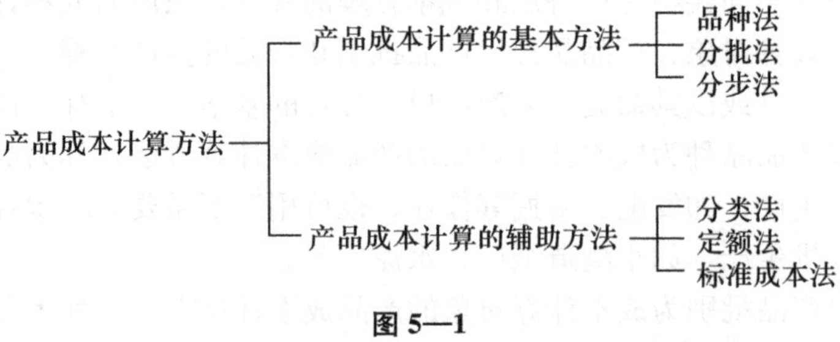

图 5—1

□ 练习题

一、单项选择题

1. 生产特点和管理要求对产品成本计算的影响，主要表现在（　　）的确定上。

A. 成本计算对象

B. 成本计算期

C. 间接费用分配方法

D. 完工产品与在产品之间分配费用的方法

2. 将品种法、分批法和分步法概括为成本计算的基本方法，主要是因为它们（　　）。

A. 应用最为广泛　　B. 计算方法最为简便

C. 对成本管理最重要　　D. 是计算实际成本必不可少的方法

3. 下列成本计算方法中，属于为了简化成本计算工作而采用的方法是（　　）。

A. 品种法　　B. 分类法　　C. 定额法　　D. 分批法

4. 按照（　　）计算产品成本，是对产品成本计算的最一般、最起码的要求。

A. 产品品种　　B. 产品批别

C. 产品件别　　D. 产品类别

5. 定额法是为了（　　）而采用的一种成本计算方法。

A. 加强成本的定额管理　　B. 简化成本计算工作

C. 计算产品的定额成本　　D. 提高成本计算的准确性

6. 企业在确定产品成本计算方法时，必须从企业的具体情况出发，同时考虑的因素有（　　）。

A. 企业的生产特点　　B. 企业生产规模的大小

C. 月末有无在产品　　D. 产品类别

7. 品种法不适用于（　　）。

A. 大量生产

B. 小批生产

C. 单步骤生产

D. 管理上不要求分步骤计算成本的多步骤生产

8. 分步法不适用于（　　）。

A. 大量生产　　B. 大批生产

C. 多步骤生产　　D. 单步骤生产

9. 下列不属于将分类法和定额法归类为产品成本计算的辅助方法的原因的是（　　）。

A. 与生产类型的特点没有直接联系
B. 成本计算工作繁重
C. 不涉及成本计算对象的确定
D. 从计算产品实际成本的角度来说不是必不可少的
10. 区分各种成本计算基本方法的主要标志是（　　）。
A. 成本计算对象
B. 成本计算日期
C. 间接费用的分配方法
D. 完工产品与在产品之间分配费用的方法

二、案例题

[资料] 某火力发电厂除生产电力外，还生产部分热力。生产技术过程不能间断，没有在产品和半产品。火力发电是利用燃料燃烧所发生的高热，使锅炉里的水变成蒸汽，推动汽轮机迅速旋转，借以带动发电机转动，产生电力。生产用燃料和生产用水在生产成本中所占比重很大。火力发电厂一般设有下列基本生产分厂（车间）：(1) 燃烧分厂；(2) 锅炉分厂；(3) 汽机分厂；(4) 电气分厂。由于产电兼供热，汽机分厂还划分为两个部分，即电力化部分和热力化部分。

[要求] 根据以上情况回答问题：

1. 分析和说明该厂在成本核算中所应采取的成本计算方法。
2. 对生产的电力和热力产品应如何设置成本项目？

第 6 章

Chapter 6

产品成本计算的基本方法

6.1 产品成本计算的品种法

6.1.1 品种法的特点和适用范围

产品成本计算的品种法，是按照产品品种归集生产费用，计算产品成本的一种方法。它主要适用于大量、大批的单步骤生产，例如发电、采掘等生产。在这种类型的生产中，产品的生产工艺过程不能间断，不可能划分为几个生产步骤，因而管理上就不可能也不需要按照生产步骤计算产品成本。在大量、大批的多步骤生产中，如果企业或车间的规模较小，或者车间是封闭式的，即从原材料投入到产品生产的全过程都是在一个车间进行的，或者生产是按流水线组织的，管理上不要求按照生产步骤计算产品成本，也可以采用品种法计算成本，即只要求计算各种产品的产成品成本。例如，小型水泥厂、织布厂和大中型机器制造厂的封闭式车间。

品种法的主要特点表现在以下方面。

1. 成本计算对象

在采用品种法计算产品成本的企业或车间里，成本计算对象就是产品品种，即只要求计算各种产品的产成品成本，而不要求按照产品生产步骤或产品批别、件别计算产品成本。如果只生产一种产品，成本计算对象就是该种产品的产成品成本，核算时，只需要为这种产品开设产品成本明细账（或称成本计算单），账内按成本项目设立专栏或专行。在这种情况下，所发生的各种生产费用都是直接计入费用，可以直接计入该产品成本明细账的有关成本项目，而不存在在各成本计算对象（即各种产品）之间分配费用的问题。如果在企业或车间中不止生产一种产品，例如热电厂就生产电力和热力两种产品，在这种情况下，成本计算对象就是各种产品的产成品成本，应按照产品品种分别设立产品成本明细账，发生的生产费用中，凡能分得清是哪种产品耗用的，可以直接计入该产品成本明细账的有关成本项目，分不清的则需采用适当的分配方法，在各成本计算对象之间进行分配，然后分别计入各产品成本明细账的有关成本项目。

2. 成本计算期

品种法适用的范围是大量、大批的单步骤生产和不要求按照生产步骤计算产品成本的多步骤生产。大量、大批生产的特点就是不断地重复生产一种或几种品种相同的产品，尤其在单步骤生产中，产品的生产周期较短。因而产品的成本计算不能在产品制造完工时立即进行，而是定期于每月的月末计算月内所生产该种产品的平均成本；成本计算期与核算报告期一致，而与生产周期不一致。

3. 费用在完工产品和在产品之间的分配

在不同类型的生产中，情况也不一样。

（1）在单步骤生产中，产品的生产周期较短，月末计算成本时，一般没有在产品，即使有，数量也不大，而且数量比较稳定，期初、期末在产品费用基本上可以互相抵消，对于完工产品成本的影响很小，因而可以不计算在产品成本。在这种情况下，产品成本明细账中按成本项目归集的生产费用，就是该产品的总成本，除以产量，即可求得该产品的单位成本。

（2）在一些规模较小、管理上又不要求按照生产步骤计算成本的大量、大批的多步骤生产中，产品陆续完工，月末一般都有在产品，而且数量较多。这样，月末在计算产品成本时，就需要将归集在产品成本明细账中的生产费用，选择适当的方法，在完工产品和在产品之间进行分配，以便计算完工产品成本和月末在产品成本。

6.1.2 品种法下产品成本的计算程序和账务处理举例

由于品种法的成本计算程序体现了产品成本计算的一般程序，因此，列举一套完整的例子，将成本计算中的各种费用分配表和明细账串联起来，不仅便于从中系统、全面、具体地掌握品种法的特点，而且有利于深入理解产品成本计算的基本原理。

【例 6—1】 假定某工业企业设有一个基本生产车间，大量生产甲、乙两种产品，其生产工艺技术过程不能间断，属于单步骤生产，月末无未完工产品。根据生产特点和管理要求，采用品种法计算甲、乙两种产品的产成品成本。该企业设有一个辅助生产车间——运输车间，为基本生产车间和管理部门提供劳务。辅助生产车间由于规模小，车间的制造费用不通过“制造费用”科目核算，而直接计入运输成本。该企业不单独核算废品损失。产品成本包括“直接材料”“直接燃料和动力”“直接人工”和“制造费用”四个成本项目。

下面以该企业 20×3 年 3 月份各项费用资料为例，说明采用品种法，甲、乙两种产品成本计算的程序和相应的账务处理。

（1）根据各项费用的原始凭证和其他有关资料，编制各种费用分配表，分配各种要素费用，并相应地进行账务处理。

1）根据按原材料用途归类的领退料凭证，编制原材料费用分配表，详见表6—1。

表 6—1　**原材料费用分配表**（分配表 1）　单位：元

应借科目			原料及主要材料	辅助材料	合计
总账科目	明细科目	成本或费用项目			
基本生产成本	甲产品	直接材料	16 000	1 000	17 000
	乙产品	直接材料	7 200	800	8 000
	小计		23 200	1 800	25 000
辅助生产成本	运输车间	机物料消耗	200	100	300
制造费用	基本生产车间	机物料消耗		120	120
		劳动保护费		180	180
	小计			300	300
管理费用		物料消耗		200	200
合计			23 400	2 400	25 800

为了简化，本例均汇总编制会计分录，汇总登账。

会计分录①：

借：基本生产成本　25 000

　　辅助生产成本　300

　　制造费用　300

　　管理费用　200

　贷：原材料　25 800

2）根据各车间、部门耗电数量、电价和有关费用标准（各种产品耗用工时），编制外购动力费（电费）分配表，详见表 6—2。

表 6—2　**外购动力费（电费）分配表**（分配表 2）

应借科目			数量		金额（元）
总账科目	明细科目	成本或费用项目	机器工时（分配率：0.6）	度数（单价：0.4）	
基本生产成本	甲产品	直接燃料和动力	1 800		1 080
	乙产品	直接燃料和动力	1 000		600
	小计		2 800	4 200	1 680
辅助生产成本	运输车间	水电费		80	32
制造费用	基本生产车间	水电费		120	48
管理费用		水电费		260	104
合计				4 660	1 864

生产产品用电 4 200 度，电费共计 1 680 元（4 200×0.4）。按机器工时比例在甲、乙产品之间进行分配：

$$分配率=\frac{1\,680}{2\,800}=0.6$$

甲产品应分配电费=1 800×0.6=1 080(元)

乙产品应分配电费=1 000×0.6=600(元)

会计分录②：

借：基本生产成本	1 680
辅助生产成本	32
制造费用	48
管理费用	104
贷：应付账款（或银行存款）	1 864

3）根据各车间、部门的工资结算凭证和其他短期薪酬的计提办法等，编制职工薪酬费用分配表（为了简化起见，这里只涉及短期职工薪酬），详见表 6—3。

表 6—3 **职工薪酬费用分配表**（分配表 3） 单位：元

应借科目		生产工人工资		管理人员工资	工资小计	其他短期薪酬（工资总额的 40%）	合计
总账科目	明细科目	生产工时（小时）	分配率（8 元/小时）				
基本生产成本	甲产品	1 800	14 400		14 400	5 760	20 160
	乙产品	1 200	9 600		9 600	3 840	13 440
	小计	3 000	24 000		24 000	9 600	33 600
辅助生产成本	运输车间		4 000	1 200	5 200	2 080	7 280
制造费用	基本生产车间			6 000	6 000	2 400	8 400
管理费用				8 000	8 000	3 200	11 200
合计			28 000	15 200	43 200	17 280	60 480

基本生产车间生产工人的职工薪酬费用，按生产工时比例在甲、乙产品之间进行分配。

会计分录③：

借：基本生产成本	33 600
辅助生产成本	7 280
制造费用	8 400
管理费用	11 200
贷：应付职工薪酬	60 480

4）根据本月应计提折旧固定资产原价和月折旧率，计算本月应计提固定资产折旧，编制折旧费用分配表，详见表 6—4。

表 6—4　　**固定资产折旧费用分配表**（分配表 4）　　单位：元

项目	生产车间			行政管理部门	金额
	基本生产车间	运输车间	小计		
折旧费	1 160	90	1 250	140	1 390

会计分录④：

借：制造费用　1 160

　　辅助生产成本　90

　　管理费用　140

　贷：累计折旧　1 390

5）根据 3 月份银行存款付款凭证汇总编制的各项货币支出费用（假定全部用银行存款支付）汇总表，详见表 6—5。

表 6—5　　**各项货币支出费用汇总表**（分配表 5）　　单位：元

应借科目			金额
总账科目	明细科目	成本或费用项目	
辅助生产成本	运输车间	办公费	80
		劳动保护费	75
		其他	20
		小计	175
制造费用	基本生产车间	办公费	240
		保险费	110
		其他	20
		小计	370
管理费用		办公费	310
		差旅费	420
		其他	100
		小计	830
应付利息	支付短期借款利息费用		780
合计			2 155

会计分录⑤：

借：辅助生产成本　175

　　制造费用　370

　　管理费用　830

　　应付利息　780

　贷：银行存款　2 155

（2）编制跨期摊提费用分配表，分配各该项费用。

1）本月基本生产车间领用工具一批价值 150 元，经审批，从本月起分 3 个月平均摊入产品成本。低值易耗品摊销明细账详见表 6—6。

表 6—6 **低值易耗品明细账**

明细科目：低值易耗品摊销 单位：元

月	日	摘要	借方（费用发生额）	贷方（费用摊销额）	余额	
					借或贷	金额
3	1	根据低值易耗品领用单，基本生产车间领用的 150 元的低值易耗品，由 3 月、4 月、5 月分摊	150		借	150
3	31	根据分配表 6		50	借	100

领用时，会计分录⑥：

借：低值易耗品——在用 150

贷：低值易耗品——在库 150

上述低值易耗品明细账中的贷方发生额应根据低值易耗品摊销分配表登记，分配表详见表 6—7。

表 6—7 **低值易耗品摊销分配表**（分配表 6）

费用种类：低值易耗品摊销 单位：元

费用种类	应借科目		金额
	总账科目	明细科目	
低值易耗品摊销	制造费用	基本生产车间——低值易耗品摊销	50

分月摊销时，会计分录⑦：

借：制造费用 50

贷：低值易耗品——摊销 50

2）企业短期银行借款利息采用按月预提、季末结算的办法。第一季度 1—2 月各预提 250 元；本季末接到银行通知：全季利息支出 780 元，已用银行存款支付（见第⑤笔会计分录），应付利息明细账详见表 6—8。

表 6—8 **应付利息明细账**

费用种类：短期借款利息支出 单位：元

月	日	摘要	借方（费用发生额）	贷方（费用预提额）	余额	
					借或贷	金额
1	31	根据分配表×		250	贷	250
2	28	根据分配表×		250	贷	500
3	31	根据银行存款付款凭证	780		借	280
3	31	根据分配表 7		280		

上列应付利息明细账中的 3 月份计提数额 280 元（780－500），应根据当月应付利息分配表登记。应付利息分配表详见表 6—9。

表 6—9　　应付利息分配表（分配表 7）

费用种类：短期借款利息支出　　单位：元

费息种类	应借科目		金额
	总账科目	明细科目	
利息支出（1—2 月各预提 250 元，本月实付 780 元）本月应提：780－500＝280(元)	财务费用	利息支出	280

会计分录⑧：

借：财务费用　　280

　贷：应付利息　　280

（3）归集和分配辅助生产费用。根据上列各种费用分配表，登记辅助生产成本明细账，详见表 6—10。

表 6—10　　辅助生产成本明细账

车间名称：运输车间　　单位：元

月	日	摘要	机物料消耗	水电费	职工薪酬	折旧费用	办公费	劳动保护费	其他	合计
3	31	根据分配表 1	300							300
3	31	根据分配表 2		32						32
3	31	根据分配表 3			7 280					7 280
3	31	根据分配表 4				90				90
3	31	根据分配表 5					80	75	20	175
3	31	合计	300	32	7 280	90	80	75	20	7 877

该企业采用直接分配法分配辅助生产费用。本月运输车间提供运输劳务 7 877 吨公里，其中，为基本生产车间运输劳务 7 000 吨公里，为行政管理部门运输劳务 877 吨公里。根据辅助生产成本明细账归集的费用和提供的运输劳务数量，编制辅助生产费用分配表，详见表 6—11。

表 6—11　　辅助生产费用分配表（分配表 8）

项目			运输车间
待分配费用（元）			7 877
供应辅助生产以外单位的劳务数量（吨公里）			7 877
费用分配率（单位成本）			1
应借“制造费用”科目	基本生产车间	耗用数量	7 000
		分配金额	7 000
应借“管理费用”科目	耗用数量		877
	分配金额		877
合计			7 877

说明：表中费用分配率计算：

$$运输费用分配率=\frac{7\,877}{7\,877}=1$$

会计分录⑨：

借：制造费用　　7 000

　　管理费用　　877

　贷：辅助生产成本　　7 877

（4）归集和分配基本生产车间制造费用。

1）根据上述各种费用分配表登记基本生产车间制造费用明细账，详见表6—12。

表 6—12　　制造费用明细账

车间名称：基本生产车间　　单位：元

月	日	摘要	职工薪酬	机物料消耗	保险费	折旧费	运输费	低值易耗品摊销	水电费	办公费	劳动保护费	其他	合计
3	31	根据分配表 1		120							180		300
3	31	根据分配表 2							48				48
3	31	根据分配表 3	8 400										8 400
3	31	根据分配表 4				1 160							1 160
3	31	根据分配表 5			110					240		20	370
3	31	根据分配表 6						50					50
3	31	根据分配表 8					7 000						7 000
3	31	合计	8 400	120	110	1 160	7 000	50	48	240	180	20	17 328

2）根据基本生产车间制造费用明细账归集的制造费用和甲、乙产品的生产工时，编制基本生产车间制造费用分配表分配制造费用，详见表6—13。

表 6—13　　基本生产车间制造费用分配表（分配表 9）　　单位：元

应借科目		生产工时（小时）	分配金额（分配率：5.776）
总账科目	明细科目		
基本生产成本	甲产品	1 800	10 396.8
	乙产品	1 200	6 931.2
合计		3 000	17 328

$$分配率=\frac{17\ 328}{3\ 000}=5.776$$

甲产品应分配的制造费用＝1 800×5.776＝10 396.8(元)

乙产品应分配的制造费用＝1 200×5.776＝6 931.2(元)

会计分录⑩：

借：基本生产成本　　17 328

　贷：制造费用　　17 328

（5）根据上述各种费用分配表，登记管理费用和财务费用明细账，归集和结转管理费用和财务费用（明细账和会计分录略）。

（6）根据上述各种费用分配表和其他有关资料，登记甲、乙产品成本明细账，归集应由甲、乙产品负担的生产费用，计算甲、乙产品的产成品成本，详见表 6—14、表 6—15。

表 6—14　　产品成本明细账

产品名称：甲　　单位：元

月	日	摘要		产量（千克）	直接材料	直接燃料和动力	直接人工	制造费用	合计
3	31	根据分配表 1			17 000				17 000
3	31	根据分配表 2				1 080			1 080
3	31	根据分配表 3					20 160		20 160
3	31	根据分配表 9						10 396.8	10 396.8
3	31	产成品成本	总成本	500	17 000	1 080	20 160	10 396.8	48 636.8
			单位成本		34	2.16	40.32	20.79	97.27

表 6—15　　产品成本明细账

产品名称：乙　　单位：元

月	日	摘要		产量（千克）	直接材料	直接燃料和动力	直接人工	制造费用	合计
3	31	根据分配表 1			8 000				8 000
3	31	根据分配表 2				600			600
3	31	根据分配表 3					13 440		13 440
3	31	根据分配表 9						6 931.2	6 931.2
3	31	产成品成本	总成本	200	8 000	600	13 440	6 931.2	28 971.2
			单位成本		40	3	67.2	34.66	144.86

（7）根据甲、乙产品成本明细账中的产成品成本，汇编产成品成本汇总表，结转产成品成本。产成品成本汇总表详见表 6—16。

表 6—16　　产成品成本汇总表　　单位：元

产成品名称	产品数量（千克）	直接材料	直接燃料和动力	直接人工	制造费用	成本合计
甲产品	500	17 000	1 080	20 160	10 396.8	48 636.8
乙产品	200	8 000	600	13 440	6 931.2	28 971.2
合计		25 000	1 680	33 600	17 328	77 608

会计分录⑪：

借：库存商品　　77 608

　贷：基本生产成本　　77 608

（8）将上述与生产费用归集、分配和产品成本计算有关的会计分录登账，结果详见表 6—17（简化格式）。

表 6—17

基本生产成本

①	25 000	⑪	77 608
②	1 680		
③	33 600		
⑩	17 328		
本月合计	77 608	本月合计	77 608

辅助生产成本

①	300	⑨	7 877
②	32		
③	7 280		
④	90		
⑤	175		
本月合计	7 877	本月合计	7 877

制造费用

①	300	⑩	17 328
②	48		
③	8 400		
④	1 160		
⑤	370		
⑦	50		
⑨	7 000		
本月合计	17 328	本月合计	17 328

通过以上举例可以看出，产品成本计算实际上就是会计核算中成本费用科目的明细核算。为了正确地归集生产费用、计算各种产品成本，必须根据成本计算对象设置产品成本明细账，编制各种费用分配表和相应的会计分录；按照平行登记的规则，既登记有关的总账科目，又登记各该总账科目所属的明细账。最后，将各种生产费用分配、归集到“基本生产成本”科目及其所属的各种产品成本明细账，计算各种产品的总成本和单位成本。

现列示品种法成本核算的基本程序如图 6—1 所示。

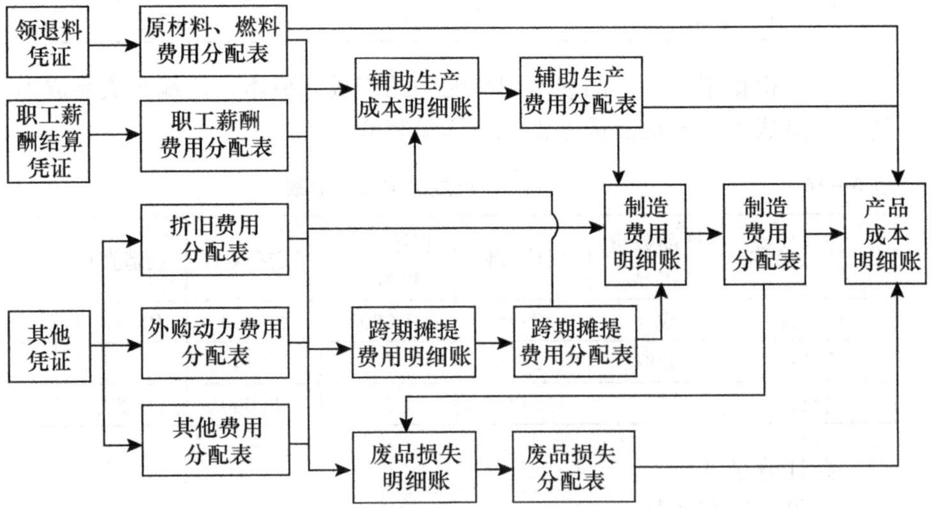

图 6—1 品种法成本核算基本程序图

品种法成本核算基本程序图与第 2 章图 2—1 成本核算账务处理基本程序图是一致的。但在尚未学习成本核算的具体账表以前，只能用会计科目和账务处理程序来表示；在学习了成本核算的具体账表以后，就可以用这些账表之间的联系更明确地表示了。

6.2　产品成本计算的分批法

6.2.1　分批法的特点和适用范围

产品成本计算的分批法，是按照产品的批别归集生产费用、计算产品成本的一种方法。分批法主要适用于小批、单件，管理上不要求分步骤计算成本的多步骤生产，例如机器制造、船舶制造，以及服装、印刷等工业生产。在这种类型企业中，由于生产多是根据购货单位订货单组织的，因此分批法也称订单法。

这种方法的主要特点如下。

1. 成本计算对象

在采用分批法计算产品成本的小批、单件生产中，成本计算对象就是产品的批别（单件生产为件别）。由于生产产品的种类和每批产品的数量大多是根据购买单位的订单确定，因而按批、按件计算产品成本，往往也就是按照订单计算产品成本。但是，在一张订单中规定有几种产品，或虽然只有一种产品但其数量较大又要求分批交货时，如果按订单组织生产，就不利于按产品品种考核、分析成本计划的完成情况，生产管理上也不便于集中一次投料或满足不了分批交货的要求。针对这种情况，企业生产部门可以将上述订单产品按照产品品种划分几个批别组织生产，计算成本；或将同类产品划分数批组织生产，计算成本。如果在一张订单中只规定一件产品，但其属于大型复杂的产品，价值较大，生产周期较长，如大型船舶制造，也可以按照产品的组成部分划分批别组织生产，计算成本。如果在同一时期内，企业接到不同购货单位要求生产同一产品的几张订单，为了经济合理地组织生产，也可以将其合并为一批组织生产，计算成本。显然，在上述几种情况下，成本计算对象就不是购货单位的订货单，而是企业生产部门按产品批别签发的生产任务通知单，单内应对各批生产任务进行编号，称为产品批号或生产令号，会计部门应根据产品批号设立产品成本明细账。生产费用发生后，就按产品批别进行分配、归集，然后记入各批产品成本明细账。在某一时期内，企业可能同时生产多批产品，存在多个成本计算对象，因而间接计入费用的分配就可能较多。为了提高成本计算的正确性，就要合理地选择费用的分配标准。

2. 成本计算期

为了保证各批产品成本计算的正确性，各批产品成本明细账的设立和结算，应与生产任务通知单的签发和结束密切配合、协调一致。即在生产任务下达时开设产品成本明细账；随着产品的生产进行，将发生的生产费用陆续分配、归集到各批产品成本明细账；当产品完工时，在完工月份的月末，结算该批产品的成本。这时，汇集在各批产品成本明细账中的生产费用总额，就是该批完工产品的总成本。可见，在分批法下，产品成本计算是在产品完工月份的月末进行的，因而是不定期的；成本计算期与产品的生产周期基本一致，而与核算报告期（每月）不一致。

3. 生产费用在完工产品和在产品之间的分配

在小批、单件生产中，由于产品成本计算期与产品的生产周期一致，因而在计算产品成本时，一般不存在在完工产品和在产品之间分配费用的问题，例如：

（1）在小批生产中，假定该批产品为 3 台某种型号的起重机，由于产品批量较小，批内产品一般都能同时完工，或者在相距不久的时间内全部完工。月末计算成本时，或是全部都已完工，或是全部没有完工，因而一般不存在在完工产品和在产品之间分配费用的问题。

（2）在单件生产中，假定该产品为一台重型机器，产品完工前，产品成本明细账登记的生产费用就是在产品成本；产品完工时，产品成本明细账登记的生产费用总额就是完工产品的成本，因而在月末计算成本时，也不存在在完工产品和在产品之间分配费用的问题。

但是，如果在一批产品中有跨月陆续完工的情况，月末计算成本时，一部分产品已经完工，另一部分产品尚未完工，为了计算完工产品成本，就必须将归集在产品明细账中的各项生产费用在完工产品和在产品之间进行分配。

由于小批生产产品的批量不大，批内产品跨月陆续完工的情况不多，或者完工产品数量占批量比重较小，一般可采用简单的方法，即按计划单位成本、定额单位成本或近期相同产品的实际单位成本计算完工产品成本，从产品成本明细账中转出，剩余数额即为在产品成本。在该批产品全部完工后，还应计算该批产品的实际总成本和单位成本，但对已经转出的完工产品成本，不作账面调整。这样做主要是为了适应分期交货的要求，计算先交货的成本。这种费用分配方法核算工作虽然简单，但分配结果不甚正确。因而在批内产品跨月陆续完工情况较多，月末批内完工产品数量占全部批量比重较大的情况下，为了提高成本计算的正确性，应该根据具体条件，采用适当的方法，例如约当产量比例法或定额比例法等，在完工产品和在产品之间分配费用，计算完工产品成本和月末在产品成本。

为了使同一批产品尽可能同时完工，避免出现跨月陆续完工的情况，减少在完工产品和在产品之间分配费用的工作，在合理组织生产的前提下，可以适当缩小产品的批量。

6.2.2 分批法下产品成本计算方法举例

在 6.1 节曾述及，各种产品成本计算基本方法（品种法、分批法和分步法）之间的主要区别在于成本计算的确定和与之相适应的产品成本明细账的设立，生产费用发生后在各成本计算对象间横向分配的程序、方法和相应的账务处理则基本相同。因此，在下面举例讲述分批法下产品成本计算时，只列示了各批产品成本明细账和登记的生产费用，重点讲述不同情况下批内完工产品与在产品之间费用的分配和完工产品成本计算的方法，而将各种费用分配的方法、各种费用分配表的编制和相应的账务处理（会计分录和总账的登记）都省略了。这可能给人的感觉好像分批法比品种法简单，其实不然。学习时要注意这一点，不要产生错觉。

【例 6—2】　某工业企业根据购买单位要求，小批生产甲、乙、丙三批产品，采用分批法计算产品成本。假定 6 月的产品生产情况和各项费用支出的情况资料如下：

（1）本月生产产品的批号。

5015 号甲产品 3 台，5 月份投产，本月全部完工。

5035 号乙产品 10 台，5 月份投产，本月完工 6 台，未完工 4 台。

6001 号丙产品 8 台，本月投产，计划 7 月份完工，本月提前完工 2 台。

（2）本月费用资料。

1）各批产品的月初在产品费用，详见表 6—18。

表 6—18　　单位：元

成本项目 / 批号	直接材料	直接燃料和动力	直接人工	制造费用	合计
5015	15 390	5 750	13 500	12 590	47 230
5035	18 600	6 500	16 400	14 200	55 700

2）根据各种费用分配表，汇总本月各批产品发生的生产费用，详见表 6—19。

表 6—19　　单位：元

成本项目 / 批号	直接材料	直接燃料和动力	直接人工	制造费用	合计
5015		2 050	10 500	9 400	21 950
5035		4 600	12 500	10 400	27 500
6001	18 500	5 400	12 400	9 600	45 900

3）在完工产品和在产品之间分配费用的方法。

5015 号甲产品，本月全部完工，不存在费用分配问题。

5035 号乙产品，上月投产 10 台，本月完工 6 台。原材料是在生产开始时一次投入的，其费用应按完工产品和在产品实际数量的比例分配；其他费用采用约当产量比例法在完工产品和在产品之间进行分配。在产品完工程度为 50%。

6001 号丙产品，本月投产，计划 7 月份完工，本月提前完工 2 台。由于完工数量较少，为简化核算，完工产品按定额成本转出，每台定额成本为 6 800 元，其中，直接材料 2 300 元，直接燃料和动力 900 元，直接人工 2 100 元，制造费用 1 500 元。

（4）根据上述各项资料，登记各批产品成本明细账，计算各批产品成本，详见表 6—20 至表 6—22。

表 6—20 **产品成本明细账**

产品批号：5015 购货单位：光明公司 投产日期：5月

产品名称：甲 批量：3台 完成日期：6月

单位：元

摘要	直接材料	直接燃料和动力	直接人工	制造费用	合计
月初在产品费用	15 390	5 750	13 500	12 590	47 230
本月生产费用		2 050	10 500	9 400	21 950
累计	15 390	7 800	24 000	21 990	69 180
完工产品总成本	15 390	7 800	24 000	21 990	69 180
完工产品单位成本	5 130	2 600	8 000	7 330	23 060

表 6—21 **产品成本明细账**

产品批号：5035 购货单位：光明公司 投产日期：5月

产品名称：乙 批量：10台 完成日期： 本月完工：6台

单位：元

摘要	直接材料	直接燃料和动力	直接人工	制造费用	合计
月初在产品费用	18 600	6 500	16 400	14 200	55 700
本月生产费用		4 600	12 500	10 400	27 500
累计	18 600	11 100	28 900	24 600	83 200
完工（6台）产品总成本	11 160	8 325	21 675	18 450	59 610
月末在产品费用	7 440	2 775	7 225	6 150	23 590

表6—21中数字计算：

完工产品直接材料费用＝(18 600÷10)×6＝11 160(元)

月末在产品直接材料费用＝(18 600÷10)×4＝7 440(元)

月末在产品约当产量＝4×50%＝2(台)

完工产品直接燃料和动力费用＝11 100÷(6＋2)×6＝8 325(元)

在产品直接燃料和动力费用＝11 100÷(6＋2)×2＝2 775(元)

完工产品直接人工费用＝28 900÷(6＋2)×6＝21 675(元)

在产品直接人工费用＝28 900÷(6＋2)×2＝7 225(元)

完工产品制造费用＝24 600÷(6＋2)×6＝18 450(元)

在产品制造费用＝24 600÷(6＋2)×2＝6 150(元)

表 6—22 **产品成本明细账**

产品批号：6001 购货单位：光明公司 投产日期：6月

产品名称：丙 批量：8台 完成日期： 本月完工：2台

单位：元

摘要	直接材料	直接燃料和动力	直接人工	制造费用	合计
本月生产费用	18 500	5 400	12 400	9 600	45 900
单台定额成本	2 300	900	2 100	1 500	6 800

续前表

摘要	直接材料	直接燃料和动力	直接人工	制造费用	合计
完工（2 台）产品总成本	4 600	1 800	4 200	3 000	13 600
月末在产品费用	13 900	3 600	8 200	6 600	32 300

以上主要是列举三种类型批内产品成本的计算方法。如果本月批内产品全部未完工，产品成本明细账中归集的生产费用就是该批在产品总成本。

6.2.3　简化的分批法

在小批、单件生产的企业或车间中，有时同一月份投产的产品批数很多，达到几十批甚至上百批，且月末已完工的批数较多，例如机器制造厂或修配厂。几十批产品，几十本产品成本明细账，如果不管各批产品是否已经完工，月末均要将发生的间接计入费用全部分配给各批产品，则费用分配的核算工作将非常繁重。因此，在这类企业中，可考虑采用简化的分批法来计算产品成本。

简化的分批法还有另外两个名称：不分批计算在产品成本的分批法和累计间接计入费用分配法。可以说，简化分批法的这两个别称体现了其与一般分批法在成本计算上的主要区别。

（1）不分批计算在产品成本的分批法。采用这种方法，仍应按照产品批别设立产品成本明细账，但在各批产品完工之前，账内只按月登记能分得清哪批消耗的直接计入费用（例如原材料费用）和生产工时。每月发生的应由各批产品共同负担和间接计入费用，不是按月在各批产品之间进行分配，而是先将其在基本生产成本二级账中，按成本项目分别累计起来，在有产品完工的那个月份，才对完工产品按照其累计工时的比例分配间接计入费用，计算完工产品成本；而各批未完工在产品应负担的间接计入费用，仍以总数（间接计入费用累计发生额减去完工产品应分配数额的剩余数）按成本项目反映在基本生产成本二级账中，不在各批未完工在产品之间进行分配，不计算各批在产品成本，因而称这种方法为不分批计算在产品成本的分批法。

（2）累计间接计入费用分配法。采用简化的分批法，为了对各批完工产品分配间接计入费用，先要计算全部产品累计间接计入费用分配率，计算公式如下：

$$全部产品累计间接计入费用分配率=\frac{全部产品累计间接计入费用}{全部产品累计工时}$$

然后，按照完工产品工时和累计间接计入费用分配率，对各批完工产品分配间接计入费用，计算公式如下：

$$\begin{matrix}某批完工产品应\\负担的间接计入费用\end{matrix}=\begin{matrix}该批完工\\产品累计工时\end{matrix}\times\begin{matrix}全部产品累计\\间接计入费用分配率\end{matrix}$$

可见，累计间接计入费用分配率，既是在各批完工产品之间，也是在完工产品批别与未完工产品批别之间，以及批内完工产品与未完工在产品之间，分配间接计入费用的依据。基于这一点，简化的分批法又称为累计间接计入费用分配法。

以上两点点明了简化的分批法的“简化”所在，是理解这一方法的关键。

下面举例说明这一成本计算方法的特点。

【例 6—3】 某工业企业 6 月份小批生产多种产品。由于产品批数多，月末未完工的批数也多，为了简化成本计算工作，采用简化的分批法计算成本。

企业 6 月生产产品的批号、数量、投产时间和产品完工情况详见表 6—23。

表 6—23

产品批号	产量（件）	投产日期	计划完工日期	本月产品完工情况
0518——甲	3	5 月 10 日	6 月 9 日	全部完工
0525——乙	4	5 月 12 日	6 月 10 日	全部完工
0601——丙	6	6 月 3 日	7 月 10 日	尚未完工
0602——丁	8	6 月 3 日	7 月 15 日	尚未完工
0603——乙	8	6 月 5 日	8 月 2 日	尚未完工
0604——丁	10	6 月 10 日	8 月 5 日	尚未完工
0605——甲	6	6 月 15 日	9 月 3 日	尚未完工
0606——丙	9	6 月 25 日	9 月 5 日	尚未完工

该企业设立和登记的基本生产成本二级账如表 6—24 所示。

表 6—24 **基本生产成本二级账**

（各批产品总成本）

单位：元

月	日	摘要	直接材料	工时（小时）	直接燃料和动力	直接人工	制造费用	合计
6	30	生产费用累计	284 200	5 250	21 000	131 250	105 000	
6	30	累计间接计入费用分配率			4	25	20	
6	30	完工产品成本	37 000					
6	30	月末在产品费用	247 200					

基本生产成本二级账与各批产品成本明细账平行登记。二级账中各项数字的计算如下：

（1）6 月 30 日生产费用（和生产工时）累计数，是 5 月末在产品和 7 月各批产品实际发生的生产费用、生产工时的合计数。5 月末在产品的生产费用和生产工时根据上月基本生产成本二级账“月末在产品费用”一行数字计算；6 月发生的生产费用和生产工时，根据本月各项费用分配表、生产工时记录计算，然后与 5 月末在产品生产费用、生产工时合计登记账中有关项目。

（2）全部产品累计间接计入费用分配率计算。

$$直接燃料和动力累计分配率=\frac{21\,000}{5\,250}=4$$

$$直接人工费用累计分配率=\frac{131\ 250}{5\ 250}=25$$

$$制造费用累计分配率=\frac{105\ 000}{5\ 250}=20$$

（3）完工产品成本的直接计入费用（直接材料费用）和生产工时根据后列各批产品成本明细账中完工产品的直接材料费用和生产工时汇总登记。各批号本月完工产品数量、直接材料费用（原材料在生产开始时一次投入）和累计生产工时汇总计算详见表 6—25。

表 6—25

产品批号	完工产品数量（件）	直接材料（元）	生产工时（小时）
0518	3	21 000	900
0525	4	16 000	1 200
合计	—	37 000	2 100

完工产品的各项间接计入费用，可以根据二级账中完工产品生产工时分别乘以各该费用累计分配率计算登记；也可以根据后列各批产品成本明细账中完工产品的各该费用分别汇总登记。

（4）基本生产成本二级账中月末在产品直接计入费用（如直接材料费用）和生产工时，可以根据二级账中累计的原材料费用和生产工时分别减去本月完工产品的原材料费用和生产工时计算登记，也可以根据后列的各批产品成本明细账中月末在产品的原材料费用和生产工时分别汇总登记。二级账中月末在产品的各项间接计入费用，可以根据月末在产品的生产工时分别乘以各项费用累计分配率计算登记，也可以根据各项费用的累计数分别减去完工产品的各该项费用计算登记。由此可见，采用简化的分批法，虽然不分批计算在产品成本，但全部产品的在产品总成本却按成本项目反映在基本生产成本二级账中，也就是说，全部产品按成本项目反映的在产品总成本仍然是要计算和登记的。

该企业设立和登记的各批产品成本明细账详见表 6—26 至表 6—33。

表 6—26　　**产品成本明细账**

产品批号：0518　　购货单位：长江公司　　投产日期：5 月 10 日
产品名称：甲　　批量：3 台　　完成日期：6 月 9 日
单位：元

月	日	摘要	直接材料	生产工时（小时）	直接燃料和动力	直接人工	制造费用	合计
6	30	生产费用累计	21 000	900				
6	30	累计间接计入费用分配率			4	25	20	
6	30	完工产品总成本	21 000		3 600	22 500	18 000	65 100
6	30	单位成本	7 000		1 200	7 500	6 000	21 700

表 6—27 **产品成本明细账**

产品批号：0525 购货单位：江南公司 投产日期：5 月 12 日

产品名称：乙 批量：4 台 完成日期：6 月 10 日

单位：元

月	日	摘要	直接材料	生产工时（小时）	直接燃料和动力	直接人工	制造费用	合计
6	30	生产费用累计	16 000	1 200				
6	30	累计间接计入费用分配率	16 000		4	25	20	
6	30	完工产品总成本	16 000		4 800	30 000	24 000	74 800
6	30	单位成本	4 000		1 200	7 500	6 000	18 700

表 6—28 **产品成本明细账**

产品批号：0601 购货单位：光明公司 投产日期：6 月 3 日

产品名称：丙 批量：6 台 完成日期：

单位：元

月	日	摘要	直接材料	生产工时（小时）	直接燃料和动力	直接人工	制造费用	合计
6	30	生产费用累计数	36 000	700				

表 6—29 **产品成本明细账**

产品批号：0602 购货单位：华夏公司 投产日期：6 月 3 日

产品名称：丁 批量：8 台 完成日期：

单位：元

月	日	摘要	直接材料	生产工时（小时）	直接燃料和动力	直接人工	制造费用	合计
6	30	生产费用累计数	45 000	600				

表 6—30 **产品成本明细账**

产品批号：0603 购货单位：中北公司 投产日期：6 月 5 日

产品名称：乙 批量：8 台 完成日期：

单位：元

月	日	摘要	直接材料	生产工时（小时）	直接燃料和动力	直接人工	制造费用	合计
6	30	生产费用累计数	32 100	600				

表 6—31 **产品成本明细账**

产品批号：0604 购货单位：长江公司 投产日期：6 月 10 日

产品名称：丁 批量：10 台 完成日期：

单位：元

月	日	摘要	直接材料	生产工时（小时）	直接燃料和动力	直接人工	制造费用	合计
6	30	生产费用累计数	56 000	550				

表 6—32　　产品成本明细账

产品批号：0605　　购货单位：华林公司　　投产日期：5 月 15 日

产品名称：甲　　批量：6 台　　完成日期：

单位：元

月	日	摘要	直接材料	生产工时（小时）	直接燃料和动力	直接人工	制造费用	合计
6	30	生产费用累计数	23 900	350				

表 6—33　　产品成本明细账

产品批号：0606　　购货单位：海南公司　　投产日期：5 月 25 日

产品名称：丙　　批量：9 台　　完成日期：

单位：元

月	日	摘要	直接材料	生产工时（小时）	直接燃料和动力	直接人工	制造费用	合计
6	30	生产费用累计数	54 200	350				

在上列各批产品成本明细账中，在没有产品完工的月份，账中只登记直接计入费用（如本例的原材料费用）和生产工时，例如 0601，0602，0603，0604，0605，0606 等 6 批产品，不分配间接计入费用，不计算各批在产品的成本，成本核算工作大为简化；如批内有产品完工（全部完工或部分完工），如 0518 和 0525 两批产品，为了计算完工产品成本，账中除了登记直接计入费用（如原材料费用）和生产工时外，还应分配间接计入费用。

综上所述，简化的分批法与一般的分批法相比较，具有以下特点：

(1) 采用简化的分批法必须设立基本生产成本二级账。从计算产品实际成本的角度来说，采用其他成本计算方法，可以不设立基本生产成本二级账，但采用简化的分批法，则必须设立基本生产成本二级账。其作用在于：1）按月提供企业或车间全部产品的累计生产费用（包括直接计入费用和间接计入费用）和生产工时资料；2）在有产品完工的月份，按照上述公式计算和登记全部产品累计间接计入费用分配率；3）根据完工产品累计生产工时和累计间接计入费用分配率，计算和登记完工产品应负担的累计间接计入费用，并计算完工产品总成本；4）以全部产品累计生产费用减去本月完工产品总成本，计算和登记月末各批在产品总成本。

(2) 每月发生的间接计入费用，不是按月在各批产品之间进行分配，而是先在基本生产成本二级账中累计起来，在有产品完工的月份，才按上述公式，在各批完工产品之间进行分配，计算完工产品成本；对未完工的在产品则不分配间接计入费用，只以总数反映在二级账中，即不分批计算在产品成本。显然，采用这种分批法，可以简化费用的分配和登记工作；月末未完工产品的批数越多，核算工作就越简化。

(3) 采用这种方法，各批产品之间分配间接计入费用的工作以及完工产品与月末在产品之间分配间接计入费用的工作，即生产费用的横向分配和纵向分配工作，都是利用累计间接计入费用分配率，到产品完工时合并在一起进行的。换言之，各项累计间接计入费用分配率，既是在各批完工产品之间，也是在全部完工产品与全部月末在产品之间，以及某批产品的完工产品与月末在产品之间分配各该项费用的依据。基于这一特点，这种简化的分批法也称为累计间接计入费用分配法。

前已述及，这种简化的分批法适用于同一月份投产的产品批数很多，且月末未完工批数也较多的企业。如果月末未完工的批数不多，则不宜采用。因为在这种情况下，绝大多数批号的产品仍然要分配登记各项间接计入费用，核算工作减少不多。另外，由于在这种方法下间接计入费用累计计算分配率，因而这种方法在各月间接计入费用水平相差悬殊的情况下也不宜采用。例如，前几个月的间接计入费用水平低而本月高，某批产品本月投产当月完工，这时，按累计间接计入费用分配率分配计算该批完工产品成本，就会产生不应有的偏低现象。

6.3 产品成本计算的分步法

6.3.1 分步法的特点和适用范围

产品成本计算的分步法，是按照产品的生产步骤和产品品种（即分步骤、分产品）归集生产费用、计算产品成本的方法。它主要适用于大量、大批的多步骤生产，因为在这些企业中，产品的生产过程由若干个可以间断的生产步骤组成，例如纺织企业生产可分为纺纱、织布等生产步骤；冶金企业生产可分为炼铁、炼钢、轧钢等生产步骤；机器制造企业生产可分为铸造、加工、装配等生产步骤。在这些企业中，为了加强成本管理，不仅要求按照产品品种归集生产费用、计算成本，而且要求按照产品经过的生产步骤归集生产费用，计算各步骤产品成本，提供反映各种产品及其各步骤成本的核算资料。

这种方法的主要特点如下。

1. 成本计算对象

分步法的成本计算对象就是各种产品的生产步骤。因此，应该按照产品的生产步骤设立产品成本明细账。如果只生产一种产品，成本计算对象就是该种产成品及其所经过的各生产步骤，产品成本明细账应按照产品的生产步骤开立；如果生产多种产品，成本计算对象则是各种产成品及其所经过的各生产步骤，产品成本明细账应该按照每种产品的各个生产步骤开立。在进行成本计算时，对发生的生产费用应先按生产步骤进行分配、归集，步骤内再按产品进行分配、归集（直接计入费用直接计入，间接计入费用分配计入），记入各步骤各种产品成本明细账的有关成本项目。

2. 成本计算期

在大量、大批的多步骤生产中，产品成本计算一般都是定期地在每月末进行；成本计算期与产品生产周期不一致，而与核算报告期一致。

3. 生产费用在完工产品和在产品之间的分配

在大量、大批的多步骤生产中，由于生产过程较多，可以间断，而且往往都是跨月陆续完工，因而在月末计算产品成本时，各生产步骤一般都存在未完工的在产品。这样，为了计算完工产品成本，还需要根据企业的具体情况，采用适当的分配方法，将汇集在产品成本明细账中的生产费用，按成本项目在完工产品和在产品之间进行分配。

4. 各步骤之间成本的结转

由于产品生产是分步骤进行的，上一步骤生产的半成品是下一步骤的加工对象。因此，为了计算各种产品的产成品成本，还需要按照产品品种，结转各步骤成本。也就是说，与其他成本计算方法不同，在采用分步法计算产品成本时，在各步骤之间还有成本结转问题。这是分步法的一个重要特点。

由于各个企业生产工艺过程的特点和成本管理对各步骤提供的成本资料要求（要不要计算半成品成本）不同，各生产步骤成本的计算和步骤间成本的结转采用两种不同的方法：逐步结转和平行结转。因而，产品成本计算的分步法就相应地分为逐步结转（计算半成品成本）分步法和平行结转（不计算半成品成本）分步法两种。

6.3.2 逐步结转分步法

逐步结转分步法是按照产品的生产步骤逐步计算并结转半成品成本，最后算出产成品成本的一种分步法。因此，这种方法亦称计列半成品成本的分步法。在采用分步法计算成本的大量大批、多步骤生产中，由于下列原因，成本管理需要提供各个生产步骤的半成品成本资料：

（1）各生产步骤所生产的半成品不仅供本企业进一步加工，而且还经常作为商品出售。为了计算外售半成品的盈亏和全面考核、分析产品成本计划的执行情况，就需要计算这些半成品的成本。例如，钢铁企业其最终的产成品是各种钢材，但生铁、钢锭也经常作为商品出售，所以不仅要计算各种钢材的成本，还需要计算生铁、钢锭的成本。纺织企业也是如此，不仅需要计算成品布的成本，还需要计算棉纱等的成本。

（2）有的半成品虽然不一定对外销售，但要进行同行业成本的评比，因而也要计算这种半成品的成本。例如，作为化肥工业成本评比重要指标之一的半成品合成氨的成本就是如此。

（3）有些半成品为本企业几种产品所耗用，为了分别计算各种产品的成本也要计算半成品的成本。例如，造纸企业的纸浆就是如此。

（4）在实行厂内经济核算或责任会计的企业中，为了全面考核和分析各生产步骤等内部单位的生产耗费和资金占用水平，需要随半成品实物在各个生产步骤之间的转移，逐步计算并结转半成品成本。

综上所述，逐步结转分步法是在大量大批、多步骤生产的企业中为了计算半成品成本而采用的一种分步法。

在逐步结转分步法下，各步骤所耗用的上一步骤半成品的成本，要随着半成品实物的转移，从上一步骤的产品成本明细账转入下一步骤相同产品的产品成本明细账中，以便逐步计算各步骤的半成品成本和最后步骤的产成品成本。这一计算程序如图 6—2 所示。

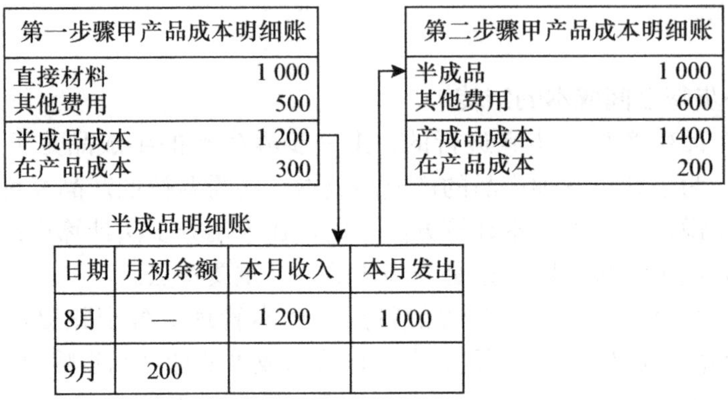

图 6—2 逐步结转分步法计算程序图

在图 6—2 中，第一步骤完工半成品在验收入库时，应根据完工转出的半成品成本编制借记“自制半成品”科目，贷记“基本生产成本”科目的会计分录；第二步骤领用时，再编制相反的会计分录。如果半成品完工后不通过半成品库收发，而直接转入下一步骤，半成品成本应在各步骤的产品成本明细账之间直接结转，不编制上述分录。

从图 6—2 的计算程序中可以看出，采用这种分步法，每月月末，各项生产费用（包括所耗上一步骤半成品成本）在各步骤产品成本明细账中归集以后，如果该步骤既有完工的半成品（最后步骤为产成品），又有正在加工中的在产品，为了计算完工的半成品（最后步骤为产成品）和正在加工中的在产品成本，还应将各步骤产品成本明细账中归集的生产费用，采用适当的分配方法，在完工半成品（最后步骤为产成品）与正在加工中的在产品之间进行分配，然后通过半成品的逐步结转，在最后一个步骤的产品成本明细账中，计算出完工产成品成本。

上述计算程序表明，每一个步骤都是一个品种法，逐步结转分步法实际上是品种法的多次连续应用。

采用逐步结转分步法，按照结转的半成品成本在下一步骤产品成本明细账中的反映方式，又可以分为综合结转和分项结转两种方法。

1. 综合结转法

综合结转法的特点是：将各步骤所耗用上一步骤的半成品，按半成品的综合成本，反映在各该步骤产品成本明细账的“半成品”（或“原材料”）项目中。

综合结转，既可以按照半成品的实际成本结转，也可以按照半成品的计划成本（或定额成本）结转。

（1）半成品按实际成本综合结转。采用这种结转方法，各步骤所耗上一步骤的半成品费用，应根据所耗半成品的实际数量乘以半成品的实际单位成本计算。由于各月所产半成品的实际单位成本不同，所耗半成品实际单位成本的计算可根据企业的实际情况，选择适当的存货计价方法（如先进先出法、全月一次加权平均法等）对半成品进行计价结转。

为了提高各步骤成本计算的及时性，在半成品月初余额较大、本月所耗半成品全部或者大部分是以前月份所生产的情况下，本月所耗半成品费用也可按上月末半成品的加权平均单位成本计算。

【例 6—4】　假定甲产品生产过程为两个步骤，分别由两个车间进行。第一车间生产半成品，完工后交半成品库验收；第二车间按所需数量从半成品库领用，所耗半成品费用按全月一次加权平均单位成本计算。两个车间的月末在产品均按定额成本计价。成本计算程序如下：

1）1 月份根据各种生产费用分配表、半成品交库单和第一车间在产品定额成本资料，登记第一车间甲产品成本明细账，详见表 6—34。

表 6—34　　**产品成本明细账**

第一车间：甲半成品　　单位：元

摘要	产量（件）	直接材料	直接人工	制造费用	合计
月初在产品成本（定额成本）		36 000	16 000	20 000	72 000
本月费用		270 600	178 500	223 500	672 600
累计		306 600	194 500	243 500	744 600
完工转出半成品成本	1 300	269 700	177 900	222 750	670 350
月末在产品成本（定额成本）		36 900	16 600	20 750	74 250

在上述产品成本明细账中，由于在产品按定额成本计价，因而完工转出的半成品成本应根据生产费用的累计数减去按定额成本计算的月末在产品成本计算。

根据第一车间半成品交库单（单中按所列交库数量和上述甲产品成本明细账中完工转出半成品成本计价）编制下列会计分录：

借：自制半成品——甲半成品　　670 350

　贷：基本生产成本——第一车间——甲半成品　　670 350

2）根据计价后的半成品交库单和第二车间领用半成品的领用单，登记自制半成品明细账，详见表 6—35。

表 6—35　　**自制半成品明细账**

甲半成品　　单位：元

月份	月初余额		本月增加		合计			本月减少	
	数量（件）	实际成本	数量（件）	实际成本	数量（件）	实际成本	单位成本	数量（件）	实际成本
1	670	334 350	1 300	670 350	1 970	1 004 700	510	1 270	647 700
2	700	357 000							

$$加权平均单位成本=\frac{334\ 350+670\ 350}{670+1\ 300}=510(元)$$

本月减少自制半成品实际成本=1 270×510=647 700(元)

根据第二车间半成品领用单（单中按所列领用数量和自制半成品明细账中加权平均单位成本计价）编制下列会计分录：

借：基本生产成本——第二车间——甲产成品 647 700

　贷：自制半成品——甲半产品 647 700

3）根据各种费用分配表、半成品领用单、产成品交库单，以及第二车间在产品定额成本资料，登记第二车间甲产成品成本明细账，详见表6—36。

表6—36 **产品成本明细账**

第二车间：甲产成品 单位：元

摘要	产量（件）	半成品	直接人工	制造费用	成本合计
月初在产品成本（定额成本）		102 500	22 960	28 700	154 160
本月费用		647 700	144 500	180 300	972 500
累计		750 200	16 460	209 000	1 126 660
完工转出产成品成本	1 275	650 200	143 460	179 000	972 660
完工产成品单位成本		509.96	112.52	140.39	762.87
月末在产品成本		100 000	24 000	30 000	154 000

明细账中增设了“半成品”成本项目，其中，本月半成品费用就是第二车间本月耗用第一车间半成品费用，是根据计价后的半成品领用单登记的，反映出半成品成本综合结转的特点。

根据第二车间的产成品交库单所列产成品交库数量和上列第二车间产品成本明细账中完工转出产成品成本，编制下列会计分录：

借：库存商品——甲产成品 972 660

　贷：基本生产成本——第二车间——甲产成品 972 660

（2）半成品按计划成本综合结转。采用这种结转方法，半成品日常收发的明细核算均按计划成本计价；在半成品实际成本计算出来后，再以实际成本与计划成本对比，计算半成品成本差异额和差异率，调整领用半成品的计划成本。半成品收发的总分类核算则按实际成本计价。

半成品按计划成本综合结转所用账表的特点如下：

1）自制半成品明细账不仅要反映半成品收、发和结存的数量和实际成本，而且要反映其计划成本，以及成本差异额和成本差异率。

2）在第二车间的产品成本明细账中，对于所耗上一步骤半成品的成本，既可以直接按照调整成本差异后的实际成本登记，也可以按照计划成本、成本差异和实际成本分别登记，以便于分析上一步骤半成品成本差异对本步骤产品成本的影响。

以例6—4企业资料列示采用按计划成本综合结转半成品成本的方法。第一车间产品成本明细账与例6—4相同。自制半成品明细账和第二车间产品成本明细账的格式，详见表6—37和表6—38。

表 6—37　　**自制半成品明细账**

单位：元

甲半成品　　计划单位成本：500 元

项目			1月	2月
月初余额	数量（件）	(1)	670	700
	计划成本	(2)	335 000	350 000
	实际成本	(3)	334 350	357 000
本月增加	数量（件）	(4)	1 300	
	计划成本	(5)	650 000	
	实际成本	(6)	670 350	
合计	数量（件）	(7)=(1)+(4)	1 970	
	计划成本	(8)=(2)+(5)	985 000	
	实际成本	(9)=(3)+(6)	1 004 700	
	成本差异	10=(9)−(8)	19 700	
	成本差异率	11=(10)÷(8)×100%	2%	
本月减少	数量（件）	(12)	1 270	
	计划成本	(13)	635 000	
	实际成本	(14)=(13)+(13)×(11)	647 700	

表 6—37 中指标计算：

$$\text{半成品成本差异率}=\frac{\text{月初结存半成品成本差异}+\text{本月收入半成品成本差异}}{\text{月初结存半成品计划成本}+\text{本月收入半成品计划成本}}\times 100\%$$

$$=\frac{(-650)+20\ 350}{335\ 000+650\ 000}\times 100\%=2\%$$

$$\text{发出半成品成本差异}=\text{发出半成品计划成本}\times\text{半成品成本差异率}$$
$$=635\ 000\times 2\%=12\ 700(\text{元})$$

$$\text{发出半成品实际成本}=\text{发出半成品计划成本}+\text{发出半成品成本差异}$$
$$=635\ 000+12\ 700=647\ 700(\text{元})$$

表 6—38　　**产品成本明细账**

第二车间：甲产成品　　单位：元

摘要	产量(件)	半成品			直接人工	制造费用	成本合计
		计划成本	成本差异	实际成本			
月初在产品（定额成本）		102 500	—	102 500	22 960	28 700	154 160
本月费用		635 000	12 700	647 700	144 500	180 300	972 500
累计		737 500	12 700	750 200	167 460	209 000	1 126 660
完工转出产成品成本	1 275	637 500	12 700	650 200	143 460	179 000	972 660
产成品单位成本		500	9.96	509.96	112.52	140.39	726.87
月末在产品（定额成本）		100 000	—	100 000	24 000	30 000	154 000

与按实际成本综合结转半成品成本方法相比，按计划成本综合结转半成品成本方法的优点是：

第一，可以简化和加速半成品核算和产品成本计算工作。按计划成本结转半成品成本，可以简化和加速半成品收发的凭证计价和记账工作；半成品成本差异率如果不是按半成品品种，而是按类计算，更可以省去大量的计算工作；如果月初半成品存量较大，本月耗用的半成品大部分甚至全部是以前月份生产的，本月所耗半成品成本差异调整也可以根据上月半成品成本差异率计算。这样，不仅简化了计算工作，各步骤的成本计算也可以同时进行，从而加速产品成本的计算工作。

第二，便于各步骤进行成本的考核和分析。按计划成本结转半成品成本，在各步骤的产品成本明细账中，可以分别反映所耗半成品的计划成本、成本差异和实际成本，因而在分析各步骤产品成本时，可以剔除上一步骤半成品成本变动对本步骤产品成本的影响，有利于分清经济责任，考核各步骤的经济效益。

（3）综合结转的成本还原。从前面举例的第二车间产品成本明细账中可以看出，采用综合结转法结转半成品成本的结果，表现在产成品成本中的绝大部分费用是第二车间所耗的第一车间生产的半成品费用，而直接人工费用和制造费用是第二车间发生的费用，在产品成本中所占比重很小。显然，这不是产品成本构成（即各项费用之间的比例关系）的实际情况，因而不能据以从整个企业角度考核和分析产品成本的构成和水平。因此，在管理上要求从整个企业角度考核和分析产品成本的构成和水平时，即从整个企业角度考核和分析生产产品所耗的原材料费用、直接人工费用和制造费用各是多少时，还应将综合结转的半成品成本进行还原。所谓成本还原，就是从最后一个步骤起，把所耗上一步骤半成品的综合成本分解还原成直接材料、直接人工、制造费用等原始成本项目，从而求得按原始成本项目反映的产成品成本资料。

仍以上述资料为例，第二车间完工转出的产成品成本中，所耗上一车间半成品的费用为 650 200 元，按照第一车间本月所产该种半成品 670 350 元的成本构成（即各项费用的比重）进行还原，求出按原始成本项目反映的甲产成品成本。根据上述两个车间产品明细账的有关资料，编制产成品成本还原计算表，详见表 6—39。

表 6—39 **产成品成本还原计算表**

产品名称：甲 单位：元

项目	还原分配率	半成品	直接材料	直接人工	制造费用	成本合计
还原前产成品成本		650 200		143 460	179 000	972 660
本月所产半成品成本			269 700	177 900	222 750	670 350
成本还原	0.969 941	−650 200	261 593.11	172 552.52	216 054.37	0
还原后产成品成本			261 593.11	316 012.52	395 054.37	972 660
还原后产成品单位成本			205.17	247.85	309.85	762.87

说明：还原分配率＝650 200÷670 350＝0.969 941

表 6—39 中“还原前产成品成本”根据第二车间甲产品成本明细账中完工转出产成品成本填列，其中“半成品”成本项目 650 200 元是还原的对象；“本月所产半

成品成本”根据第一车间甲产品成本明细账中完工转出半成品成本填列，其中各成本项目之间的比例是还原的依据。

进行成本还原的步骤：

1）计算还原分配率。还原分配率即每一元本月所产半成品成本相当于产成品所耗半成品费用若干元，计算公式为：

$$还原分配率=\frac{本月产成品所耗上一步骤半成品综合成本}{本月所产该种半成品成本合计}$$

$$=\frac{650\,200}{670\,350}=0.969\,941$$

2）以还原分配率分别乘以本月所产该种半成品各个成本项目，即可将本月产成品所耗半成品的综合成本，按照本月所产该种半成品的成本构成进行分解、还原，求得按原始成本项目反映的还原对象成本。还原后三个项目费用（原材料、直接人工和制造费用）之和等于还原对象成本，应与产成品所耗半成品费用 650 200 元相抵消。

3）将表 6—39 中第一行的“直接人工”“制造费用”与第三行半成品综合成本还原值中的“直接材料”“直接人工”和“制造费用”按项目分别相加，即为第四行按原始成本项目反映的还原后的产成品总成本。产成品总成本除以产量即为第五行还原后产成品单位成本。

采用上述还原方法，由于产成品成本中所耗半成品成本还原后的各项费用是以本月所产该种半成品的各项费用分别乘以相同的倍数（还原分配率）计算求得的，因而两者的各项费用之间的比例关系不变，也就是说，是将第二车间产成品中的半成品费用按本月第一车间生产的该种半成品成本构成进行了还原。但是，实际工作中，以前月份所产的半成品成本构成与本月所产半成品的成本构成不可能完全一致，因此，在各月所产半成品的成本构成变动较大的情况下，按照上述方法进行成本还原，对还原结果的正确性就会有较大影响。如果半成品的定额成本或计划成本比较准确，为了提高还原结果的正确性，产成品所耗半成品费用可以按定额成本或计划成本的成本构成进行还原。

如果甲产品生产步骤不是两步，而是三步，按照上述方法应先从第三步骤起，将其所耗第二步骤生产的半成品综合成本进行分解、还原，但还原后的“半成品”项目还有未还原尽的综合费用，即第二步骤产品消耗的第一步骤半成品的成本，因而还应再进行一次还原，直到将“半成品”项目的综合费用全部分解、还原为原始成本项目时为止。

此外，按照上述成本还原方法的原理，还可以按上一步骤本月所产半成品的成本项目占其全部成本的比重，将本月本步骤完工产成品成本中所耗上一步骤半成品的综合成本还原为原始的成本项目。其基本算式如下：

$$\begin{matrix}上一步骤完工半成品\\各成本项目的比重\end{matrix}=\frac{上一步骤本月完工半成品各项目成本}{上一步骤本月完工半成品全部成本}$$

$$\text{耗用上一步骤半成品综合成本还原为各成本项目的成本额}=\text{耗用上一步骤的半成品综合成本}\times\text{上一步骤完工半成品各成本项目的比重}$$

以前面所述资料为例，其还原计算详见表 6—40。

表 6—40 **产成品成本还原计算表** 单位：元

项目		半成品	直接材料	直接人工	制造费用	成本合计
还原前产成品成本		650 200		143 460	179 000	9 726 600
本月所产该种半成品成本			269 700	177 900	222 750	670 350
成本还原	各成本项目占全部成本比重（%）		40.232 714	26.538 376	33.228 910	100
	还原额	−650 200	261 593.11	172 552.52	216 054.37	0
还原后产成品成本			261 593.11	316 012.52	395 054.37	972 660

由于还原方法的原理相同，因而计算结果一样。

将表 6—39、表 6—40 的“还原前产成品成本”与“还原后产成品成本”对比分析，成本合计相同，但成本构成不一样。据此可以进一步理解成本还原的必要性。

综上所述可以看出，采用综合结转法逐步结转半成品成本，从第二步骤产品成本明细账中可以了解完工转出的产成品成本中有多少是耗用上一步骤半成品费用，有多少是本步骤的加工费用，从而有利于车间的成本管理。但如果管理上要求提供按原始成本项目反映的产成品成本资料，特别是在产品种类多、产品加工步骤多的情况下，成本还原工作繁重。因此，这种方法只宜在管理上要求计算各步骤完工产品所耗半成品费用，而不要求进行成本还原的情况下采用。

2. 分项结转法

分项结转法的特点是将各步骤所耗用的上一步骤半成品成本，按照成本项目分项转入各该步骤产品成本明细账的各个成本项目中。如果半成品通过半成品库收发，在自制半成品明细账中登记半成品成本时，也要按照成本项目分别登记。

分项结转，可以按照半成品的实际成本结转，也可以按照半成品的计划成本结转，然后按成本项目分项调整成本差异。由于后一种做法计算工作量较大，因而一般多采用按实际成本分项结转的方法。

【例 6—5】 仍用前例甲产品成本资料，说明采用分项结转法的成本计算程序。

（1）第一车间甲产品成本明细账，详见表 6—41（引自表 6—34）。

表 6—41 **产品成本明细账**

第一车间：半成品 单位：元

摘要	产量（件）	直接材料	直接人工	制造费用	合计
月初在产品成本（定额成本）		36 000	16 000	20 000	72 000
本月费用		270 600	178 500	223 500	672 600
累计		306 600	194 500	243 500	744 600
完工转出半成品成本	1 300	269 700	177 900	222 750	670 350
月末在产品成本（定额成本）		36 900	16 600	20 750	74 250

(2) 根据第一车间甲半成品明细账、第一车间半成品交库单和第二车间半成品领用单，登记自制半成品明细账，详见表 6—42。

表 6—42　　自制半成品明细账

甲半成品　　单位：元

月份	摘要	数量（件）	实际成本			
			直接材料	直接人工	制造费用	成本合计
1	月初余额	670	133 740	93 618	106 992	334 350
	本月增加	1 300	269 700	17 7900	222 750	670 350
	累计	1 970	403 440	271 518	329 742	1 004 700
	单位成本		204.79	137.83	167.38	510
	本月减少	1 270	260 083.3	175 044.1	212 572.6	647 700
2	月初余额	700	143 353	96 481	117 166	357 000

(3) 根据各种生产费用分配表、第二车间半成品领用单、自制半成品明细账、第二车间产成品交库单和第二车间在产品定额成本等资料，登记第二车间甲产品成本明细账，详见表 6—43。

表 6—43　　产品成本明细账

第二车间：甲产成品　　单位：元

摘要	产量（件）	直接材料	直接人工	制造费用	成本合计
月初在产品（定额成本）		41 000	51 660	61 500	154 160
本月本步骤费用			144 500	180 300	324 800
本月耗用半成品成本		260 083.3	175 044.1	212 572.6	647 700
累计		301 083.3	371 204.1	454 372.6	1 126 660
完工转出产成品成本	1 275	261 083.3	319 204.1	392 372.6	972 660
产成品单位成本		204.77	250.36	307.74	762.87
月末在产品成本（定额成本）		40 000	52 000	62 000	154 000

需要指出的是，表 6—43 由计算求得的按成本项目反映的甲产成品的成本资料，与表 6—39 产成品成本还原计算表中的还原后甲产成品成本总额（总成本和单位成本）完全相符，但是两者的成本构成并不相同。这是因为成本还原计算表中的产成品所耗半成品综合成本，是依据本月所生产该种半成品的成本结构进行还原的，而没有考虑以前月份生产的半成品，其成本构成可能不同。上述第二车间产品成本明细账中的产成品所耗半成品的各项费用，则可能包括以前月份所产半成品，不同的成本构成必然会影响两表中的计算。

综上所述，采用分项结转法逐步结转半成品成本，可以直接提供按原始成本项目反映的产成品成本资料，不需要进行成本还原。但是成本结转工作比较复杂，而且在各步骤完工产品成本中看不出所耗上一步骤半成品的费用和本步骤加工费用的水平，不便于进行完工产品成本分析。因此，这种结转方法一般适用于管理上不要求分别提供各步骤完工产品所耗半成品费用和本步骤加工费用资料，但要求按原始成本项目反映产品成本的企业。

总结以上所述，逐步结转分步法的优缺点可以概括如下：

第一，逐步结转分步法的成本计算对象是企业产成品及其各步骤的半成品，这就为分析和考核企业产品成本计划和各生产步骤半成品成本计划的执行情况、正确计算半成品销售成本提供了资料。

第二，不论是综合结转还是分项结转，半成品成本都是随着半成品实物的转移而结转，各生产步骤产品成本明细账中的生产费用余额反映了留存在各个生产步骤的在产品成本，因而还能为在产品的实物管理和生产资金管理提供资料。

第三，采用综合结转法结转半成品成本时，由于各生产步骤产品成本中包括所耗上一生产步骤半成品成本，从而能全面反映各步骤完工产品中所耗上一步骤半成品费用水平和本步骤加工费用水平，有利于各步骤的成本管理。采用分项结转法结转半成品成本时，可以直接提供按原始成本项目反映的产品成本，满足企业分析和考核产品构成和水平的需要。

第四，这一方法的核算工作比较复杂，核算工作的及时性也较差：如果采用综合结转法，需要进行成本还原；如果采用分项结转法，结转的核算工作量大；如果半成品按计划成本结转，还要计算和调整半成品成本差异；如果半成品按实际成本结转，各步骤则不能同时计算成本。因此，应用这一方法时，必须从实际出发，根据管理要求，权衡利弊，做到既满足管理要求，提供所需的各种资料，又能简化核算工作。

6.3.3 平行结转分步法

在采用分步法计算成本的大量、大批、多步骤生产企业中，有的企业（如生产类型的机械制造企业）各生产步骤所产半成品的种类很多，但不需要计算半成品成本。在这种情况下，为了简化和加速成本计算工作，可以不计算各步骤所产半成品成本，也不计算各步骤所耗上一生产步骤的半成品成本，而只计算本步骤发生的各项其他费用以及这些费用中应计入产成品的份额。将相同产品的各步骤成本明细账中的这些份额平行结转、汇总，即可计算出该种产品的产成品成本。这种方法就是平行结转分步法，或称不计列半成品成本分步法。这种方法的成本计算程序如图6—3所示。

从上述成本计算程序图中，可以看出平行结转分步法的特点：

(1) 采用这一方法，各生产步骤不计算半成品成本，只计算本步骤所发生的生产费用。除第一步骤生产费用中包括所耗用的直接材料和各项加工费用外，其他各步骤只计算本步骤发生的各项加工费用。

(2) 采用这一方法，各步骤之间不结转半成品成本。不论半成品实物是在各生产步骤之间直接转移，还是通过半成品库收发，都不进行总分类核算。也就是说，半成品成本不随半成品实物转移而结转。

(3) 为了计算各生产步骤发生的费用中应计入产成品成本的份额，必须将每一

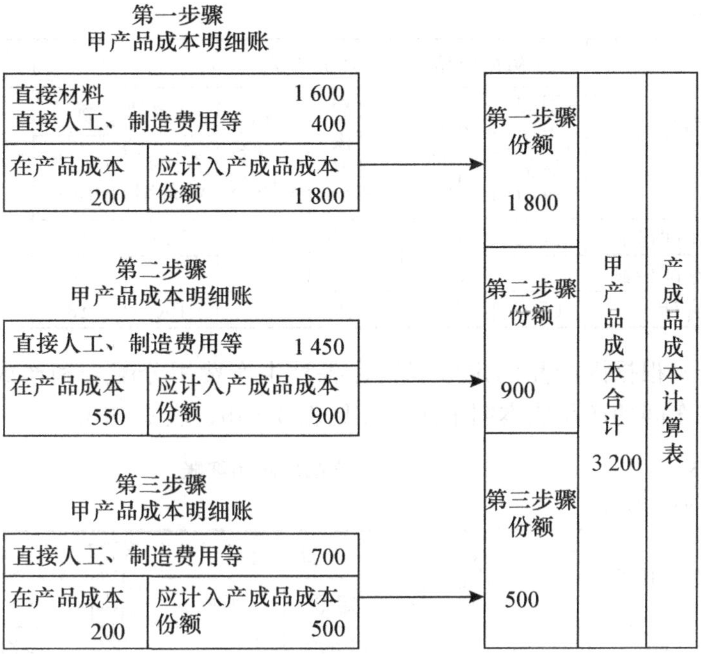

图 6—3　平行结转分步法计算程序图

生产步骤发生的费用划分为耗用于产成品部分和尚未最后制成的在产品部分。这里的在产品包括：1）尚在本步骤加工中的在产品；2）本步骤已完工转入半成品库的半成品；3）已从半成品库转到以后各步骤进一步加工、尚未最后制成的半成品。这是就整个企业而言的广义在产品。

（4）将各步骤费用中应计入产成品的份额，平行结转、汇总计算该种产成品的总成本和单位成本。

如何正确确定各步骤生产费用中应计入产成品成本的份额，即每一生产步骤的生产费用如何正确地在完工产成品和广义在产品之间进行分配，是采用这一方法时能否正确计算产成品成本的关键所在。为此，各企业应根据具体情况，选用第 4 章 4.2 节所述的在完工产品和在产品之间分配费用的某种方法进行这种费用的分配。在实际工作中，通常是采用在产品按定额成本计价法或定额比例法。因为采用这两种方法，作为分配费用标准的定额资料比较容易取得。如产成品的定额消耗量或定额费用，可以根据产成品数量乘以消耗定额或费用定额计算；由于广义在产品的实物分散在各生产步骤和半成品库，具体的盘存、计算工作比较复杂，但其定额消耗量或定额费用可以采用前述的倒轧方法计算，因而也较为简便。

【例 6—6】　某企业生产丙产品，生产费用在完工产品（应计入产成品份额）和在产品之间的分配采用定额比例法，其中，直接材料费用按定额费用比例分配，其他各项费用按定额工时比例分配。其成本核算程序如下：

（1）有关丙产品的定额资料详见表 6—44。

表 6—44 单位：元

车间份额	月初在产品		本月投入		本月产成品				
	定额直接材料费用	定额工时（小时）	定额直接材料费用	定额工时（小时）	单件定额		产量（件）	定额直接材料费用	定额工时（小时）
					直接材料费用	工时（小时）			
第一车间份额	4 500	240	6 000	420	150	10	50	7 500	500
第二车间份额		210		310		8	50		400
合计	4 500	450	6 000	730	150	18	50	7 500	900

（2）根据丙产品的定额资料、各种生产费用分配表和产成品交库单，登记第一、二车间的产品成本明细账，详见表 6—45、表 6—46。

表 6—45 **产品成本明细账**

第一车间：丙产品 单位：元

摘要	产成品产量（件）	直接材料		定额工时（小时）	直接人工	制造费用	成本合计
		定额	实际				
月初在产品		4 500	4 440	240	2 210	3 060	9 710
本月生产费用		6 000	5 850	420	3 070	3 540	12 460
累计		10 500	10 290	660	5 280	6 600	22 170
费用分配率			0.98		8	10	
产成品成本中本步骤份额	50	7 500	7 350	500	4 000	5 000	16 350
月末在产品		3 000	2 940	160	1 280	1 600	5 820

表 6—46 **产品成本明细账**

第二车间：丙产品 单位：元

摘要	产成品产量（件）	直接材料		定额工时（小时）	直接人工	制造费用	成本合计
		定额	实际				
月初在产品				210	1 300	1 450	2 750
本月生产费用				310	3 380	3 334	6 714
累计				520	4 680	4 784	9 464
费用分配率					9	9.2	
产成品成本中本步骤份额	50			400	3 600	3 680	7 280
月末在产品				120	1 080	1 104	2 184

上述第一、二车间产品成本明细账中数字计算和登记方法：

1）直接材料定额费用和定额工时，根据表 6—44 丙产品的定额资料计算登记。月末在产品定额数字是根据月初在产品定额数、本月投入定额和产成品定额数，采用倒挤法计算求得的。计算公式如下：

月末在产品直接材料定额费用（定额工时）＝月初在产品直接材料定额费用（定额工时）＋本月投入的直接材料定额费用（定额工时）－本月完工产品直接材料定额费用（定额工时）

以第一车间为例：

月末在产品直接材料定额＝4 500＋6 000－7 500＝3 000(元)

月末在产品定额工时＝240＋420－500＝160(小时)

2）本月生产费用，即本步骤本月为生产丙产品发生的各项生产费用，应根据各种费用分配表登记。由于原材料是在生产开始时一次投入，采用平行结转分步法在各生产步骤之间不结转半成品成本，因而，只有第一车间有原材料费用（定额和实际），第二车间则没有本月耗用的半成品费用。

3）费用分配率的计算。采用定额比例法在完工产品（应计入产成品成本的份额）和在产品（广义在产品）之间分配费用，应首先计算费用分配率，其中原材料费用按定额原材料费用比例分配；其他费用按定额工时比例分配。以第一车间为例，各项费用分配率及产成品成本中本步骤份额的计算如下：

$$直接材料费用分配率=\frac{10\,290}{10\,500}=0.98$$

产成品成本中第一车间直接材料费用份额＝7 500×0.98＝7 350(元)

月末在产品直接材料费用＝3 000×0.98＝2 940(元)

或　　＝10 290－7 350＝2 940(元)

$$直接人工费用分配率=\frac{5\,280}{660}=8$$

产成品成本中第一车间直接人工费用份额＝500×8＝4 000(元)

月末在产品直接人工费用＝160×8＝1 280(元)

或　　＝5 280－4 000＝1 280(元)

制造费用的分配率和应计入产成品中本步骤份额等的计算可类推，此处从略。

(3) 将第一、二车间产品成本明细账中应计入产成品成本的份额，平行结转，汇总记入丙产品成本汇总表，详见表 6—47。

表 6—47　　**丙产品成本汇总表**

20×3 年×月　　单位：元

车间份额	产量（件）	直接材料	直接人工	制造费用	成本合计
第一车间份额	50	7 350	4 000	5 000	16 350
第二车间份额	50		3 600	3 680	7 280
合计	50	7 350	7 600	8 680	23 630
单位成本		147	152	173.6	472.6

在平行结转分步法下，将生产费用在最终完工产品与广义在产品之间的分配是最为关键的问题。在以上例题中，生产费用在最终完工产品与广义在产品之间的分配采用的是定额比例法，在实际工作中也常常采用约当产量比例法。下面举例说明在平行结转分步法下，采用约当产量比例法将生产费用在最终完工产品与广义在产品之间分配的计算过程。

【例 6—7】 A 产品的生产分两个步骤进行，第一生产步骤将原材料加工成为半成品，第二生产步骤将第一生产步骤生产的半成品加工成为产成品。其成本计算采用平行结转分步法。6 月份有关 A 产品的资料如下：

(1) A 产品实物量及在产品完工程度资料如表 6—48 所示。

表 6—48 A 产品实物量及在产品完工程度资料 单位：件

项目	第一步骤	第二步骤
月初在产品结存	150	250
本月投入或转入	1 000	1 050
本月完工并转出	1 050	1 000
月末在产品结存	100	300
完工程度	40%	50%

(2) 第一步骤生产所需要的原材料及第二步骤生产所需要的半成品均在每个步骤生产开始时一次投入；两个生产步骤的直接人工费用和制造费用随加工进度发生。上述各项费用在完工产品（应计入产成品份额）和月末在产品（广义在产品）之间的分配均采用约当产量比例法。

(3) 各步骤月初在产品成本和本月生产费用分别见表 6—49 和表 6—50。

表 6—49 月初在产品成本摘录表

产品名称：A 单位：元

项目	直接材料	直接人工	制造费用	合计
第一步骤	204 000	126 750	133 250	464 000
第二步骤		58 500	61 500	120 000

表 6—50 本月生产费用摘录表

产品名称：A 单位：元

项目	直接材料	直接人工	制造费用	合计
第一步骤	496 000	382 450	402 750	1 281 200
第二步骤		384 250	392 750	777 000

根据以上资料，生产费用在完工产品与广义在产品之间的分配计算过程如下：

第一步骤产成品与广义在产品分配费用。

1) 直接材料费用分配。

$$分配率=\frac{204\ 000+496\ 000}{1\ 000+(100+300)}=500$$

应计入产成品的份额 $=1\ 000\times500=500\ 000$(元)

月末在产品成本 $=400\times500=200\ 000$(元)

2) 直接人工费用分配。

$$分配率=\frac{126\ 750+382\ 450}{1\ 000+(100\times40\%+300)}=380$$

应计入产成品的份额=1 000×380=380 000(元)

月末在产品成本=340×380=129 200(元)

3）制造费用分配。

$$分配率=\frac{133\ 250+402\ 750}{1\ 000+(100\times 40\%+300)}=400$$

应计入产成品的份额=1 000×400=400 000(元)

月末在产品成本=340×400=136 000(元)

第二步骤产成品与广义在产品分配费用。

1）直接人工费用分配。

$$分配率=\frac{58\ 500+384\ 250}{1\ 000+300\times 50\%}=385$$

应计入产成品的份额=1 000×385=385 000(元)

月末在产品成本=150×385=57 750(元)

2）制造费用分配。

$$分配率=\frac{61\ 500+392\ 750}{1\ 000+300\times 50\%}=395$$

应计入产成品的份额=1 000×395=395 000(元)

月末在产品成本=150×395=59 250(元)

根据以上资料和分配计算结果登记各步骤产品成本明细账，如表 6—51、表 6—52 所示。

表 6—51　**产品成本明细账**

第一生产步骤　单位：元

项目	直接材料	直接人工	制造费用	合计
月初在产品成本	204 000	126 750	133 250	464 000
本月生产费用	496 000	382 450	402 750	1 281 200
合计	700 000	509 200	536 000	1 745 200
应计入产成品成本份额	500 000	380 000	400 000	1 280 000
月末在产品成本	200 000	129 200	136 000	465 200

表 6—52　**产品成本明细账**

第二生产步骤　单位：元

项目	直接人工	制造费用	合计
月初在产品成本	58 500	61 500	120 000
本月生产费用	384 250	392 750	777 000
合计	442 750	454 250	897 000
应计入产成品成本份额	385 000	395 000	780 000
月末在产品成本	57 750	59 250	117 000

根据第一步骤和第二步骤的产品成本明细账平行汇总，计算登记A产成品成本汇总表（见表6—53）。

表6—53　　产成品成本汇总表

产品名称：A　　产量：1 000件

项目	直接材料	直接人工	制造费用	合计
第一步骤成本份额	500 000	380 000	400 000	1 280 000
第二步骤成本份额	—	385 000	395 000	780 000
产成品总成本	500 000	765 000	795 000	2 060 000
单位成本	500	765	795	2 060

总结以上，平行结转分步法与逐步结转分步法相比，具有以下优点：

（1）采用这一方法，各步骤可以同时计算产品成本，然后将应计入完工产品成本的份额平行结转汇总计入产成品成本，不必逐步结转半成品成本，从而可以简化和加速成本计算工作。

（2）采用这一方法，一般是按成本项目平行结转汇总各步骤成本中应计入产成品成本的份额，因而能够直接提供按原始成本项目反映的产成品成本资料。

但是，由于采用这一方法各步骤不计算也不结转半成品成本，因而存在以下缺点：

（1）不能提供各步骤半成品成本资料及各步骤所耗上一步骤半成品费用资料，因而不能全面地反映各步骤生产耗费的水平，不利于各步骤的成本管理。

（2）由于各步骤间不结转半成品成本，使半成品实物转移与费用结转脱节，因而不能为各步骤在产品的实物管理和资金管理提供资料。

从以上对比分析中可以看出，平行结转分步法的优缺点正好与逐步结转分步法的优缺点相反。因此，平行结转分步法只宜在半成品种类较多、逐步结转半成品成本工作量较大、管理上又不要求提供各步骤半成品成本资料的情况下采用，并在采用时加强各步骤在产品收发结存的数量核算，以便为在产品的实物管理和资金管理提供资料，弥补这一方法的不足。

□ 练习题

一、单项选择题

1. 如果在一张订单中规定了几种产品，产品批别应按（　　）划分。

A. 订单　　B. 产品品种

C. 订单或产品品种　　D. 各种产品产量

2. 产品成本计算的品种法主要适用于（　　）。

A. 小批、单件多步骤生产　　B. 小批、单件单步骤生产

C. 大量、大批多步骤生产　　D. 大量、大批单步骤生产

3. 采用简化的分批法，在产品完工之前，各批产品成本明细账（　　）。

A. 不登记任何费用

B. 只登记材料费用

C. 登记间接计入费用，不登记直接计入费用

D. 登记直接计入费用，不登记间接计入费用

4. 采用简化的分批法，各批产品、完工产品与在产品之间分配间接计入费用都是利用（　　）。

A. 累计原材料费用分配率　　B. 累计生产工时

C. 累计间接计入费用分配率　　D. 间接计入费用分配率

5. 采用逐步结转分步法，在完工产品与在产品之间分配费用，是指在（　　）之间的费用分配。

A. 产成品与狭义的在产品

B. 完工半成品与月末在产品

C. 前面步骤的完工半成品与加工中的在产品

D. 最后步骤的产成品与加工中的在产品

6. 在下列方法中，属于不计算半成品成本的分步法是（　　）。

A. 逐步结转分步法　　B. 综合结转法

C. 分项结转法　　D. 平行结转分步法

7. 品种法在完工产品和期末在产品之间分配生产费用的特点是（　　）。

A. 没有在产品，不需要分配

B. 通常有在产品，需要分配

C. 管理上不要求分步计算成本的多步骤生产通常有在产品，需要分配

D. 大量、大批、单步骤生产都有在产品，需要分配

二、核算与计算题

习题一

[目的]　练习分批法的应用。

[资料]　某工业企业生产 A，B 两种产品，采用分批法计算产品成本。2003 年 3 月份和 4 月份的生产情况和生产费用资料如下：

(1) 3 月份生产的产品批号有：

301 号 A 产品 24 台，本月投产，完工 16 台。

302 号 B 产品 20 台，本月投产，计划下月完工，月末提前完工 4 台。

(2) 3 月份成本资料如表 6—54 所示。

表 6—54　　单位：元

批号	直接材料	直接人工	制造费用
301	13 440	9 408	5 184
302	18 400	16 200	10 400

301号A产品完工数量较多，生产费用在完工产品与月末在产品之间采用约当产量比例法分配。在产品的完工程度为40%。原材料在生产开始时一次投入。

302号B产品完工数量较少，按计划成本结转，每台计划成本为：直接材料900元，直接人工820元，制造费用1 060元，合计2 780元。

（3）4月份生产产品的批号有：

301号A产品8台，本月全部完工。

302号B产品16台，本月全部完工。

（4）4月份的成本资料如表6—55所示。

表6—55 单位：元

批号	直接材料	直接人工	制造费用
301		2 400	1 120
302		600	440

［要求］

（1）登记产品成本明细账（见表6—56和表6—57）。

表6—56 **产品成本明细账**

产品批号：301 开工日期：3月份 完工日期：3月份16台

产品名称：A产品 批量：24台 完工日期：4月份8台

单位：元

月	日	摘要	直接材料	直接人工	制造费用	合计
3		本月生产费用				
		完工产品成本				
		完工产品单位成本				
		月末在产品成本				
4		本月生产费用				
		完工产品成本				
		完工产品单位成本				

表6—57 **产品成本明细账**

产品批号：302 开工日期：3月份 完工日期：3月份4台

产品名称：B产品 批量：20台 完工日期：4月份16台

单位：元

月	日	摘要	直接材料	直接人工	制造费用	合计
3		本月生产费用				
		完工产品成本				
		月末在产品成本				
4		本月生产费用				
		完工产品成本				
		整批产品实际总成本				
		产品实际单位成本				

（2）编制结转3月份和4月份完工产品的会计分录。

习题二

［目的］ 练习简化的分批法的应用。

［资料］ 某企业采用简化的分批法计算甲产品各批产品成本。3 月份各批产品成本明细账中有关资料如下：

1023 号：1 月份投产 22 件，本月全部完工，累计直接材料费用 79 750 元，累计耗用工时 8 750 小时。

2011 号：2 月份投产 30 件，本月完工 20 件，累计直接材料费用 108 750 元，累计耗用工时 12 152 小时；原材料在生产开始时一次投入，月末在产品完工程度为 80%，采用约当产量比例法分配所耗工时。

3015 号：本月投产 5 件，全部未完工，累计直接材料费用 18 125 元，累计耗用工时 2 028 小时。

基本生产成本二级账归集的累计间接计入费用为：直接人工 36 688 元，制造费用 55 032 元。

［要求］ 根据以上资料，计算累计间接计入费用分配率和甲产品各批完工产品成本。

习题三

［目的］ 练习逐步结转分步法（综合结转和分项结转）。

［资料］ 某企业生产 A 产品需经过第一车间和第二车间连续加工完成。采用逐步结转分步法计算成本。第一车间本月转入第二车间的半成品成本 80 000 元，其中，直接材料费用 50 000 元，直接人工 10 000 元，制造费用 20 000 元。第二车间本月发生直接人工 6 000 元，制造费用 12 500 元。第二车间期初及期末在产品按定额成本计价，有关资料如表 6—58、表 6—59 所示。

表 6—58 产品成本明细账

第二车间 （综合结转） 单位：元

项目	半成品	直接人工	制造费用	合计
期初在产品成本	10 000	800	1 200	12 000
本月生产费用				
合计				
本月完工产品成本				
期末在产品成本	15 000	1 100	1 900	18 000

表 6—59 产品成本明细账

第二车间 （分项结转） 单位：元

项目		直接材料	直接人工	制造费用	合计
期初在产品成本		6 250	2 050	3 700	12 000
本月生产费用	所耗上一步骤半成品成本				
	本步骤生产费用				
合计					
本月完工产品成本					
期末在产品成本		9 375	2 975	5 650	18 000

［要求］ 分别采用综合结转半成品成本法和分项结转半成品成本法计算完工产品各成本项目的成本及总成本。

习题四

［目的］ 练习逐步结转（半成品按实际成本综合结转）分步法的应用。

［资料］ 某企业A产品生产分两个步骤，分别由第一、二生产车间进行。第一车间生产半成品，交半成品库验收，第二车间按所需半成品数量向半成品库领用；第二车间所耗半成品费用按全月一次加权平均单位成本计算。两个车间月末在产品均按定额成本计价。该企业采用按实际成本综合结转的逐步结转分步法计算A产品成本。

第一、二车间月初、月末在产品定额成本资料及本月生产费用资料见表6—60和表6—62产品成本明细账；自制半成品月初余额、本月第一车间完工半成品交库数量及本月第二车间领用自制半成品数量见表6—61自制半成品明细账。

表6—60 产品成本明细账

第一车间：A半成品 单位：元

项目	直接材料	直接人工	制造费用	合计
月初在产品定额成本	6 000	3 800	2 900	12 700
本月生产费用	30 200	21 500	16 500	68 200
生产费用合计				
完工半成品成本				
月末在产品定额成本	6 300	2 800	1 800	10 900

表6—61 自制半成品明细账

半成品名称：半成品A 单位：件

月份	月初余额		本月增加		合计			本月减少	
	数量	实际成本	数量	实际成本	数量	实际成本	单位成本	数量	实际成本
4	500	11 000	2 500					2 600	
5			—	—	—	—	—	—	—

表6—62 产品成本明细账

第二车间：A产成品 单位：元

项目	半成品	直接人工	制造费用	合计
月初在产品定额成本	27 600	2 450	2 600	32 650
本月生产费用		19 600	15 400	
生产费用合计				
完工半成品成本				
月末在产品定额成本	13 800	5 250	4 000	23 050

［要求］

（1）计算填列产品成本明细账和自制半成品明细账。

(2) 计算填列产成品成本还原计算表(见表 6—63,列出还原分配率的计算过程)。

表 6—63　　产成品成本还原计算表

项目	还原分配率	半成品	直接材料	直接人工	制造费用	成本合计
还原前产成品成本	—		—			
本月所产半成品成本	—	—				
成本还原						
还原后产成品成本	—	—				

(3) 对比还原前后的产成品成本资料,简要说明还原的必要性。

三、案例题

[资料]　中兴公司生产和销售甲、乙两种产品。两种产品的生产都属于大量、大批的多步骤生产,两种产品的生产均分为两个步骤进行。两种产品的生产已经定型,针对这两种产品的计划和定额管理工作的基础都很扎实,各项消耗定额比较准确、稳定;甲产品的各月末在产品数量稳定,乙产品的各月末在产品数量变动较大。

甲产品的半成品除供本企业加工甲产品所用外,还对外销售,需要计算半成品成本;乙产品则不需要计算半成品成本。

另外,从企业内部管理的要求看,甲产品不仅需要从整个企业角度考核和分析其成本构成情况,而且需要严格进行分步骤的成本管理,即要求各步骤成本核算所提供的资料能够较为清晰地反映各步骤的工作业绩和经济责任。乙产品则主要要求从整个企业角度考核和分析其成本构成情况。

[要求]　根据该公司的上述情况讨论以下问题:

1. 从既满足管理的需要又要加速和简化成本计算工作的要求出发,这两种产品最适合采用什么成本计算方法?

2. 如果你选择了某种成本计算方法,请详细说明在该种方法下,成本计算都包括哪些方面的工作。

3. 这两种产品的完工产品与月末在产品之间的费用分配适合采用什么方法?

4. 如果你选择某种完工产品与月末在产品之间费用的分配方法,请详细说明在该种方法下分配费用所需要的有关资料应如何取得。

第7章 产品成本计算的辅助方法

Chapter 7

7.1 产品成本计算的分类法

7.1.1 分类法的特点

产品成本计算的分类法，是按产品类别归集生产费用，计算产品成本的一种方法。

在一些工业企业中，生产的产品品种、规格繁多，若按产品的品种、规格归集生产费用，计算产品成本，则成本计算工作极为繁重。在这种情况下，如果不同品种、规格的产品可以按照一定标准进行分类，为了简化成本计算工作，就可以采用分类法来计算产品成本。

分类法的特点是：按照产品的类别归集生产费用，计算该类产品成本；类内不同品种（或规格）产品的成本按照一定的分配方法分配确定。

7.1.2 分类法的计算程序

分类法的计算程序是：

(1) 根据产品结构、所用原材料和工艺过程的不同，将产品划分为若干类别。

(2) 按照产品的类别开立产品成本明细账，按成本项目归集各种生产费用，计算各类产品的成本。

(3) 选择合理的分配标准，分别将每类产品的成本在类内的各种产品之间进行分配，计算每类产品内各种产品的成本。

假定某企业产品品种、规格繁多，但可以按一定标准将其分为甲、乙、丙三类产品。其中，甲类包括A，B两种产品；乙类包括C，D两种产品；丙类包括E，

F，G 三种产品。那么产品成本明细账的设置，以及分类法成本计算的一般程序如图 7—1 所示。

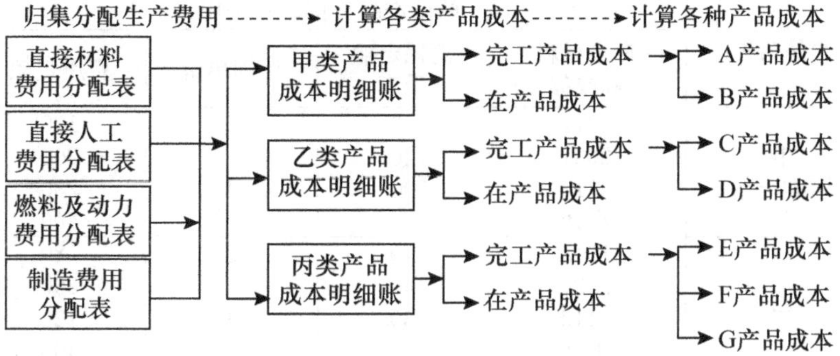

说明：计算各种产品成本应该包括其完工产品成本和在产品成本，为了简化计算，这里只计算各种完工产品成本，而在产品成本不再分到每种产品。

图 7—1　分类法成本计算程序图

同类产品内各种产品之间分配费用的标准，一般有定额消耗量、定额费用、售价，以及产品的体积、长度和重量等。在选择费用的分配标准时，主要应考虑与产品生产耗费的关系，即应选择与产品各项耗费有密切联系的分配标准。

在类内各种产品之间分配费用时，各成本项目可以按同一个分配标准进行分配；为了使分配结果更为合理，也可以根据各成本项目的性质，分别按照不同的分配标准进行分配。例如，直接材料费用可以按照直接材料定额消耗量或直接材料定额费用比例进行分配，直接人工等其他费用可以按照定额工时比例进行分配。

在分类法下，为了简化同类产品内各种产品之间的费用分配工作，可以将分配标准折算成相对固定的系数，按照固定的系数在类内各种产品之间分配费用。确定系数时，一般是在类内选择一种产量较大、生产比较稳定或规格折中的产品作为标准产品，将这种产品的系数定为“1”；再用其他各种产品的分配标准额分别与标准产品的分配标准额比较，计算出其他各种产品的分配标准额与标准产品的分配标准额的比率，即系数。在分类法中，按照系数分配类内各种产品成本的方法，也叫系数法。系数一经确定，在一定时期内应相对稳定。在实际工作中，也有的采用按照标准产品产量比例分配类内各种产品成本的方法，即将各种产品的产量按照系数折算成标准产品产量，然后按照标准产品产量的比例分配类内各种产品成本，这也是一种系数分配法。

下面举例介绍分类法下，类内各种产品成本的分配问题。

【例 7—1】　某企业生产的甲、乙、丙三种产品的结构、所用原材料和工艺过程基本相同，合并为一类（A 类），采用分类法计算成本。类内各种产品之间分配费用的标准为：直接材料费用按各种产品的直接材料费用系数分配，直接材料费用系数按直接材料费用定额确定；其他费用按定额工时比例分配。与甲、乙、丙三种产品成本计算有关的数据以及成本计算过程如下：

（1）根据原材料费用定额计算原材料费用系数，详见表 7—1。

（2）按产品类别（A 类）开设产品成本明细账。根据各项生产费用分配表登记产品成本明细账，计算该类产品成本（在产品成本按年初固定数计算），详见表 7—2。

表 7—1 单位：元

产品名称	单位产品直接材料费用				直接材料费用系数
	直接材料名称或编号	消耗定额（千克）	计划单价	费用定额	
甲（标准产品）	1011 2021 3112 小计	50 40 500	2 5 4	100 200 200 500	1
乙	1011 2021 3112 小计	40 40 30	2 5 4	80 200 120 400	$\frac{400}{500}=0.8$
丙	1011 2021 3112 小计	65 70 30	2 5 4	130 350 120 600	$\frac{600}{500}=1.2$

表 7—2 **产品成本明细账**

产品名称：A 类 20××年×月 单位：元

摘要	直接材料	直接人工	制造费用	成本合计
月初在产品成本	48 000	6 000	7 200	61 200
本月费用	951 400	147 130	170 220	1 268 750
生产费用合计	999 400	153 130	177 420	1 329 950
产成品成本	950 400	146 880	169 920	1 267 200
月末在产品成本	49 000	6 250	7 500	62 750

（3）分配计算甲、乙、丙三种产品的产成品成本。根据各种产品的产量、直接材料费用系数和工时消耗定额，分配计算 A 类甲、乙、丙三种产品的产成品成本，详见表 7—3。

表 7—3 **各种产成品成本计算表**

20××年×月 单位：元

项目	产量（件）	直接材料费用系数	直接材料费用总系数	工时消耗定额	定额工时	直接材料	直接人工	制造费用	成本合计
①	②	③	④＝②×③	⑤	⑥＝②×⑤	⑦＝④×分配率	⑧＝⑥×分配率	⑨＝⑥×分配率	⑩
分配率						495	5.1	5.9	
甲产品	1 000	1	1 000	15	15 000	495 000	76 500	88 500	660 000
乙产品	400	0.8	320	12	4 800	158 400	24 480	28 320	211 200
丙产品	500	1.2	600	18	9 000	297 000	45 900	53 100	396 000
合计			1 920		28 800	950 400	146 880	169 920	1 267 200

表 7—3 中各种费用分配率的计算如下：

$$直接材料费用分配率=\frac{950\ 400}{1\ 920}=495$$

$$直接人工费用分配率=\frac{146\ 880}{28\ 800}=5.1$$

$$制造费用分配率=\frac{169\ 920}{28\ 800}=5.9$$

在表 7—3 所示产品成本计算表中，各项费用的合计数是分配对象，它应该根据该类产品成本明细账中产成品成本一行中的数字填列。表中，直接材料费用分配率应根据直接材料费用合计数除以直接材料费用总系数的合计数计算填列；直接材料费用分配率分别乘以各种产成品的直接材料费用总系数，即可求得各种产成品的直接材料费用。

表 7—3 中，直接人工、制造费用的分配率则应根据各该项费用的合计数，分别除以定额工时的合计数计算填列；以各该项费用分配率分别乘以各种产成品的定额工时，即可求得各该种产成品的各该项费用。

在采用系数法将同类产品的某项费用在类内的各种产品之间进行分配的情况下，如果系数是按照消耗定额或费用定额计算确定的，则按系数比例分配费用的结果与直接按定额消耗量或定额费用比例分配费用的结果相同，因为二者的比例关系是一致的。例如在例 7—1 中，若 A 类产品的直接材料费用直接按定额费用比例在类内的甲、乙、丙三种产品之间进行分配，则分配过程和结果如下：

（1）计算甲、乙、丙三种产品的直接材料定额费用。

甲产品：1 000×500=500 000(元)

乙产品：400×400=160 000(元)

丙产品：500×600=300 000(元)

合计　　　　960 000 元

（2）计算直接材料费用分配率。

$$直接材料费用分配率=\frac{950\ 400}{960\ 000}=0.99$$

（3）计算甲、乙、丙三种产品应分配的直接材料费用。

甲产品：500 000×0.99=495 000(元)

乙产品：160 000×0.99=158 400(元)

丙产品：300 000×0.99=297 000(元)

7.1.3　分类法的适用范围、优缺点和应用条件

1. 分类法的适用范围

分类法与生产的类型没有直接关系，它可以在各种类型的生产中应用，即凡是产品品种、规格繁多，又可以按照一定标准划分为若干类别的企业或车间，均可以采用分类法计算成本。例如，钢铁厂生产的各种型号和规格的生铁、钢锭和钢材，针织厂生产的各种不同种类和规格的针织品，灯泡厂生产的各种不同类别和瓦数的

灯泡，食品厂生产的各种饼干和面包，等等。它们的生产类型有所不同，但都可以采用分类法计算成本。

有些工业企业，特别是化工企业，对同一原料进行加工，可以同时生产出几种主要产品。例如，原油经过提炼，可以同时生产出各种汽油、煤油和柴油等产品，这些联产品所用原料和工艺技术过程相同，因而最宜于也只能归为一类，采用分类法计算成本。

此外，企业可能生产一些零星产品，例如，为协作单位生产少量的零部件，或自制少量材料和工具等。这些零星产品虽然所用原材料和工艺过程不一定完全相近，但其品种规格多，且数量少，费用比重小。为了简化核算工作，也可以把它们归为几类，采用分类法计算成本。

应当指出的是，有些工业企业，特别是轻工企业，有时可能生产出品种相同但质量不同的产品。如果这些产品所用的原材料和工艺技术过程完全相同，质量上的差别是由于工人操作所造成的，那么，这些质量等级不同的产品的单位成本应该相同，而不能把分类法原理应用到这些产品的成本计算中，也就是说，不能按照它们的不同售价分配费用，为不同等级的产品确定不同的单位成本。否则就会掩盖次级产品由于售价较低造成的损失，不利于企业加强成本管理，提高产品质量。如果不同质量的产品是由于所用原材料的质量或工艺技术上的要求不同而产生的，那么，这些产品应是同一品种不同规格的产品，可归为一类，采用分类法计算成本。

2. 分类法的优缺点和应用条件

采用分类法计算产品成本，领料单、工时记录等原始凭证和原始记录可以只按产品类别填列，在各种费用分配表中可以只按产品类别分配费用，产品成本明细账可以只按产品类别开立，不仅能简化成本计算工作，而且能够在产品品种、规格繁多的情况下，分类掌握产品成本的情况。但是，由于在类内各种产品成本的计算中，不论是间接计入费用还是可以直接计入的费用，都是按一定的分配标准按比例进行分配的，因而计算结果有一定的假定性。因此，在分类法下，产品的分类和分配标准（或系数）的确定是否适当，是一个关键的问题。在产品的分类上，应以所耗原材料和工艺技术过程是否相近为标准，因为所耗原材料和工艺技术过程相近的各种产品，成本水平也往往接近。在对产品分类时，类距既不能定得过小，使成本计算工作复杂化，也不能定得过大，造成成本计算上的“大锅烩”，影响成本计算的正确性。在产品结构、所耗原材料或工艺技术发生较大变动时，应及时修订分配系数，或另选分配标准，以保证成本计算的正确性。

7.1.4 联产品、副产品和等级产品成本的计算

1. 联产品成本的计算

联产品是指使用同种原材料，经过同一加工过程，同时生产出的各种主要产品。例如，炼油厂用原油经过同一生产过程加工提炼出汽油、煤油和柴油等产品；

奶制品厂可同时生产出牛奶、奶油等产品。联产品所经过的同一加工过程，可称为联产过程；在联产过程中所发生的成本，可称为联合成本。

联产品由于所用的原材料和生产过程相同，因此只能将其归为一类，采用分类法计算成本。从最终出售的角度看，联产品的生产可以有两种情况：(1) 有的联产品经过联产过程后，即可出售，在这种情况下，某种联产品应分摊的联合成本就是该种联产品的全部成本；(2) 有些联产品在经过联产过程分离出来后，需要进一步加工后才能出售，这些联产品的成本是分离前的成本（即应分摊的联合成本）加上分离后的加工成本。

由上述联产品生产的特定情况所决定，联产品成本的计算可以分为两个阶段：第一阶段，采用分类法计算联合成本，即以联产品为一类汇集生产费用计算联产品联合成本，并采用适当的方法将联合成本在各种联产品之间进行分配，计算各种联产品应分摊的联合成本；第二阶段，对于分离后还需进一步加工的联产品，还应采用适当方法分配计算其由于继续加工而应负担的成本，从而计算其全部成本。

在联产品成本的计算中，各种联合成本的分配可以按各种联产品的产量比例、售价比例或定额成本比例等进行分配，也可以将这些分配标准预先折算成系数，按系数进行分配。

【例 7—2】　某企业生产 A，B，C 三种联产品。这三种联产品经同一生产过程加工后即可出售。本月完工产品应负担的各项费用以及产量分别如表 7—4 和表 7—5所示。联产品的联合成本按照各种联产品的产量比例进行分配。

表 7—4　**联产品联合成本资料**

20××年×月　单位：元

项目	直接材料	直接人工	制造费用	合计
联合成本	80 000	100 000	40 000	220 000

表 7—5　**联产品产量资料**

产品名称	产量（千克）
A	5 000
B	3 000
C	2 000
合计	10 000

根据表 7—4 和表 7—5 的资料可以编制联合成本分配计算表，如表 7—6 所示。

表 7—6　**联合成本分配计算表**

20××年×月　单位：元

产品名称	产量（千克）	直接材料		直接人工		制造费用		合计
		分配率	分配额	分配率	分配额	分配率	分配额	
A	5 000		40 000		50 000		20 000	110 000
B	3 000		24 000		30 000		12 000	66 000
C	2 000		16 000		20 000		8 000	44 000
合计	10 000	8	80 000	10	100 000	4	40 000	220 000

联合成本计算分配表中各项费用的分配率计算如下：

$$直接材料费用分配率=\frac{80\ 000}{10\ 000}=8$$

$$直接人工费用分配率=\frac{100\ 000}{10\ 000}=10$$

$$制造费用分配率=\frac{40\ 000}{10\ 000}=4$$

在表7—6中，利用各项费用的分配率乘以各种产品的产量就可以求得各种联产品应分摊的各该项费用。

【例7—3】 某企业用同一种原材料，在同一个生产工艺过程中，生产出A，B，C三种联产品。企业采用系数法分配联合成本，以A产品为标准产品，以售价作为折算标准。A，B，C三种产品分离后均可以直接对外出售，其中C产品也可以作为本企业的自制半成品，继续加工成为甲产品。C产品的收发通过自制半成品库进行，其成本结转采用综合结转法，其结转成本按全月一次加权平均法计算。本月（10月）有关产品产量、单位售价和成本资料如表7—7、表7—8所示。

表7—7 **产品产量和单位售价资料**

20××年10月

产品名称	产量（件）	单位售价（元）
A	1 000	200
B	400	100
C	400	400

表7—8 **分离前后有关成本资料**

20××年10月　　　　单位：元

项目	直接材料	直接人工	制造费用	合计
A，B，C产品联合成本	90 000	40 000	30 000	160 000
甲产品本月应负担的加工费用		15 600	11 300	26 900
甲产品的月初在产品成本	18 000	3 400	2 700	24 100

表7—8分离前的联合成本为本月完工的A，B，C三种联产品应共同负担的成本；甲产品本月应负担的加工费用是本月用于甲产品的加工费用。

根据上述资料，应首先计算各种联产品的折算系数，并根据系数将各种产品的实际产量折合为标准产品产量；其次，按标准产量将联合成本在A，B，C三种联产品之间进行分配，并编制联合成本分配计算表；最后，在甲产品成本计算单中计算甲产品成本。

（1）将各种产品的实际产量按照折算系数折合成为标准产品产量。其计算结果如表7—9所示。

表 7—9

标准产品产量计算表

20××年 10 月

产品名称	产量（件）	单位售价（元）	折算系数	标准产品产量（件）
A	1 000	200	1	1 000
B	400	100	0.5	200
C	400	400	2	800
合计	1 800	—	—	2 000

（2）将联合成本在 A，B，C 三种联产品之间进行分配，并编制联合成本分配计算表，如表 7—10 所示。

表 7—10

联合成本分配计算表

20××年 10 月　　单位：元

产品名称	标准产量（件）	直接材料		直接人工		制造费用		合计
		分配率	分配额	分配率	分配额	分配率	分配额	
A	1 000		45 000		20 000		15 000	80 000
B	200		9 000		4 000		3 000	16 000
C	800		36 000		16 000		12 000	64 000
合计	2 000	45	90 000	20	40 000	15	30 000	160 000

根据产品的验收入库单和联合成本分配计算表，编制会计分录：

借：库存商品——A　　80 000

——B　　16 000

自制半成品——C　　64 000

贷：基本生产成本　　160 000

（3）根据产品入库单登记自制半成品明细账（C 半成品），如表 7—11 所示。

表 7—11

自制半成品明细账

半成品名称：C 半成品　　单位：元

月份	月初余额		本月增加		合计			本月减少	
	数量（件）	实际成本	数量（件）	实际成本	数量（件）	实际成本	单位成本	数量（件）	实际成本
10	100	18 500	400	64 000	500	82 500	165	400	66 000
11	100	16 500							

根据 C 半成品领用单（生产甲产品耗用），编制会计分录：

借：基本生产成本——甲产品　　66 000

贷：自制半成品——C　　66 000

根据以上有关资料计算登记甲产品成本明细账，如表 7—12 所示。

表 7—12 **产品成本明细账**

产品名称：甲产品 单位：元

摘要	产量（件）	直接材料	直接人工	制造费用	成本合计
月初在产品（定额成本）		18 000	3 400	2 700	24 100
本月费用		66 000	15 600	11 300	92 900
合计		84 000	19 000	14 000	117 000
完工转产成品	550	75 000	17 200	12 650	104 850
单位成本		136.36	31.27	23	190.63
月末在产品（定额成本）		9 000	1 800	1 350	12 150

根据甲产品的验收入库单，编制会计分录：

借：库存商品 104 850

贷：基本生产成本 104 850

2. 副产品成本的计算

副产品是指在主要产品的生产过程中附带生产出来的非主要产品。例如，炼铁生产中产生的高炉煤气，原油加工过程中产生的渣油、石油焦，制皂过程中产生的甘油等。

副产品在与主产品分离后，有的可以直接作为成品销售，有的则需要进一步加工才能销售。因此，副产品的成本计算应视不同情况而定。

（1）在与主产品分离后，不需要进一步加工的副产品成本计算。

为了简化核算工作，对于与主要产品分离后可以直接作为成品销售的副产品，可以不单独计算成本，而采用与分类法类似的方法计算成本。即将副产品与主产品合为一类开立产品成本明细账，归集它们所发生的各项生产费用，计算该类产品的总成本；然后，将副产品按照一定的方法计价，从总成本中扣除（一般是在总成本的原材料项目中扣除），以扣除后的成本作为主产品的成本。

副产品成本可以按照售价减去税金和按正常利润率计算的销售利润后的余额计价；也可以在此基础上确定固定的单价，以固定的单价计价。副产品成本的合理计价，对于正确计算主、副产品的成本是十分重要的。副产品成本的计价既不能过高，也不能过低，否则不仅不能正确反映副产品的成本，而且会影响主产品成本的正确性。

（2）在与主产品分离后，需要进一步加工的副产品成本的计算。

有的副产品与主产品分离后，还需要单独进行加工。例如，在制皂过程中产生的含有甘油的盐水，在与主产品分离后，还要加入某些辅助材料，经进一步加工，才能生产出甘油。在这种情况下，还应根据副产品加工生产的特点和管理的要求，采用适当的方法单独计算成本。

1）副产品成本按实际成本计算。采用这种方法，需要分别为主、副产品开设产品成本明细账，其中副产品成本明细账用来归集从主产品成本明细账中转来的费用和进一步加工所发生的费用，并计算副产品的实际成本。

【例 7—4】 某企业在生产甲产品（主产品）的过程中，还生产出可以制造乙产品（副产品）的原料。这种原料经过加工处理后即成乙产品。甲、乙产品都是单步骤的大量生产，在同一车间进行。乙产品的原料按固定单价每千克 0.5 元计价，甲、乙产品月初、月末在产品均按原料的定额费用计价。甲、乙两种产品的成本计算程序为：

①分配各种生产费用。原料和辅助材料为直接计入费用，直接计入各产品成本明细账。直接人工、制造费用按生产工时比例在甲、乙两种产品之间分配，分配结果详见表 7—13。

表 7—13 **工、费分配表**

20××年×月 单位：元

项目	工时（小时）	直接人工	制造费用
本月发生额	15 000	9 000	12 000
分配率		0.6	0.8
甲产品	14 500	8 700	11 600
乙产品	500	300	400
合计	15 000	9 000	12 000

②根据有关费用分配表、产品产量月报表，以及在产品定额资料，登记甲产品成本明细账，详见表 7—14。

表 7—14 **产品成本明细账**

产品名称：甲产品（主产品） 20××年×月 单位：元

摘要	产量（千克）	原料	辅助材料	直接人工	制造费用	成本合计
月初在产品（定额成本）		24 000				24 000
本月生产费用		485 000	3 000	8 700	11 600	508 300
扣减副产品原料 12 000 千克（每千克 0.5 元）		−6 000				−6 000
合计		503 000	3 000	8 700	11 600	526 300
产成品	20 000	478 000	3 000	8 700	11 600	501 300
单位成本		23.90	0.15	0.44	0.58	25.07
月末在产品（定额成本）		25 000				25 000

③根据甲产品成本明细账有关费用分配表、产品产量月报，以及在产品定额资料，登记乙产品的成本明细账，详见表 7—15。

2）副产品成本按计划单位成本计算。如果副产品的加工处理时间不长，费用不大，为了简化计算工作，副产品也可以按照计划单位成本计价，而不计算其实际

表 7—15　　　　　　　　　　**产品成本明细账**

产品名称：乙产品（副产品）　　　　20××年×月　　　　　　　　单位：元

摘要	产量（千克）	原料	辅助材料	直接人工	制造费用	成本合计
月初在产品（定额成本）		800				800
本月生产费用		6 000	400	300	400	7 100
合计		6 800	400	300	400	7 900
产成品	2 000	6 200	400	300	400	7 300
单位成本		3.10	0.20	0.15	0.20	3.65
月末在产品（定额成本）		600				600

成本。这样，从主、副产品的生产费用总额中扣除按计划单位成本计算的副产品成本后的余额，即为主产品的成本。

【例 7—5】　假定例 7—4 中乙产品（副产品）的计划单位成本为 3.70 元，其中原料 3.12 元，辅助材料 0.21 元，直接人工 0.16 元，制造费用 0.21 元。那么，乙产品按计划单位成本计算时，编制甲产品成本计算单，详见表 7—16。

表 7—16　　　　　　　　　　**产品成本明细账**

产品名称：甲产品（主产品）　　　　20××年×月　　　　　　　　单位：元

摘要	产量（千克）	原料	辅助材料	直接人工	制造费用	成本合计
月初在产品（定额成本）		24 000				24 000
本月生产费用		485 000	3 400	9 000	12 000	509 400
减：乙产品成本（计划成本）	2 000	−6 240	−420	−320	−420	−7 400
合计		502 760	2 980	8 680	11 580	526 000
产成品	20 000	477 760	2 980	8 680	11 580	501 000
单位成本		23.89	0.15	0.43	0.58	25.05
月末在产品（定额成本）		25 000				25 000

有些工业企业在生产过程中，会产生一些废气、废液和废料。随着生产的发展和科学技术的不断进步，“三废”的综合利用也是不断发展的。“三废”一经利用也就成了副产品，从而应该按照副产品的成本计算方法计算成本。

有些工业企业除生产主要产品外，有时还为其他单位提供少量加工、修理等作业。在这些作业费用比重很小的情况下，为了简化核算，也可以比照副产品的成本计算方法，将其与主要产品合为一类归集费用，然后将这些作业按照固定价格计价，从总的生产费用中扣除，以扣除后的余额作为主要产品的成本。

在工业企业的基本生产车间除生产主要产品外，还为企业内部的其他车间、部门提供少量的加工和修理作业的情况下，这些作业可以按照计划单位成本计价结算，不必计算和调整其成本差异，将其成本差异由主要产品负担。这样做不仅可以简化计算工作，而且便于车间的成本考核和分析。

3. 等级品的成本计算

等级品是指品种、规格相同，但质量等级不同的产品。例如，针纺织品生产中经常会出现一等品、二等品、三等品和等外品。产生不同等级品的原因是多方面的，常见原因有：技术操作不当、管理不善和原材料质量或工艺技术要求的不同。

如前所述，由于工人技术操作不当或管理不善导致的不同等级的产品，其成本不应有区别，等级产品售价不同从而导致的利润不同正说明企业在生产、管理方面存在问题，需要进行改进。因所用原材料质量不同或工艺技术要求不同而形成的等级品，如果各等级品售价相差很大，则可按单位售价等作为分配标准，计算各等级产品的成本。这里所说的等级产品的成本的计算，就是指后一种情况下的等级产品。

【例 7—6】　某毛巾厂 20×3 年×月生产毛巾 100 000 条，因所用原材料不同而质量有所不同，其中一等品 50 000 条，二等品 30 000 条，三等品 20 000 条。以售价作为分配标准，以一等品作为标准产品，采用系数法分配共同成本。有关成本、售价资料见表 7—17、表 7—18。

表 7—17　**产品成本明细账**

20×3 年×月　单位：元

项目	直接材料	直接人工	直接燃料和动力	制造费用	合计
本月完工产品	546 800	230 000	80 000	115 000	971 800

表 7—18　**售价资料**　单位：元

项目	一等品	二等品	三等品
单位售价	20	16	12

根据上述资料，分配各等级毛巾的成本，编制等级产品成本计算表，如表 7—19 所示。

表 7—19　**等级产品成本计算表**　单位：元

项目 等级	产量 (条) ①	单价 ②	系数 ③	标准产量 (总系数) ④=①×③	分配率 ⑤=Σ⑥÷Σ④	总成本 ⑥=⑤×④	单位成本 ⑦=⑥÷①
一等品	50 000	20	1	50 000	—	565 000	11.3
二等品	30 000	16	0.8	24 000	—	271 200	9.04
三等品	20 000	12	0.6	12 000	—	135 600	6.78
合计	100 000	—	—	86 000	11.3	971 800	—

根据各种毛巾的验收入库单，编制会计分录：

借：库存商品	971 800	
贷：基本生产成本		971 800

7.2 产品成本计算的定额法

7.2.1 定额法的意义和特点

1. 定额法的意义

产品成本计算的定额法是以产品的定额成本为基础，将符合定额的生产费用和脱离定额的差异分别核算，并在定额成本的基础上加减各种差异，从而计算出产品实际成本的一种成本计算方法。

在前面所介绍的成本计算方法（品种法、分批法、分步法和分类法）下，生产费用的日常核算都按照其实际发生额进行，产品的实际成本也都是根据实际生产费用计算的。因此，生产费用和产品成本脱离定额的差异及其发生的原因，只有在月末时通过实际资料与定额资料的对比、分析才能得到反映，而不能在月份内生产费用发生的当时就得到反映。这就不利于更好地加强定额管理，及时对产品成本进行控制和管理，不能更有效地发挥成本核算对于节约费用、降低成本的作用。

产品成本计算的定额法把产品成本的计划、控制、核算和分析工作结合在一起，能够及时反映和监督生产费用和产品成本脱离定额的差异，从而克服了前述几种成本计算方法的弱点。因此，产品成本计算的定额法不仅仅是一种产品成本计算方法，更重要的是一种对成本进行控制和管理的方法。

2. 定额法的特点

与生产费用按实际发生额进行日常核算，产品的实际成本根据实际生产费用计算的成本计算方法相比，产品成本计算的定额法的主要特点是：

（1）事前制定产品的消耗定额、费用定额和定额成本作为降低成本的目标。

（2）在生产费用发生的当时，就将符合定额的费用和发生的差异分别核算，以加强对成本差异的日常核算、分析和控制。

（3）月末在定额成本的基础上，加减各种成本差异，计算产品的实际成本，为成本的定期考核和分析提供数据。

7.2.2 产品定额成本的核算

1. 产品定额成本的含义

采用定额法计算产品成本，必须首先制定产品的原材料、动力、工时等消耗定额，并根据各项消耗定额和原材料的计划单价、计划的工资率（计划每小时生产工资）或计件工资单价、制造费用率（计划每小时制造费用）等资料，计算产品的各项费用定额和产品的单位定额成本。

其计算公式为：

产品直接材料消耗定额×直接材料计划单价＝直接材料费用定额
产品生产工时定额×生产工资计划单价＝直接人工费用定额
产品生产工时定额×制造费用计划单价＝制造费用定额

生产工人工资和制造费用通常是按生产工时比例分配计入产品成本的，因而其计划单价通常是计划的每小时各项费用额。各项费用定额的合计数就是单位产品的定额成本。

这里需要指出的是，产品的定额成本与计划成本既有相同之处，又有不同之处。相同之处是：两者都是以生产耗费的消耗定额和计划单价为根据确定的目标成本。不同之处是：计算计划成本所依据的消耗定额是计划期（一般为一年）内平均消耗定额，也称计划定额，在计划期内通常是不变的；而计算定额成本所依据的消耗定额是现行的定额，是企业在当时生产技术条件下，在各项消耗上应达到的标准，它应随着生产技术的进步、劳动生产率的提高不断修订。此外，计算计划成本所依据的原材料等的计划单价，在计划期内通常也是不变的，计算定额成本所依据的生产工资和制造费用的计划单价则可能变动。因此，计划成本在计划期内通常是不变的，定额成本在计划期内则是变动的。

由上述可知，所谓产品的定额成本，也就是根据各种有关的现行定额计算的成本。制定定额成本可以使企业的成本控制和考核更加有效，更加符合实际，从而保证成本计划的完成。

2. 产品定额成本的计算程序和计算方法

产品的单位定额成本应包括零件、部件的定额成本和产成品的定额成本，通常由计划、会计等部门共同制定。一般是先制定零件的定额成本，然后汇总计算部件和产成品的定额成本。如果产品的零部件较多，为了简化计算工作，可以不计算零件的定额成本，而直接根据零件定额卡所列的零件的原材料消耗定额、工序计划和工时消耗定额，以及原材料的计划单价、计划的工资率和计划的制造费用率等，计算部件定额成本，然后汇总计算产成品定额成本；或者根据零部件定额卡及原材料计划单价、计划的工资率和计划的制造费用率等，直接计算产成品定额成本。

需要指出的是，编制定额成本计算表时所采用的成本项目和成本计算方法，应与编制计划成本、计算实际成本时所采用的成本项目和成本计算方法一致，以便于成本考核和成本分析工作的进行。

【例 7—7】　假定某企业生产甲产品，该产品由 A，B 两个部件组成，其中 A 部件包括两个零件 201，202，定额成本的制定程序如表 7—20 至表 7—22 所示。

表 7—20　　零件定额卡

零件编号：201　　零件名称：××

材料编号	材料名称	计量单位	材料消耗定额
4611	××	千克	6

工序	工时定额	累计工时定额
1	1.5	1.5
2	2	3.5
3	3	6.5
4	3.5	10

表 7—21　　部件定额成本计算表

部件编号：8000　　部件名称：A　　单位：元

所用零件编号或名称	所用零件数量（件）	部件材料费用定额							部件工时定额
		4611			4628			金额合计	
		消耗定额	计划单价	金额	消耗定额	计划单价	金额		
201	2	12	5	60				60	20
202	2				8.6	4	34.40	34.40	15
装配									5
合计				60			34.40	94.40	40

定额成本项目					定额成本合计
直接材料	直接人工		制造费用		
	每小时定额	金额	每小时定额	金额	
94.40	6	240	5	200	534.4

表 7—22　　产品定额成本计算表

产品编号：××　　产品名称：甲　　单位：元

所用部件编号或名称	所用部件数量（件）	材料费用定额		工时定额	
		部件	产品	部件	产品
8000	3	94.4	283.2	40	120
8100	2	180.4	360.8	27	54
装配					6
合计			644		180

产品定额成本项目					产品定额成本合计
直接材料	直接人工		制造费用		
	每小时定额	金额	每小时定额	金额	
644	6	1 080	5	900	2 624

7.2.3 脱离定额差异的核算

脱离定额的差异，是指生产过程中各项生产费用的实际支出脱离现行定额或预算的数额。脱离定额差异的核算，就是在发生生产费用时，为符合定额的费用和脱离定额的差异分别编制定额凭证和差异凭证，并在有关的费用分配表和明细分类账中分别予以登记。这样，就能及时正确地核算和分析生产费用脱离定额的差异，控制生产费用支出。因此，对定额差异的核算是实行定额法的重要内容。为了防止生产费用的超支，避免浪费和损失，差异凭证填制以后，还必须按照规定办理审批手续。在有条件的企业，可以将脱离定额差异的日常核算同车间或班组经济责任制结合起来，依靠各生产环节的职工控制生产费用。

1. 直接材料脱离定额差异的核算

在各成本项目中，直接材料费用（包括自制半成品费用），一般占有较大比重，且属于直接计入费用，因而更有必要和可能在费用发生的当时就按产品核算定额费用和脱离定额的差异，并以不同的凭证予以反映。

直接材料脱离定额差异的核算方法一般有限额法、切割核算法和盘存法三种。下面分别加以介绍。

（1）限额法。为了控制材料的领用，在定额法下，原材料的领用应该实行限额领料（或定额发料）制度，符合定额的原材料应根据限额领料单等定额凭证领发。由于增加产量，需要增加用料时，在追加限额手续后，也可以根据定额凭证领发。由于其他原因发生的超额用料或代用材料的用料，则应填制专设的超额领料单、代用材料领料单等差异凭证，经过一定的审批手续后领发。为了减少凭证的种类，这些差异凭证也可用普通领料单代替，但应以不同的颜色或加盖专用的戳记，以示区别。在差异凭证中，应填写差异的数量、金额以及发生差异的原因。差异凭证的签发须经过一定的审批手续，其中由于采用代用材料、利用废料和材料质量低劣等原因而引起的脱离定额差异，通常由技术部门审批。对于采用代用材料和废料利用，还应在有关的限额领料单中注明，并从原定的限额中扣除。

在每批生产任务完成以后，应根据车间余料编制退料手续，退料单也是一种差异凭证。退料单中的原材料数额和限额领料单中的原材料余额，都是原材料脱离定额的节约差异。

应当指出的是，直接材料脱离定额差异是产品生产中实际用料脱离现行定额而形成的成本差异，而限额法并不能完全控制用料，上述差异凭证所反映的差异往往只是领料差异，而不一定是用料差异。这是因为投产的产品数量不一定等于规定的产品数量；所领原材料的数量也不一定等于原材料的实际消耗量，即期初、期末车间可能有余料。

【例 7—8】　某限额领料单规定的产品数量为 1 000 件，每件产品的直接材料消耗定额为 6 千克，则领料限额为 6 000 千克；本月实际领料 5 800 千克，领料差异为少领 200 千克。现假定有以下三种情况：

1）本期投产产品数量符合限额领料单规定的产品数量，即也是 1 000 件，且期初、期末均无余料，则上述少领 200 千克的领料差异就是用料脱离定额的节约差异。

2）本期投产产品数量仍为 1 000 件，但车间期初余料为 100 千克，期末余料为

120 千克，则

直接材料定额消耗量＝1 000×6＝6 000（千克）

直接材料实际消耗量＝5 800＋100－120＝5 780（千克）

直接材料脱离定额差异＝5 780－6 000＝－220（千克）（节约）

3）本期投产产品数量为 900 件，车间期初余料为 100 千克，期末余料为 120 千克，则

直接材料定额消耗量＝900×6＝5 400（千克）

直接材料实际消耗量＝5 800＋100－120＝5 780（千克）

直接材料脱离定额差异＝5 780－5 400＝＋380（千克）（超支）

由此可见，只有投产产品数量等于规定的产品数量，且车间期初、期末均无余料或期初、期末余料数量相等时，领料（或发料）差异才是用料脱离定额的差异。

（2）切割核算法。为了核算用料差异，更好地控制用料，对于某些贵重材料或经常大量使用且又需要经过在准备车间或下料工段切割后才能进一步进行加工的材料，例如，板材、棒材等，还应采用材料切割核算单。通过材料切割核算单，核算用料差异，控制用料。

材料切割核算单应按切割材料的批别开立，在单中要填明发交切割材料的种类、数额、消耗定额和应切割成的毛坯数量。切割完毕后，要填写实际切割成的毛坯数量和材料的实际消耗量；然后根据实际切割成的毛坯数量和消耗定额，即可求得材料定额消耗量，再将此与材料实际消耗量相比较，即可确定脱离定额差异。材料定额消耗量、脱离定额的差异，以及发生差异的原因均应填入单中，并由主管人员签证。材料切割核算单的格式详见表 7—23。

表 7—23 **材料切割核算单**

材料编号或名称：3205　　材料计量单位：千克　　材料计划单价：7.30 元

产品名称：A　　零件编号或名称：　　图纸号：701

切割工人姓名：李青　　机床编号：342

发交切割日期：×年×月×日　　完工日期：×年×月×日

<table>
<tr><td colspan="2">发料数量</td><td colspan="2">退回余料数量</td><td colspan="2">材料实际消耗量</td><td>废料实际回收量</td></tr>
<tr><td colspan="2">284</td><td colspan="2">16</td><td colspan="2">268</td><td>8.6</td></tr>
<tr><td>单件消耗定额</td><td>单件回收废料定额</td><td>应割成的毛坯数量</td><td colspan="2">实际割成毛坯数量</td><td>材料定额消耗量</td><td>废料定额回收量</td></tr>
<tr><td>7</td><td>0.1</td><td>38</td><td colspan="2">36</td><td>252</td><td>3.6</td></tr>
<tr><td colspan="2">材料脱离定额差异</td><td colspan="3">废料脱离定额差异</td><td>脱离定额差异原因</td><td>责任者</td></tr>
<tr><td>数量</td><td>金额</td><td>数量</td><td>单价</td><td>金额</td><td rowspan="2">未按图纸切割，因而增加了边料，减少了毛坯</td><td rowspan="2"></td></tr>
<tr><td>＋16</td><td>116.8</td><td>－5*</td><td>0.40</td><td>－2</td></tr>
</table>

*回收废料超过定额的差异可以冲减材料费用，故列负数。

采用材料切割核算单进行材料切割的核算，可以及时反映材料的耗用情况和发生差异的具体原因，加强对材料耗用的控制。

(3) 盘存法。在大量生产不能按照上述分批核算直接材料脱离定额差异的情况下，除仍要使用限额领料单等定额凭证和超额领料单等差异凭证，以便控制日常材料的实际消耗外，应定期（按工作班、工作日或按周、旬等）通过盘存的方法核算差异。具体来说：

1）根据完工产品数量和在产品盘存（实地盘存或账面结存）数量算出投产产品数量，再乘以直接材料消耗定额，算出直接材料定额消耗量。其中投产产品数量的计算公式如下：

本期投产产品数量＝本期完工产品数量＋期末在产品数量－期初在产品数量

2）根据限额领料单、超额领料单、退料单等材料凭证以及车间余料的盘存数量，计算直接材料实际消耗量。

3）将直接材料实际消耗量与定额消耗量进行比较，进而确定原材料脱离定额的差异。

应当指出的是，按照上述公式计算本期投产产品数量，必须具备以下条件，即原材料在生产开始时一次投入，期初和期末在产品都不再耗用原材料。如果原材料是随着生产的进行陆续投入，在产品还要耗用原材料，那么上述公式中的期初和期末在产品数量应改为按直接材料消耗定额计算的期初和期末在产品的约当产量。

【例 7—9】 生产乙产品耗用 C 材料。乙产品期初在产品为 80 件，本期完工产品为 1 000 件，期末在产品为 100 件。生产乙产品用原材料系在生产开始时一次投入，乙产品的直接材料消耗定额为每件 2 千克，直接材料的计划单价为每千克 10 元。限额领料单中载明的本期已实际领料数量为 2 000 千克。车间期初余料为 50 千克，期末余料为 20 千克。有关数据计算如下：

投产产品数量＝1 000＋100－80＝1 020(件)
直接材料定额消耗量＝1 020×2＝2 040(千克)
直接材料实际消耗量＝2 000＋50－20＝2 030(千克)
直接材料脱离定额差异(数量)＝2 030－2 040＝－10(千克)(节约)
直接材料脱离定额差异(金额)＝－10×10＝－100(元)(节约)

对于直接材料的定额消耗量和脱离定额的差异，应分批或定期地按照成本计算对象进行汇总，编制直接材料定额费用和脱离定额差异汇总表。表中应填明该批或该种产品所耗各种直接材料的定额消耗量、定额费用和脱离定额的差异，并分析说明差异产生的主要原因。该表既可以用来汇总反映和分析材料消耗定额的执行情况，又可以代替直接材料费用分配表登记产品成本明细账，还可以报送有关部门或向职工公布，以便根据差异发生的原因采取措施，进一步挖掘降低直接材料消耗的潜力。

【例 7—10】 现以江北工厂甲产品为例，列示其 6 月份直接材料定额费用和脱离定额差异汇总表，详见表 7—24。

表 7—24 直接材料定额费用和脱离定额差异汇总表

产品名称：甲 金额单位：元

直接材料类别	材料编号	单位	计划单位成本	定额费用		计划价格费用		脱离定额差异		差异原因
				数量	金额	数量	金额	数量	金额	
原料	1104	千克	5	3 500	17 500	3 700	18 500	+200	+1 000	略
主要材料	2315	千克	4	2 000	8 000	1 900	7 600	−100	−400	略
辅助材料	3427	千克	3	1 000	3 000	1 300	3 900	+300	+900	略
合计					28 500		30 000		+1 500	

自制半成品的定额消耗量、定额费用和脱离定额的差异的核算方法与原材料的相同。

2. 直接人工费用脱离定额差异的核算

在计件工资形式下，直接人工属于直接计入费用，因而其脱离定额差异的核算与原材料的相类似。凡符合定额的直接人工可反映在工票、工作班产量记录、工序进程单等产量记录中；脱离定额的差异部分应设置“工资补付单”等差异凭证予以反映，单中也应填明差异发生的原因，并要经过一定的审批手续。

在计时工资形式下，直接人工属于间接计入费用。由于实际工资总额到月终才能确定，因此，直接人工脱离定额的差异不能在平时按照产品直接计算，只有在月末实际直接人工总额确定以后才能按照下列公式计算：

$$\text{计划单位小时直接人工费用}=\frac{\text{某车间计划产量的定额直接人工费用总额}}{\text{该车间计划产量的定额生产工时}}$$

$$\text{实际单位小时直接人工费用}=\frac{\text{该车间实际直接人工费用总额}}{\text{该车间实际生产工时总额}}$$

$$\text{某产品的定额直接人工费用}=\begin{matrix}\text{该产品实际完成的}\\\text{定额生产工时}\end{matrix}\times\begin{matrix}\text{计划单位小时}\\\text{直接人工费用}\end{matrix}$$

$$\text{某产品的实际直接人工费用}=\begin{matrix}\text{该产品完成的}\\\text{实际生产工时}\end{matrix}\times\begin{matrix}\text{实际单位小时}\\\text{直接人工费用}\end{matrix}$$

$$\text{某产品直接人工费用脱离定额的差异}=\begin{matrix}\text{该产品实际}\\\text{直接人工费用}\end{matrix}-\begin{matrix}\text{该产品定额}\\\text{直接人工费用}\end{matrix}$$

从以上计算公式可以看出，要降低单位产品的计时直接人工费用，必须降低每小时的直接人工费用和单位产品的生产工时。为此，企业不仅要严格控制直接人工费用总额，使之不超过计划，还要充分利用工时，使生产工时总额不低于计划，并且要控制单位产品的工时耗费，使之不超过工时定额。为了降低单位产品的计时直接人工费用，在定额法下，应加强日常控制，通过核算工时脱离定额差异的方法，监督生产工时的利用情况和工时消耗定额的执行情况。为此，在日常核算中，要按照产品核算定额工时、实际工时和工时脱离定额的差异，并及时分析产生差异的原因。

【例 7—11】　江北工厂 A 车间（该车间生产甲产品和其他产品）6 月份计划产量的定额直接人工费用为 14 800 元，计划产量的定额生产工时为 2 960 小时；本月实际直接人工费用为 16 120 元，实际生产工时为 3 100 小时；本月甲产品定额工时为 2 000 小时，实际生产工时为 1 950 小时。甲产品定额直接人工费用和生产工资脱离定额差异，计算如下：

$$计划单位小时直接人工费用=\frac{14\ 800}{2\ 960}=5$$

$$实际单位小时直接人工费用=\frac{16\ 120}{3\ 100}=5.2$$

甲产品的定额直接人工费用＝2 000×5＝10 000(元)

甲产品的实际直接人工费用＝1 950×5.2＝10 140(元)

甲产品直接人工费用脱离定额的差异＝10 140－10 000＝＋140(元)

在定额法下，不论采用哪一种工资形式，都应根据上述核算资料，按照成本计算对象汇总编制定额直接人工费用和脱离定额差异汇总表。该表中，汇总反映产品的定额直接人工费用、实际直接人工费用、直接人工费用脱离定额的差异及其产生的原因（在计时工资形式下，还应汇总反映各种产品工时脱离定额的情况）等资料，以考核和分析各种产品直接人工费用定额的执行情况，并据以计算产品的直接人工费用。

3. 制造费用及其他费用脱离定额（或计划）的核算

制造费用一般来说属于间接计入费用，在日常核算中不能按照产品直接确定费用脱离定额的差异，而只能根据月份的费用计划，按照费用的发生地点和费用项目，核算脱离计划的差异，据以对费用的发生进行控制和监督。对于其中的材料费用，也可以采用限额领料单、超额领料单等定额凭证和差异凭证进行控制；对生产工具、零星费用，则可采用领用手册、费用定额卡等凭证进行控制。在这些凭证中，先要填明领用的计划数，然后登记实际发生数和脱离计划的差异。对于超计划领用，也要经过一定的审批手续。

由上述可知，制造费用差异的日常核算通常是指脱离费用计划的差异核算。各种产品应负担的制造费用脱离定额的差异，只有到月末实际费用分配给各种产品以后，才能以其实际费用与定额费用相比较加以确定。其计算确定方法与计时工资脱离定额差异的计算确定方法类似。其有关计算公式如下：

$$\text{计划小时制造费用率}=\frac{\text{某车间计划制造费用总额}}{\text{该车间计划产量的定额生产工时总数}}$$

$$\text{实际小时制造费用率}=\frac{\text{某车间实际制造费用总额}}{\text{该车间各种产品实际生产工时总数}}$$

$$\text{某产品定额制造费用}=\text{该产品实际完成的定额工时}\times\text{计划小时制造费用率}$$

$$\text{某产品实际制造费用}=\text{该产品实际生产工时}\times\text{实际小时制造费用率}$$

$$\text{某产品制造费用脱离定额差异}=\text{该产品实际制造费用}-\text{该产品定额制造费用}$$

【例 7—12】 江北工厂 A 车间 6 月份计划制造费用总额为 20 720 元，计划产量的定额生产工时总额为 2 960 小时；实际生产工时为 3 100 小时，实际发生制造费用为 21 390 元；本月甲产品的定额生产工时为 2 000 小时，实际生产工时为 1 950 小时。甲产品定额制造费用和制造费用脱离定额差异计算如下：

$$\text{计划小时制造费用率}=\frac{20\ 720}{2\ 960}=7$$

$$\text{实际小时制造费用率}=\frac{21\ 390}{3\ 100}=6.9$$

甲产品定额制造费用＝2 000×7＝14 000(元)

甲产品实际制造费用＝1 950×6.9＝13 455(元)

甲产品制造费用脱离定额差异＝13 455－14 000＝－545(元)

对于废品损失及其发生的原因，应采用废品通知单和废品损失计算表单独反映，其中不可修复废品的成本应按照定额成本计算。由于产品定额成本中一般不包括废品损失，因而发生的废品损失通常作为脱离定额差异来处理。

通过将产品的各项生产费用都分别计算出符合定额费用的部分和脱离定额差异的部分，在产品的定额成本上，加上或者减去脱离定额差异，即可求得产品的实际成本。计算公式如下：

产品实际成本＝产品定额成本±脱离定额差异

为了计算完工产品的实际成本，上述脱离定额差异还应在完工产品和月末在产品之间进行分配。由于采用定额法计算产品成本的企业都有现成的定额成本资料，因此脱离定额差异在完工产品与月末在产品之间的分配，大多采用定额比例法进行。如果各月在产品的数量比较稳定，也可以采用按定额成本计算在产品成本的方法，将全部差异计入完工产品成本，月末在产品不负担差异。

7.2.4 直接材料成本差异的分配

在采用定额法计算产品成本的企业中，为了便于对产品成本的考核和分析，材料的日常核算都应按计划成本进行。因此，日常所发生的直接材料费用包括直接材料定额费用和直接材料脱离定额的差异，都是按照原材料的计划单位成本计算的。直接材料定额费用是定额消耗量乘以计划单位成本；直接材料脱离定额的差异是消耗量差异乘以计划单位成本。也就是说，前述的直接材料脱离定额的差异是按计划单位成本反映的数量差异，即量差。因此，在月末计算产品的实际直接材料费用时，还必须考虑所耗原材料应负担的成本差异问题，即所耗原材料的价差。其计算公式如下：

$$\text{某产品应分配的直接材料成本差异}=\left(\text{该产品的直接材料定额费用}\pm\text{直接材料脱离定额差异}\right)\times\text{原材料成本差异分配率}$$

【例 7—13】　江北工厂甲产品 6 月份所耗直接材料定额费用为 28 500 元，脱离定额差异为超支 1 500 元，原材料的成本差异率为节约 1%。本月该厂车间月初、月末均无余料，领用材料全部耗用。该产品应分配的材料成本差异为：

(28 500＋1 500)×(－1%)＝－300(元)

各种产品应分配的材料成本差异一般均由各该产品的完工产品成本负担，月末在产品不再负担。

在多步骤生产中采用定额法的情况下，若逐步结转半成品成本，则半成品的日常核算也应按计划成本或定额成本进行。在月末计算产品实际成本时，也应比照原材料成本差异的分配方法，计算产品所耗半成品的成本差异。

这时，产品实际成本的计算公式如下：

$$\text{产品实际成本}=\text{按现行定额计算的产品定额成本}\pm\text{脱离现行定额差异}\pm\text{直接材料或半成品成本差异}$$

在定额法下，为了便于考核和分析各生产步骤的产品成本，简化成本计算工作，各步骤所耗原材料和半成品的成本差异应尽量由企业内部分配调整，不计入各生产步骤产品的成本。

7.2.5　定额变动差异的核算

定额变动差异，是指因修订消耗定额或生产耗费的计划价格而产生的新旧定额之间的差额。定额变动差异与脱离定额差异是不同的。定额变动差异是定额本身变动的结果，它与生产中费用支出的节约或浪费无关；而脱离定额差异则反映生产费用支出符合定额的程度。

随着经济的发展、生产技术条件的变化、劳动生产率的提高等，企业的各项消耗定额、生产耗费的计划价格也应加以修订，以保证各项定额能够准确有效地对生产经营活动进行控制和监督。在消耗定额或计划价格修订以后，定额成本也应随之及时修订。

消耗定额和定额成本一般是在月初、季初或年初定期进行修订。在定额变动的月份，其月初在产品的定额成本并未修订，仍然是按照旧定额计算的。因此，为了将按旧定额计算的月初在产品定额成本和按新定额计算的本月投入产品的定额成本在新定额的同一基础上相加，应该计算月初在产品的定额变动差异，以调整月初在产品的定额成本。

月初在产品定额变动差异，可以根据定额发生变动的在产品盘存数量或在产品账面结存数量和修订前后的消耗定额，计算出月初在产品消耗定额修订前和修订后的定额消耗量，进而确定定额变动差异。在构成产品的零部件种类较多的情况下，采用这种方法按照零部件和工序进行计算，工作量就会很大。为了简化计算工作，也可以按照单位产品费用的折算系数进行计算。即将按新旧定额所计算出的单位产品费用进行对比，求出系数，然后根据系数进行计算。其计算公式如下：

$$系数=\frac{按新定额计算的单位产品费用}{按旧定额计算的单位产品费用}$$

$$月初在产品定额变动差异=按旧定额计算的月初在产品费用\times(1-系数)$$

【例 7—14】 江北工厂所生产的甲产品的一些零件从本月（6 月）1 日起实行新的直接材料消耗定额，单位产品旧的直接材料费用定额为 12 元，新的直接材料费用定额为 11.4 元。该产品月初在产品按旧定额计算的直接材料定额费用为 4 800 元。月初在产品定额变动差异计算结果如下：

$$系数=\frac{11.4}{12}=0.95$$

$$月初在产品定额变动差异=4\,800\times(1-0.95)=240(元)$$

虽然采用系数法计算月初在产品定额变动差异较为简便，但由于系数是按照单位产品计算，而不是按照产品的零部件计算的，因而它只适合在零部件成套生产或零部件成套性较大的情况下采用。也就是说，在零部件生产不成套或成套性较差的情况下，采用系数法，就会影响计算结果。例如，某产品只是部分零部件的消耗定额做了修订，如果零部件生产不成套，月初在产品所包括的零部件又都不是消耗定额发生变动的零部件。这时，采用上述方法计算，则会使本来不应有定额变动差异的月初在产品定额成本不正确地做了调整。

各种消耗定额的变动一般表现为不断下降的趋势，因而月初在产品定额变动差异通常表现为月初在产品定额成本的降低。在这种情况下，一方面应从月初在产品定额成本中扣除该项差异；另一方面，由于该项差异是月初在产品生产费用的实际支出，因此还应将该项差异计入本月产品成本。相反，若消耗定额不是下降而是提高，那么，在计算出定额变动差异后，应将此差异加入月初在产品定额成本之中，同时从本月产品成本中予以扣除，因为实际上并未发生这部分支出。

在有月初在产品定额变动差异时，产品实际成本的计算公式应补充为：

$$产品实际成本=\begin{matrix}按现行定额计算\\的产品定额成本\end{matrix}\pm\begin{matrix}脱离现行\\定额的差异\end{matrix}\pm\begin{matrix}直接材料或\\半成品成本差异\end{matrix}\pm\begin{matrix}月初在产品\\定额变动差异\end{matrix}$$

定额变动差异一般应按照定额成本比例，在完工产品和月末在产品之间进行分配。因为这种差异不是当月工作的结果，因此不应全部计入当月完工产品成本。但是，若定额变动差异数额较小，或者月初在产品本月全部完工，那么，定额变动差异也可以全部由完工产品负担，月末在产品不再负担。

在定额法下，产品实际成本的计算也应在产品成本明细账中按照成本项目分别进行。但为了适应定额法的要求，所采用的产品成本明细账以及各种费用分配表或汇总表，都应按照定额消耗量、定额费用和各种差异分设专栏或专行，以便按照前述方式，以定额成本为基础，加减各种差异计算产品实际成本。

7.2.6　定额法举例

【例 7—15】　假设前述江北工厂大批量生产甲产品。该产品各项消耗定额比较准确、稳定，为了加强定额管理和成本控制，采用定额法计算产品成本。该产品由一个封闭式车间（A 车间）生产，不分步计算成本；该企业规定，该产品的定额变动差异和材料成本差异由完工产品成本负担；脱离定额差异按定额成本比例，在完工产品与月末在产品之间进行分配。

现列示江北工厂采用定额法计算甲产品成本所登记的产品成本明细账，详见表 7—25。

所列产品成本明细账是在对生产耗费脱离定额差异进行日常核算和控制的基础上，根据有关资料登记的：

（1）月初在产品成本资料，根据上月末在产品成本资料登记。

（2）月初在产品定额变动资料，根据前述江北工厂甲产品月初在产品定额变动差异的计算资料登记。其中，定额成本调整数，是用来调整按旧定额计算的月初在产品定额成本的（定额降低时为负数，定额提高时为正数）；定额变动差异数，是应该由本月产品成本负担的月初在产品定额变动的差异（定额降低时为正数，定额提高时为负数）。两者数额相等，但正负号相反。

（3）本月生产费用中的定额成本和脱离定额差异，是根据前列直接材料定额费用和脱离定额差异汇总表及其他有关汇总表、分配表进行登记的。

（4）材料成本差异，是根据前列直接材料成本差异分配计算资料登记的。

（5）由于脱离定额差异要在完工产品和月末在产品之间按照定额成本比例进行分配，因此要计算脱离定额差异分配率，并据以计算、登记完工产品和月末在产品应负担的差异额。

（6）完工产品的定额成本，根据产成品入库单列示的产成品数量和单位定额成本计算登记；月末在产品的定额成本，可以根据该种产品各工序各种在产品的盘存数量或账面结存数量，乘以各该新的费用定额计算登记，也可以根据定额成本累计数（第⑧栏）减去本月产成品定额成本（第⑬栏）即按倒挤的方法计算登记，两者计算的结果应相等。

（7）在将上述各项计算结果记入成本明细账后，即可计算出完工产品的实际成本。

表 7—25　　　　产品成本明细账

产品名称：甲　　　　20××年 6 月　　　　产量：2 600 件

单位：元

成本项目	月初在产品成本		月初在产品定额变动		本月生产费用			生产费用累计				差异率	本月产成品成本					月末在产品成本	
	定额成本 ①	脱离定额差异 ②	定额成本调整 ③	定额变动差异 ④	定额成本 ⑤	脱离定额差异 ⑥	材料成本差异 ⑦	定额成本 ⑧=①+③+⑤	脱离定额差异 ⑨=②+⑥	材料成本差异 ⑩=⑦	定额变动差异 ⑪=④	脱离定额差异 ⑫=⑨/⑧	定额成本 ⑬	脱离定额差异 ⑭=⑬×⑫	材料成本差异 ⑮=⑩	定额变动差异 ⑯=⑪	实际成本 ⑰=⑬+⑭+⑮+⑯	定额成本 ⑱	脱离定额差异 ⑲=⑨−⑭
直接材料	4 800	−177.6	−240	+240	28 500	+1 500	−300	33 060	+1 322.4	−300	+240	+0.04	29 640	+1 185.6	−300	+240	30 765.6	3 420	136.8
直接人工	1 200	+84			10 000	+140		11 200	+224			+0.02	10 400	+208			10 608	800	16
制造费用	1 680	+74.6			14 000	−545		15 680	−470.4			−0.03	14 560	−436.8			14 123.2	1 120	−33.6
成本合计	7 680	−19	−240	+240	52 500	+1 095	−300	59 940	+1 076	−300	+240	—	54 600	+956.8	−300	+240	55 496.8	5 340	119.2

7.2.7　定额法的优缺点、适用范围和应用条件

1. 定额法的优缺点

通过上述可知，定额法是将产品成本的计划工作、核算工作和分析工作有机结合起来，将事前、事中、事后反映和监督融为一体的一种产品成本计算方法和成本管理制度。

(1) 定额法的主要优点。

1) 通过生产耗费及其脱离定额和计划的日常核算，能够在生产耗费发生的当时反映和监督脱离定额（或计划）的差异，从而有利于加强成本控制，可以及时有效地促进生产耗费的节约，降低产品成本。

2) 由于产品实际成本是按照定额成本和各种差异分别核算的，因而便于对各项生产耗费和产品成本进行定期分析，有利于进一步挖掘降低成本的潜力。

3) 通过脱离定额差异和定额变动差异的核算，还有利于提高成本的定额管理和计划管理工作的水平。

4) 由于有现成的定额成本资料，因而能够较为合理简便地解决完工产品和月末在产品之间分配费用的问题。

(2) 定额法的主要缺点。采用定额法计算产品成本比采用其他方法核算工作量要大，因为采用定额法必须制定定额成本，单独核算脱离定额差异，在定额变动时还必须修订定额成本，计算定额变动差异。

2. 定额法的适用范围和应用条件

定额法是为了加强定额管理和成本控制而采用的一种成本计算方法。它的使用与产品的生产类型没有直接关系，因而适用于各种类型的生产。由于定额法不涉及成本计算对象的确定问题，因而必须与确定成本计算对象的基本方法，即品种法、分批法或分步法结合起来应用。

为了充分发挥定额法的作用，简化核算工作，采用定额法计算产品成本应具备以下条件：

(1) 定额管理制度比较健全，定额管理工作的基础比较好。

(2) 产品的生产已经定型，消耗定额比较准确、稳定。

大批、大量生产比较容易具备上述条件，但应当指出的是，定额法与生产类型并无直接联系，不论哪种生产类型，只要具备上述条件，都可以采用定额法计算产品成本。

7.3　标准成本法

7.3.1　标准成本法概述

1. 标准成本法的特点

标准成本法，也称标准成本制度或标准成本会计，是以预先制定的标准成本为

基础，将实际发生的成本与标准成本进行比较，核算和分析成本差异的一种成本计算方法，也是加强成本控制、评价经营业绩的一种成本控制制度。

标准成本法的核心是按标准成本与脱离标准成本的差异记录和反映产品成本的形成过程和结果，并借以实现对成本的控制。其主要特点是：

（1）预先制定产品成本项目的标准成本。

（2）按标准成本进行产品成本核算。“基本生产成本”“产成品”和“自制半成品”科目的借贷方，均按标准成本入账。

（3）计算各成本项目实际成本与标准成本的各种成本差异，设立各种成本差异科目进行归集，并借以对产品成本进行控制和考核。

由上述可以看出，标准成本法并不单纯是一种成本计算方法，而是一种将成本计算和成本控制相结合，由一个包括制定标准成本、计算和分析成本差异、处理成本差异三个环节所组成的完整系统。

2. 标准成本的种类

标准成本的种类有多种，主要包括理想标准成本、正常标准成本和现实标准成本。

（1）理想标准成本。理想标准成本是以现有生产经营条件处于最优状态为基础确定的最低水平的成本。它通常是根据理论上的生产要素耗用量、最理想的生产要素价格和可能实现的最高生产经营能力利用程度来制定的。由于这种标准成本未考虑客观存在的实际情况，提出的要求过高，很难实现，故在实际工作中较少采用。

（2）正常标准成本。它是以正常的工作效率、正常的耗用水平、正常的价格和正常的生产经营能力利用程度等条件为基础制定的标准成本。这里所谓的“正常”，一般是指过去较长时期的实际数据的平均法。这种标准成本只是根据过去经验估计的，往往不能反映目前的实际，用它来控制成本也不够积极。

（3）现实标准成本。现实标准成本，亦称可达到标准成本，是在现有生产技术条件下进行有效经营的基础上，根据下一期最可能发生的各种生产要素的耗用量、预计价格和预计的生产经营能力利用程度而制定的标准成本。这种标准成本可以包含管理当局认为短期内还不能完全避免的某些不应有的低效、失误和超量消耗。因其最切实可行，最接近实际成本，因此不仅可用于成本控制，也可以用于存货计价。标准成本法一般采用这种标准成本。

3. 标准成本的作用

标准成本的作用主要有以下几项。

（1）标准成本是有效地进行成本控制的依据。成本控制的标准有两类：一类是以历史上曾经达到的水平为依据，如上年实际成本、历史最低成本等；另一类是以应该发生的成本为依据，如各种标准成本。由于标准成本是在对实际情况认真调查分析的基础上，用科学方法制定的，所以它具有客观性和科学性。由此而决定标准成本是比历史成本水平更为优越的控制依据，因为在历史成本中包含了一些偶然性和不正常因素。

（2）采用标准成本有利于责任会计的推行。标准成本不仅是编制成本预算的依据，也是分析考核责任中心成本控制业绩的依据。

（3）标准成本是经营决策的重要依据。由于标准成本代表了成本要素的合理近似值，因而它是进行价格决策和投标议价的一项重要依据，也是其他长短期决策必须考虑的因素。

（4）采用标准成本对在产品、产成品和销货成本进行计价，可以简化成本核算的账务处理工作。

7.3.2　成本按习性的分类

在标准成本法下，从成本标准的制定、成本的控制、成本差异的计算和分析，到账户的设置和登记，都是以成本按习性分类为基础的。因此，在这里简要地介绍一下成本按习性的分类及相关问题。

所谓成本习性（亦称成本性态），是指成本与业务量之间的依存关系。这里的业务量可以是生产或销售的产品数量，也可以是反映生产工作量的直接人工小时或机器工作小时等。研究成本与业务量之间的依存关系，考察不同类型成本与业务量之间的特定数量关系，把握业务量变动对各类成本变动的影响，对于正确进行经营决策、挖掘内部潜力、提高企业经济效益具有重要意义。

成本按其与业务量之间的依存关系，可以分为固定成本与变动成本两大类。

1. 固定成本

固定成本是指其总额在一定时期和一定业务量范围内，不受业务量增减变动影响而保持不变的成本。例如，按直线法计算的固定资产折旧、管理人员的工资、机器设备的租金等。

固定成本的概念是就其总额而言的。由于固定成本总额在一定时期和一定业务量范围内保持不变，那么随着业务量在一定范围内的增加或减少，单位业务量所分摊的固定成本就会相应地减少或增加，即从单位固定成本看，它与业务量的增减呈反比例变动。固定成本习性的模型如图 7—2 和图 7—3 所示。

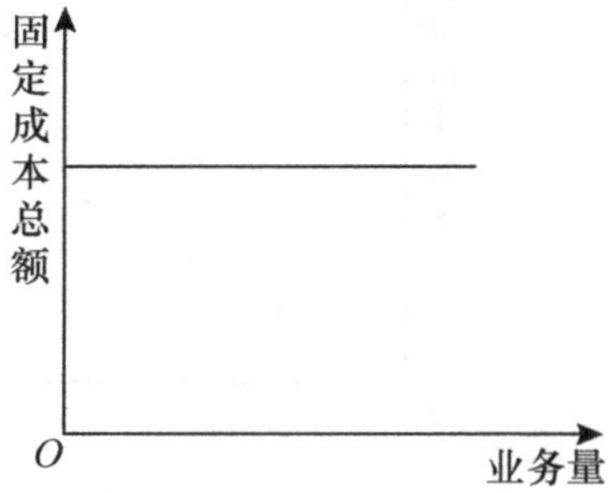

图 7—2　业务量与固定成本总额的关系

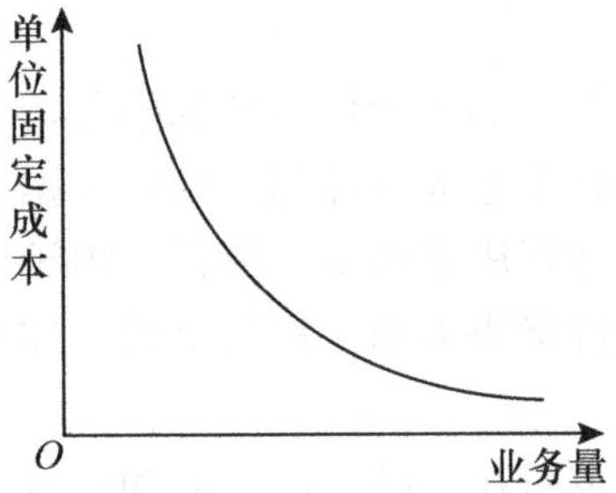

图 7—3　业务量与单位固定成本的关系

为了更好地对固定成本进行规划和控制，固定成本还可以进一步划分为约束性固定成本和酌量性固定成本。

约束性固定成本也叫经营能力成本，它是指与企业的生产经营能力的形成及其正常维护相联系的固定成本，如厂房和机器设备的折旧费、保险费、企业管理人员的基本工资等。这类成本有很大的约束性，一般在短期很难有大的改变。酌量性固定成本也叫随意性固定成本，它是指由企业高层管理者按照经营方针的要求所确定的一定时期的预算固定成本，如广告费、研究开发费、职工培训费等。这类成本的发生及其数额的多少，服从于企业不同时期生产经营的实际需要，取决于管理当局对不同费用项目所做的具体预算。因此，它可随经营方针的改变而改变，只能在某个特定的预算期内存在。

应当指出的是，固定成本总额只是在一定时期和一定业务量范围内才是固定的。这里所说的一定范围，通常称为相关范围。如果业务量超过了相关范围，固定成本也会发生变动。所以，所谓固定成本，必须和一定时期、一定业务量相联系。

2. 变动成本

变动成本是指其总额随着业务量的变动而呈正比例变动的成本。例如，直接材料、直接人工、包装材料等都属于变动成本。

变动成本的概念也是就其总额而言的。若从单位业务量的变动成本看，它又是固定的，即它不受业务量增减变动的影响。变动成本习性的模型如图 7—4 和图 7—5 所示。

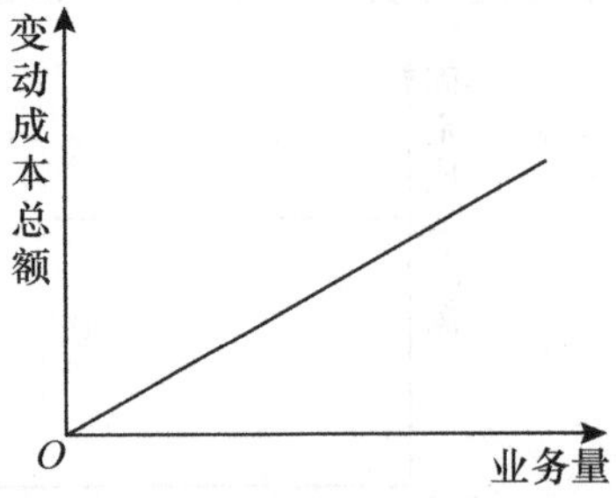

图 7—4　业务量与变动成本总额的关系

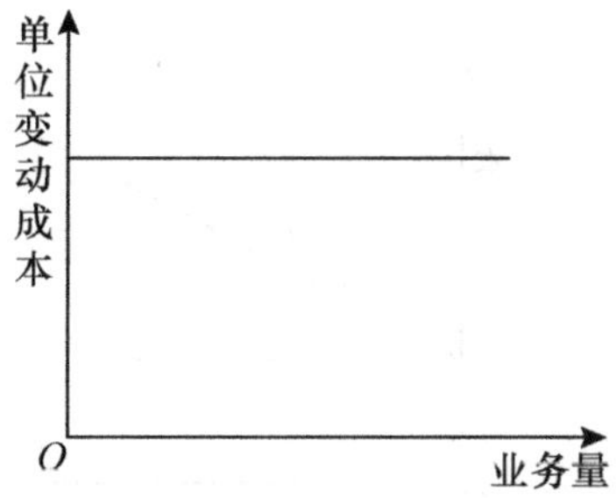

图 7—5　业务量与单位变动成本的关系

应当指出的是，变动成本也存在相关范围问题。也就是说，在相关范围之内，变动成本总额与业务量之间保持完全的线性关系；在相关范围之外，它们之间的关系可能是非线性的。例如，企业生产产品，通常在生产的最初阶段产量较低，生产还处于一种不成熟状态，这样单位产品上耗费的直接材料、直接人工等可能较多。随着产量的增加，工人对生产过程逐渐熟悉，可能使单位产品的直接材料、直接人工等逐渐降低。在这一阶段，变动成本总额不一定与产量完全呈同比例变化，而是表现为小于产量增减幅度。当产量增长到相关范围时，单位产品耗用的直接材料、直接人工等较为稳定，从而变动成本总额与产量之间完全呈线性关系。如果产量超出相关范围，继续增长，则可能出现一些新的不利因素，促使单位产品的变动成本增加。

3. 总成本习性模型

企业的全部成本按成本习性可分为固定成本和变动成本两大类，所以总成本的计算公式为：

总成本＝固定成本总额＋变动成本总额
　　　＝固定成本总额＋单位变动成本×业务量

设 y 代表总成本，a 代表固定成本总额，b 代表单位变动成本，x 代表业务量，则上述总成本的计算公式可写成：

$$y=a+bx$$

从数学的观点看，上述公式是直线方程。式中，x 是自变量；y 是因变量；a 是常数，即截距；b 是直线的斜率。显然，若能求出公式中 a 和 b 的值，就可以利用这个直线方程来进行成本预测、成本决策和其他短期决策。所以这个公式是一个非常重要的模型。总成本习性模型如图 7—6 所示。

标准成本法可以与完全成本法结合使用，也可以与变动成本法结合使用。西方企业一般是将其同完全成本法结合使用，本书只就这种情况对标准成本法进行讲解。

所谓完全成本法，就是将企业的全部成本区分为生产成本（包括直接材料、直接人工和制造费用）和非生产成本（包括管理费用、销售费用等）两大类，将全部

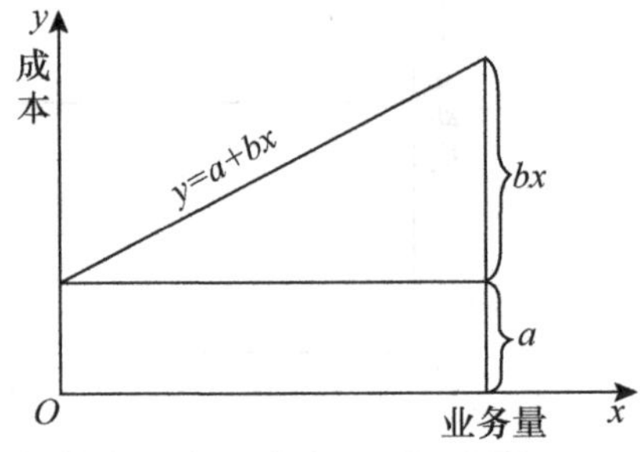

图 7—6　总成本习性模型图

生产成本计入产品成本。完全成本法下，成本类别的划分及产品成本所包含的内容如图 7—7 所示。

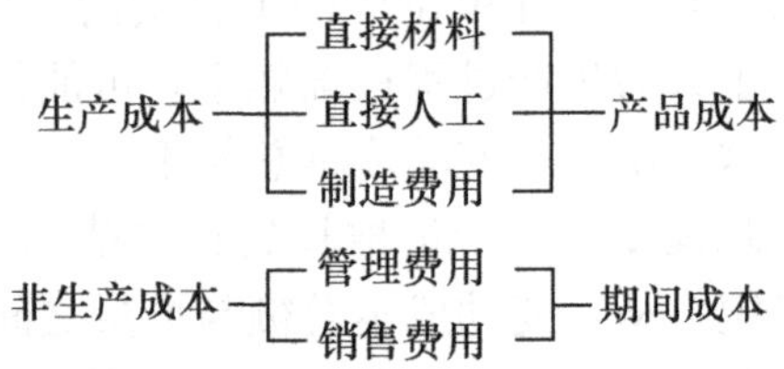

图 7—7　完全成本法下成本类别的划分与产品成本所含内容关系图

变动成本法，也称直接成本法，是在计算产品生产成本和存货成本时，只包括生产过程中产品所消耗的直接材料、直接人工和变动制造费用，而把固定制造费用视为期间成本全额计入当期损益的一种成本计算方法。

在变动成本法下，把固定制造费用视为期间成本全额计入当期损益的理由是：固定制造费用是为企业提供一定的生产经营条件、保持一定的生产能力而发生的，在已经形成的生产条件下，不论各期的产量如何，这些费用都会照常发生，并不随产量的增减而增减。也就是说，固定制造费用是按期间发生的，其效益会随时间的推移而消逝，不可能递延到下一个会计期间。因此，应将固定制造费用作为期间成本，在其发生时全额计入当期损益，而不应将其计入产品成本，使之随着产品的流动而流动。

在西方，变动成本法产生以后，人们把传统的成本计算方法称为完全成本法①（也称全部成本法、吸收成本法），以区别于变动成本法。

变动成本法下，成本类别的划分及产品成本所包含的内容如图 7—8 所示。

在这里需要指出的是，在将标准成本法与完全成本法结合使用的情况下，也应该按照成本习性，将制造费用划分为固定制造费用与变动制造费用，并在此基础上，分别制定成本标准进行成本的控制和差异的计算、分析。

① 本章中所提到的完全成本法，均是指西方所称的完全成本法，它相当于我国现行的制造成本法。前面述及的我国现行的制造成本法就是产品成本计算到制造（生产）成本为止的完全成本法。

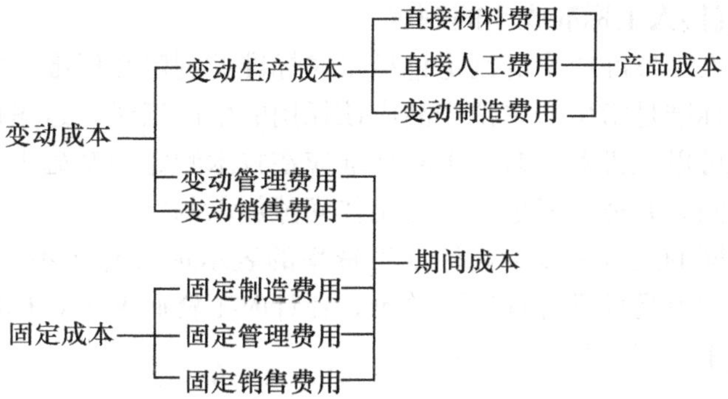

图 7—8　变动成本法下成本类别的划分与产品成本所含内容关系图

7.3.3　标准成本的制定

标准成本一般是由会计部门会同采购部门、生产技术部门和其他有关经营管理部门，在对企业生产经营的具体条件进行分析、研究和技术测定的基础上共同制定的。产品成本一般由直接材料、直接人工和制造费用三个成本项目组成，标准成本也应根据这些成本项目的特点分别制定。

1. 直接材料标准成本的制定

直接材料标准成本的制定包括直接材料用量标准的制定和直接材料价格标准的制定两个方面。

直接材料用量标准是指单位产品应该消耗的材料的数量，即产品的材料消耗定额。直接材料用量标准通常应根据产品的设计、生产工艺状况，并结合企业的经营管理水平、降低材料消耗的可能性等条件制定。

由于材料价格受诸多因素的影响，直接材料价格标准的确定相对较难。一般来说，在制定直接材料价格标准时，不仅要考虑目前市价及未来市场的变化，而且要结合最佳采购批量和最佳运输方式等其他影响价格的因素。

在直接材料用量标准和价格标准确定以后，用下列公式即可求得直接材料的标准成本。

直接材料标准成本＝直接材料用量标准×直接材料价格标准

【例 7—16】　假定某企业甲产品耗用 A，B 两种直接材料，其直接材料标准成本如表 7—26 所示。

表 7—26

标准	A 材料	B 材料
用量标准（1）	15 千克	10 千克
价格标准（2）	5 元	10 元
成本标准（3）＝(1)×(2)	75 元	100 元
单位产品直接材料标准成本（4）＝∑(3)	175 元	

2. 直接人工标准成本的制定

直接人工标准成本的制定包括工时标准的制定和标准工资率的制定两个方面。

工时标准是指生产单位产品应该耗用的生产工时。这里的工时可以是直接人工工时，也可以是机器工时。工时标准应在技术测定的基础上，根据对产品直接加工所用的时间，并适当考虑正常的工作间隙加以制定。

在不同的工资制度下，标准工资率的表示形式有所不同。在计件工资制度下，标准工资率就是标准计件工资单价；在计时工资制度下，标准工资率是指单位工时标准工资率，其计算公式为：

$$标准工资率=\frac{标准工资总额}{标准总工时}$$

在工时标准和标准工资率确定以后，用下列公式即可求得直接人工标准成本：

$$直接人工标准成本=工时标准\times标准工资率$$

【例 7—17】 上例中，企业甲产品直接人工标准成本计算如表 7—27 所示。

表 7—27

项目	标准
月标准总工时（1）	12 000 小时
月标准总工资（2）	96 000 元
标准工资率(3)=(2)/(1)	8 元/小时
单位产品工时标准（4）	6 小时
直接人工标准成本（5）=(4)×(3)	48 元

3. 制造费用标准成本的制定

制造费用的标准成本可以分为变动制造费用标准成本和固定制造费用标准成本。下面分别讲述。

（1）变动制造费用标准成本的制定。变动制造费用标准成本的制定包括工时标准的制定和变动制造费用标准分配率的制定两个方面。其中，工时标准的含义与直接人工工时标准相同；变动制造费用标准分配率可按下列公式求得：

$$变动制造费用标准分配率=\frac{变动制造费用预算总额}{标准总工时}$$

在工时标准和变动制造费用标准分配率确定以后，用下列公式即可求得变动制造费用标准成本：

$$变动制造费用标准成本=工时标准\times变动制造费用标准分配率$$

（2）固定制造费用标准成本的制定。在变动成本法下，固定制造费用作为期间成本全部计入当期损益，因而不包括在产品成本中。在完全成本法下，固定制造费用要在产品之间进行分配，因而需要制定单位产品的固定制造费用的标准成本。

固定制造费用标准成本的制定包括工时标准的制定和固定制造费用标准分配率的制定两个方面。其中，工时标准的含义与直接人工工时标准相同；固定制造费用标准分配率可以按下列公式求得：

$$固定制造费用标准分配率=\frac{固定制造费用预算总额}{标准总工时}$$

在工时标准和固定制造费用标准分配率确定以后，用下列公式即可求得固定制造费用标准成本：

$$固定制造费用标准成本=工时标准\times固定制造费用标准分配率$$

【例 7—18】　例 7—16 中，企业甲产品制造费用标准成本计算如表 7—28 所示。

表 7—28

项目	标准
月标准总工时（1）	12 000 小时
标准变动制造费用总额（2）	48 000 元
标准变动制造费用分配率（3）=(2)/(1)	4 元/小时
单位产品工时标准（4）	6 小时
变动制造费用标准成本（5）=(4)×(3)	24 元
标准固定制造费用总额（6）	90 000 元
标准固定制造费用分配率（7）=(6)/(1)	7.5 元/小时
固定制造费用标准成本（8）=(4)×(7)	45 元
单位产品制造费用标准成本（9）=(5)+(8)	69 元

4. 标准成本卡

标准成本确定以后，应就不同种类、不同规格的产品，编制标准成本卡。标准成本卡应分车间、分项目（在完全成本法下，一般包括直接材料、直接人工、变动制造费用和固定制造费用四个部分）反映单位产品标准成本及其所依据的材料、工时的用量标准和标准的价格、工资率（每工时的工资）、制造费用分配率（每工时应负担的制造费用）。直接材料项目应按所耗材料的种类和规格详细列明；直接人工应按不同工种、不同工资率分别列示。

【例 7—19】　现根据前例有关资料，填列前例公司甲产品标准成本卡，如表 7—29 所示。

表 7—29　　**甲产品标准成本卡**

成本项目		用量标准	标准价格	单位标准成本
直接材料	A	15 千克	5 元	75 元
	B	10 千克	10 元	100 元
	小计	—	—	175 元
直接人工		6 小时	8 元	48 元
变动制造费用		6 小时	4 元	24 元
固定制造费用		6 小时	7.5 元	45 元
单位产品标准成本				292 元

7.3.4 成本差异的计算和分析

成本差异是指实际成本与标准成本之间的差额。实际成本超过标准成本所形成的差异叫做不利差异、逆差或超支；实际成本低于标准成本所形成的差异，叫做有利差异、顺差或节约。

计算分析成本差异的主要目的在于查明差异形成的原因，及时采取措施消除不利差异，并为成本控制、考核和奖惩提供依据。

成本差异包括直接材料成本差异、直接人工成本差异和制造费用差异三部分。其中，制造费用差异又可分为变动制造费用差异和固定制造费用差异。下边分别讲述这些差异的计算和分析。

1. 直接材料成本差异的计算与分析

直接材料成本差异，是指一定产品产量的直接材料实际成本与直接材料标准成本之间的差额。它由直接材料价格差异和直接材料用量差异两部分构成。

直接材料价格差异，是指由于材料实际价格脱离标准价格而形成的材料成本差异。其计算公式为：

$$\text{直接材料价格差异}=\text{实际价格}\times\text{实际用量}-\text{标准价格}\times\text{实际用量}=(\text{实际价格}-\text{标准价格})\times\text{实际用量}$$

直接材料用量差异，是指由于材料的实际耗用量脱离标准耗用量而形成的直接材料成本差异。其计算公式为：

$$\text{直接材料用量差异}=\text{标准价格}\times\text{实际用量}-\text{标准价格}\times\text{标准用量}=(\text{实际用量}-\text{标准用量})\times\text{标准价格}$$

现举例说明直接成本差异的计算与分析方法。

【例 7—20】 M 公司制造甲产品需用 A，B 两种直接材料，标准价格分别为 5 元/千克、10 元/千克，单位产品的标准用量分别为 15 千克/件、10 千克/件；本期共生产甲产品 1 900 件，实际耗用 A 材料 28 000 千克、B 材料 20 000 千克，A，B 两种材料的实际价格分别为 4.5 元/千克、11 元/千克。则直接材料成本差异计算分析如下：

A 材料价格差异＝(4.5－5)×28 000＝－14 000(元)(有利差异)
B 材料价格差异＝(11－10)×20 000＝20 000(元)(不利差异)

甲产品直接材料价格差异　　　6 000 元(不利差异)
A 材料标准用量＝1 900×15＝28 500(千克)
B 材料标准用量＝1 900×10＝19 000(千克)
A 材料用量差异＝(28 000－28 500)×5＝－2 500(元)(有利差异)
B 材料用量差异＝(20 000－19 000)×10＝10 000(元)(不利差异)

甲产品直接材料用量差异　　　　　　　　　7 500 元(不利差异)

产品直接材料成本差异＝6 000＋7 500＝13 500(元)(不利差异)

在计算出差异的基础上，可据此进一步分析原因，落实责任。

一般说来，直接材料价格差异应由采购部门负责。材料购买价格的高低、采购费用的高低，采购部门大体上是可以控制的。但是，决定材料价格的因素是多方面的，有些引起材料价格变动因素会超出采购部门的控制范围。例如，因市场供求关系变化引起的价格变动，就是采购部门所不能控制的。又如，因临时性需要进行紧急采购时，由于改变运输方式（如由陆运改为空运）而引起的价格差异，也不应由采购部门负责，而应由造成这种情况的有关部门负责。

直接材料用量差异一般应由控制用料的生产部门负责。因为在正常情况下，产品耗用某种材料数量的多少、加工过程中必不可少的材料损耗的大小，生产部门大体上是可以控制的。但是，影响材料耗用量的因素也是多方面的。除生产部门有关人员的原因（如是否注意合理用料、是否遵守操作规程、技术的熟练程度等）会对材料用量差异的形成产生影响外，其他部门的原因也可能对材料用量差异的形成产生影响。例如，由于材料质量低劣而增加了废品、因材料不符合要求而大材小用等引起的过量用料，就应该由采购部门负责。

总之，由影响直接材料价格差异和用量差异因素的多样性所决定，在进行直接材料成本差异分析时，应从实际出发，认真分析产生差异的具体原因，以便有针对性地采取改进措施。

2. 直接人工成本差异的计算与分析

直接人工成本差异，是指一定产品产量的直接人工实际成本与直接人工标准成本之间的差额。它由直接人工工资率差异和直接人工效率差异两部分构成。

直接人工工资率差异，是指由于直接人工的实际工资率脱离标准工资率而形成的人工成本差异。其计算公式为：

$$\text{直接人工工资率差异}=\text{实际工资率}\times\text{实际工时}-\text{标准工资率}\times\text{实际工时}=(\text{实际工资率}-\text{标准工资率})\times\text{实际工时}$$

直接人工效率差异，是指由于直接人工实际工作时数脱离标准工作时数而形成的人工成本差异。其计算公式为：

$$\text{直接人工效率差异}=\text{标准工资率}\times\text{实际工时}-\text{标准工资率}\times\text{标准工时}=(\text{实际工时}-\text{标准工时})\times\text{标准工资率}$$

现举例说明直接人工成本差异的计算与分析方法。

【例 7—21】　M 公司本期生产甲产品 1 900 件，只需一个工种加工，实际耗用

12 000 小时，实际工资总额 90 000 元；标准工资率为 8 元，单位产品的工时耗用标准为 6 小时。则直接人工成本差异可计算分析如下：

$$标准工时=1\,900\times6=11\,400(小时)$$

$$实际工资率=\frac{90\,000}{12\,000}=7.5(元)$$

$$直接人工工资率差异=(7.5-8)\times12\,000=-6\,000(元)(有利差异)$$

$$直接人工效率差异=(12\,000-11\,400)\times8=4\,800(元)(不利差异)$$

直接人工成本差异　　　　　　　　　　　−1 200 元(有利差异)

如果生产一种产品需经几个工种加工，则应先对每个工种进行上述计算分析，然后加总。

工资率差异的形成原因主要有工资的调整、直接生产工人升级或降级使用、出勤率的变化，等等。其成因较为复杂，其责任一般应由劳动人事部门或生产部门负责。

人工效率差异形成的原因主要有工人技术的熟练程度和责任感、加工设备的完好程度、作业计划安排是否周密、工作环境是否良好、动力供应情况，等等。人工效率差异的责任基本上应由生产部门负责，但也可能有一部分应由其他部门负责，例如，因材料质量不好影响生产效率而产生的人工效率差异，就应该由供应部门负责。

3. 变动制造费用差异的计算与分析

变动制造费用差异，是指一定产品产量的实际变动制造费用与标准变动制造费用之间的差额。它由变动制造费用耗费差异和变动制造费用效率差异两部分组成。

在成本差异分析中，变动制造费用耗费差异类似于直接材料价格差异和直接人工工资率差异；变动制造费用效率差异类似于直接材料用量差异和直接人工效率差异。它们的计算公式如下：

$$\begin{aligned}变动制造费用耗费差异&=实际分配率\times实际工时-标准分配率\times实际工时\\&=(实际分配率-标准分配率)\times实际工时\end{aligned}$$

$$\begin{aligned}变动制造费用效率差异&=标准分配率\times实际工时-标准分配率\times标准工时\\&=(实际工时-标准工时)\times标准分配率\end{aligned}$$

现举例说明变动制造费用差异的计算与分析方法。

【例 7—22】 M 公司本期生产甲产品 1 900 件，实际耗用人工工时 11 500 小时，实际发生了变动制造费用 40 250 元，单位产品的工时耗用标准为 6 小时，变动制造费用标准分配率为每一直接人工工时 4 元。则对变动制造费用差异分析如下：

标准工时＝1 900×6＝11 400(小时)

$$\text{变动制造费用实际分配率}=\frac{40\ 250}{11\ 500}=3.5$$

变动制造费用耗费差异＝(3.5－4)×11 500＝－5 750(元)(有利差异)

变动制造费用效率差异＝(11 500－11 400)×4＝400(元)(不利差异)

变动制造费用差异　　　　　　　　　　－5 350 元(有利差异)

变动制造费用是一个综合性费用项目，对其差异应结合构成变动制造费用的具体明细项目作进一步分析。在实际工作中，通常采用根据变动制造费用的弹性预算的明细项目，结合同类项目的实际发生数进行对比分析，从而找出差异的原因及责任归属。

应当指出的是，变动制造费用效率差异实际上反映的是产品制造过程中的工时利用效率问题，应结合直接人工效率差异进行分析。

4. 固定制造费用差异的计算与分析

固定制造费用差异，是指一定期间的实际固定制造费用与标准固定制造费用之间的差额，其计算公式为：

$$\begin{aligned}\text{固定制造费用成本差异}&=\text{实际固定制造费用}-\text{实际产量标准固定制造费用}\\&=\text{实际固定制造费用}-\text{实际产量}\times\text{工时标准}\times\text{标准费用分配率}\\&=\text{实际固定制造费用}-\text{实际产量标准工时}\times\text{标准费用分配率}\end{aligned}$$

由于固定制造费用总额一般不受产量变动的影响，因此，产量变动会对单位产品所负担的固定制造费用产生影响。这就是说，实际产量与设计生产能力规定的产量或预算规定的产量的差异会对产品应负担的固定制造费用产生影响。所以，固定制造费用差异的分析方法与其他费用成本差异的分析方法有所不同。固定制造费用的成本差异分析方法主要有两差异分析法和三差异分析法两种。

(1) 两差异分析法。两差异分析法将固定制造费用成本差异分为耗费差异和能量差异两种成本差异。

固定制造费用耗费差异，是指实际固定制造费用与计划（也称预算）固定制造费用之间的差异。计划固定制造费用是按计划产量和工时标准、标准费用分配率事前确定的固定制造费用。这种成本差异的计算公式为：

$$\begin{aligned}\text{固定制造费用耗费差异}&=\text{实际固定制造费用}-\text{计划固定制造费用}\\&=\text{实际固定制造费用}-\text{计划产量}\times\text{工时标准}\times\text{标准费用分配率}\\&=\text{实际固定制造费用}-\text{计划产量标准工时}\times\text{标准费用分配率}\end{aligned}$$

固定制造费用能量差异，是指由于设计或计划的生产能力利用程度的差异而导致的成本差异，也就是实际产量标准工时脱离设计或计划产量标准工时而产生的成本差异。其计算公式为：

$$\text{固定制造费用能量差异}=\left(\text{计划产量标准工时}-\text{实际产量标准工时}\right)\times\text{标准费用分配率}$$

【例 7—23】 某公司本月甲产品计划产量为 2 000 件，实际产量为 1 900 件；计划固定制造费用为 90 000 元，实际发生固定制造费用为 91 800 元；计划总工时为 12 000 小时，实际耗用工时为 11 500 小时；工时标准为 6 小时，固定制造费用标准分配率为每小时 7.5 元。根据以上资料，固定制造费用成本差异计算如下：

固定制造费用耗费差异＝91 800－90 000＝1 800(元)(不利差异)

固定制造费用能量差异＝(12 000－1 900×6)×7.5

＝(12 000－11 400)×7.5

＝4 500(元)(不利差异)

(2) 三差异分析法。三差异分析法将固定制造费用成本差异区分为耗费差异、能力差异和效率差异三种成本差异。其中耗费差异与两差异分析法相同，其计算公式仍为：

固定制造费用耗费差异＝实际固定制造费用－计划固定制造费用

固定制造费用能力差异，是指实际产量实际工时脱离计划产量标准工时所引起的生产能力利用程度差异而导致的成本差异。其计算公式为：

$$\text{固定制造费用能力差异}=\left(\text{计划产量标准工时}-\text{实际产量实际工时}\right)\times\text{标准费用分配率}$$

固定制造费用效率差异，是指因生产效率差异导致的实际工时脱离标准工时所产生的成本差异。其计算公式如下：

$$\text{固定制造费用效率差异}=\left(\text{实际产量实际工时}-\text{实际产量标准工时}\right)\times\text{标准费用分配率}$$

【例 7—24】 仍以上例的资料为依据，采用三差异分析法，固定制造费用成本差异计算如下：

固定制造费用耗费差异＝91 800－90 000＝1 800(元)(不利差异)

固定制造费用能力差异＝(12 000－11 500)×7.5＝3 750 元(不利差异)

固定制造费用效率差异＝(11 500－1 900×6)×7.5

＝(11 500－11 400)×7.5

＝750(元)(不利差异)

由以上可以看出，三差异分析法的能力差异与效率差异之和，等于两差异分析法的能量差异。因此，采用三差异分析法，能够较清楚地说明生产能力利用程度和生产效益高低所导致的成本差异情况，便于分清责任。

固定制造费用也是一个综合性费用项目，因此，为了较为准确地查明差异产生的原因，必须将固定制造费用各项目的预算数与其实际发生数进行对比，以便逐项分析原因和责任。

固定制造费用耗费差异的出现有外部原因，但大多数是内部原因，如临时购置固定资产，超计划雇用管理人员及辅助生产人员，研究开发费、培训费的增加等。

能力差异的出现主要是由于产销数量引起的。如经济萧条、产品定价过高，造成销路不好和开工不足，或原材料、能源供应不足造成生产能力利用不充分。

形成固定制造费用效率差异的原因与直接人工效率差异的形成原因相同，主要应由人事部门和人工管理部门负责。

7.3.5　标准成本法的账务处理

1. 标准成本法账务处理的特点

标准成本法的账务处理具有以下几方面的特点。

(1)“在产品”“产成品”等账户可以只登记标准成本，设置各种成本差异账户，分别核算各种差异。在标准成本法下，“在产品”“产成品”账户，无论是借方还是贷方均登记实际产量的标准成本，至于各种差异，则可另设各个成本差异账户进行核算。

对于直接材料成本差异，应设置“材料价格差异”和“材料用量差异”两个账户；对于直接人工成本差异，应设置“直接人工工资率差异”和“直接人工效率差异”两个账户；对于变动制造费用差异，应设置“变动制造费用耗费差异”和“变动制造费用效率差异”两个账户；对于固定制造费用差异，应设置“固定制造费用耗费差异”“固定制造费用能力差异”和“固定制造费用效率差异”三个账户（在两差异分析法下，只需设置“固定制造费用耗费差异”和“固定制造费用能量差异”两个账户。在以下的账务处理中，我们采用三差异分析法）。各种不利差异，应分别记入有关差异账户的借方；各种有利差异，应分别记入有关差异账户的贷方。

材料价格差异的核算有两种方法。第一种方法是：在购入材料时就计算其价格差异，将材料的标准成本记入“材料”账户，而将其价格差异记入“材料价格差异”账户。在这种情况下，“材料价格差异”账户核算的是购入材料的价格差异。第二种方法是：购入材料时将其实际成本记入“材料”账户，生产领用材料时才计算价格差异，将领用材料的标准成本由“材料”账户转入“在产品”账户，而将价格差异由“材料”账户转入“材料价格差异”账户。在这种情况下，“材料价格差异”账户核算的是领用材料的价格差异。对于材料价格差异的核算，本节采用第二种方法。

(2) 会计期末对成本差异进行处理。期末分析、计算各种成本差异后，要对其进行处理。成本差异的处理方法有以下两种：

第一种方法是将本期的各种成本差异，按标准成本的比例分配给期末在产品、期末库存产成品和本期已售产品。采用这种方法的理由是：本期发生的成本差异与上述三者均有关系，这样分配差异后，资产负债表中的“在产品”项目和“产成品”项目以及利润表中的本期已售产品成本均反映的是实际成本。

第二种方法是将本期发生的各种差异全部计入当期损益。在这种处理方法下，资产负债表中的“在产品”项目和“产成品”项目只反映标准成本。采用这种方法的理由是：本期发生的成本差异是本期成本控制的结果，应当全部体现在本期的损益之中，只有这样，才能使各期的利润如实地反映各该期生产经营工作的全部成效；标准成本才是真正的正常成本，因此，期末资产负债表中的“在产品”项目和“产成品”项目以标准成本反映能较为如实地反映资产的价值，避免繁杂的成本差异分配工作，使产品成本的计算大为简化。但是，如果成本标准已经陈旧，显得过高或过低，那么第二种方法则会使会计报表反映失实。这时，必须对成本标准进行修订，以使其符合实际。西方企业一般都采用第二种方法，在下面的举例中，我们也采用第二种方法进行账务上的处理。

2. 账务处理举例

【例 7—25】 仍以 M 公司的有关业务为例，并假设 M 公司“在产品”和“产成品”账户均无期初余额，本期投产的 1 900 件甲产品均已全部完工，并已全部出售，每件售价为 400 元。

(1) 领用材料，将直接人工工资、变动制造费用、固定制造费用计入产品成本的会计分录（购入材料以及实际支付以上各该项费用时的会计分录从略）。

1) 领用材料的会计分录。根据例 7—20，投产 1 900 件甲产品的直接材料的有关数据如下：

直接材料标准成本＝(5×15＋10×10)×1 900＝332 500(元)

直接材料实际成本＝4.5×28 000＋11×20 000＝346 000(元)

直接材料价格差异＝6 000(元)(不利差异)

直接材料用量差异＝7 500(元)(不利差异)

根据以上数据编制会计分录如下：

①借：在产品	332 500	
材料价格差异	6 000	
材料用量差异	7 500	
贷：材料		346 000

2) 将直接人工工资计入产品成本的会计分录。根据前述的例 7—21，投产 1 900 件甲产品的直接人工工资的有关数据如下：

直接人工标准成本＝8×6×1 900＝91 200(元)

直接人工实际成本＝90 000(元)

直接人工工资率差异＝−6 000(元)(有利差异)

直接人工效率差异＝4 800(元)(不利差异)

根据以上数据编制会计分录如下：

②借：在产品 91 200
　　直接人工效率差异 4 800
　贷：应付职工薪酬 90 000
　　　直接人工工资率差异 6 000

3）将变动制造费用计入产品成本的会计分录。根据前述的例 7—22，可将变动制造费用有关数据列示如下：

标准变动制造费用＝4×6×1 900＝45 600(元)
实际变动制造费用＝40 250(元)
变动制造费用耗费差异＝－5 750(元)(有利差异)
变动制造费用效率差异＝400(元)(不利差异)

根据以上数据编制会计分录如下：

③借：在产品 45 600
　　变动制造费用效率差异 400
　贷：变动制造费用 40 250
　　　变动制造费用耗费差异 5 750

4）将固定制造费用计入产品成本的会计分录。根据前述的例 7—24，可将固定制造费用的有关数据列示如下：

标准固定制造费用＝7.5×6×1 900＝85 500(元)
实际固定制造费用＝91 800(元)
固定制造费用耗费差异＝1 800(元)(不利差异)
固定制造费用能力差异＝3 750(元)(不利差异)
固定制造费用效率差异＝750(元)(不利差异)

根据以上数据，编制会计分录如下：

④借：在产品 85 500
　　固定制造费用耗费差异 1 800
　　固定制造费用能力差异 3 750
　　固定制造费用效率差异 750
　贷：固定制造费用 91 800

(2) 结转完工入库产品标准成本的会计分录。完工入库 1 900 件甲产品的标准成本为：

直接材料：	332 500 元
直接人工：	91 200 元
变动制造费用：	45 600 元
固定制造费用：	85 500 元
合计	554 800 元

会计分录为：

⑤借：产成品　　554 800
　贷：在产品　　554 800

（3）销售产品的会计分录为：

销售收入=400×1 900=760 000(元)

⑥借：应收账款　　760 000
　贷：销售收入　　760 000

（4）结转已售产品标准成本。

⑦借：销货成本　　554 800
　贷：产成品　　554 800

（5）结转本期各项成本差异。本期各项成本差异的汇总结果详见表7—30。

表7—30　　成本差异汇总表　　单位：元

账户名称	不利差异	有利差异
材料价格差异	6 000	
材料用量差异	7 500	
直接人工工资率差异		6 000
直接人工效率差异	4 800	
变动制造费用耗费差异	400	
变动制造费用效率差异		
固定制造费用耗费差异	3 750	1 800
固定制造费用能力差异	750	
合计	25 000	11 750
差异净额	13 250	

根据表7—30，作结转各种成本差异的会计分录：

⑧借：销货成本　　13 250
　　直接人工工资率差异　　6 000
　　变动制造费用耗费差异　　5 750
　贷：材料价格差异　　6 000
　　材料用量差异　　7 500
　　直接人工效率差异　　4 800
　　变动制造费用效率差异　　400
　　固定制造费用耗费差异　　1 800
　　固定制造费用能力差异　　3 750
　　固定制造费用效率差异　　750

7.3.6　标准成本法与定额法的比较

如前所述，标准成本法是西方企业所采用的一种将成本计算与成本控制结合在一起，由一个包括制定标准成本、计算和分析成本差异，以及处理成本差异三个环节所组成的完整系统。它与我国一些企业所采用的定额法既有相同之处，又有许多区别。从总体上看，两者具有基本上相同的功能和实施环节，都要在事先制定产品应该发生的成本，以此作为控制成本的依据，并据以计算和分析成本差异，追查发生差异的原因，落实责任，以便采取措施，挖掘潜力，降低产品成本。

两者的主要区别有以下几个方面：

（1）定额法要计算产品的实际成本，而在标准成本法下，一般只计算产品的标准成本，不计算产品的实际成本。这是标准成本法与定额法以及其他成本计算方法的根本区别。

（2）在定额法下，对成本差异的核算较为简单，只核算各成本项目的成本差异，且不为各种成本差异单独设置会计科目，而是与定额成本在同一个成本明细账中进行核算。在标准成本法下，对成本差异的核算较细，要为各种成本差异专门设置许多总账科目进行核算，并详列于利润表中。

（3）在定额法下，要将成本差异在各种产品之间、完工产品与在产品之间进行分配；在标准成本法下，对成本差异的处理，企业一般采用前述的第二种方法，即将各种成本差异全部计入当期损益。

此外，在定额法下，计算和分析成本差异所依据的定额成本都是现行的；而在标准成本法下，计算和分析成本差异所依据的标准成本多种多样，如现实标准成本、正常标准成本和理想标准成本等。

□ 练习题

一、单项选择题

1. 分类法的适用范围是（　　）。

A. 大量、大批、单步骤生产

B. 大量、大批、多步骤生产

C. 单件、小批、单步骤生产

D. 品种、规格繁多并可按一定标准分类的产品

2. 采用分类法的目的是（　　）。

A. 按产品类别计算产品成本

B. 简化各种产品的成本计算工作

C. 简化各类产品的成本计算工作

D. 正确计算各种产品的成本

3. 在完工产品成本中，如果月初在产品定额变动差异是正数，说明（　　）。
A. 定额提高了
B. 定额降低了
C. 本月定额管理和成本管理不力
D. 本月定额管理和成本管理取得了成绩
4. 在成本差异分析中，变动制造费用效率差异类似于（　　）。
A. 直接人工效率差异　　B. 直接人工工资率差异
C. 直接材料成本差异　　D. 直接材料价格差异
5. 从总体上看，标准成本法与定额法的相同之处是（　　）。
A. 二者具有基本上相同的功能和实施环节
B. 二者都计算产品的实际成本
C. 二者都要为各种差异单独设置账户
D. 二者一般都是将各种成本差异全部计入当期损益
6. 成本计算分类法的特点是（　　）。
A. 按产品类别计算产品成本
B. 按产品品种计算产品成本
C. 按产品类别归集生产费用，计算产品成本，同类产品内各种产品的间接计入费用采用一定方法分配确定
D. 按产品类别归集生产费用，计算产品成本，同类产品内各种产品的费用采用一定的方法分配确定
7. 直接材料脱离定额差异是（　　）。
A. 数量差异　　B. 价格差异
C. 一种定额变动差异　　D. 原材料成本差异
8. 在产品按定额成本计价法，每月生产费用脱离定额的节约差异或超支差异（　　）。
A. 当月在完工产品与在产品之间分配
B. 全部计入月末在产品成本
C. 全部计入当月完工产品成本
D. 全部计入管理费用
9. 定额法的主要缺点是（　　）。
A. 只是用于大批大量生产的机械制造企业
B. 较其他成本计算方法核算工作量大
C. 不能合理简便地解决完工产品和月末在产品之间的费用分配问题
D. 不便于成本分析工作

二、核算与计算题

习题一

［目的］　练习产品成本计算的分类法。

［资料］　大华工厂大量生产甲、乙、丙三种产品。这三种产品的原材料和生产工艺相近，因而归为一类产品采用分类法计算成本。

该类产品的消耗定额比较准确、稳定，各月在产品数量波动也不大，因而月末在产品按定额成本计价。本月（10 月）月初、月末在产品的定额总成本，以及本月实际发生的生产费用如表 7—31 所示。

表 7—31　　单位：元

项目	直接材料	直接人工	制造费用	合计
月初在产品定额费用	7 300	1 500	4 500	13 300
月末在产品定额费用	5 200	1 000	3 000	9 200
本月生产费用	65 100	12 250	36 750	114 100

该类产品的消耗定额及本月产量资料如表 7—32 所示。

表 7—32

产品	材料消耗定额（千克）	工时消耗定额（小时）	产品产量（件）
甲	9.6	6	1 500
乙	8	7	2 000
丙	6.4	5	500

该厂各种产品成本的分配方法是：直接材料费用按事先确定的直接材料系数比例分配，直接材料系数根据产品的材料消耗定额，以乙产品为标准产品计算确定。其他各项费用均按定额工时比例分配。

［要求］

(1) 编制直接材料费用系数计算表。

(2) 采用分类法分配计算甲、乙、丙三种产品的成本，编制产品成本计算表。

习题二

［目的］　练习主产品与副产品的成本计算。

［资料］　某工业企业大量生产一种主要产品——甲产品。在生产该种产品过程中产生的废料，经过加工处理，可以成为副产品——乙产品。甲产品的生产和乙产品的加工处理都是单步骤生产，在同一个车间内进行。

本月甲、乙两种产品的实际生产费用、生产工时和产量资料如下：

甲产品领用材料 49 000 千克，单价 2 元。甲产品的生产工时为 15 000 小时，乙产品的生产工时为 1 000 小时。

该车间的直接人工费用为 6 400 元，制造费用为 11 200 元。这些生产费用在甲、乙两种产品之间，均按生产工时比例分配。

甲产品生产过程中产生废料 4 000 千克，每千克定价 0.30 元，全部为乙产品所耗用。

甲产品产量为 2 000 件，乙产品产量为 500 件。

甲产品成本中的材料费用比重很大，因而甲产品的在产品按所耗直接材料的定额费用计价。其月初在产品的定额直接材料费用为 7 500 元，月末在产品的定额直接材料费用为 11 000 元。乙产品的月末在产品很少，不计算月末在产品成本。

乙产品的计划单位成本为：直接材料费用 2.50 元，直接人工 0.75 元，制造费用 1.37 元，合计 4.62 元。

［要求］

(1) 根据上述实际生产费用等资料，计算主产品和副产品的成本。

(2) 根据上述资料，按计划单位成本计算副产品成本，并在此基础上计算主产品成本。

习题三

［目的］ 练习定额法的应用（采用盘存法计算直接材料定额费用和脱离定额差异，以及材料成本差异）。

［资料］ C 产品采用定额法计算成本，直接材料定额费用采用盘存法计算。该产品原材料在生产开始时一次投入。该产品原材料消耗定额为每件 5 千克，所耗原材料的计划单位成本为每千克 10 元。本月期初结存在产品 90 件，本月完工产成品 1 200 件，期末结存在产品 100 件。本月期初车间余料为 300 千克，本月实际领用 6 000 千克，本月期末车间余料为 200 千克。本月材料成本差异率为 3%。

［要求］

(1) 计算本月 C 产品的直接材料定额费用。

(2) 计算本月 C 产品直接材料脱离定额差异。

(3) 计算本月 C 产品应负担的直接材料成本差异。

习题四

［目的］ 练习定额法的应用（计算完工产品和月末在产品的直接材料费用）。

［资料］ 甲产品采用定额法计算成本。本月份有关甲产品直接材料费用的资料如下：

(1) 月初在产品定额费用为 1 500 元，月初在产品脱离定额的差异为节约 100 元，月初在产品定额费用调整后降低 30 元。定额变动差异全部由完工产品负担。

(2) 本月定额费用为 25 000 元，本月脱离定额的差异为节约 429.4 元。

(3) 本月直接材料成本差异率为节约 2%，直接材料成本差异全部由完工产品成本负担。

(4) 本月完工产品的定额费用为 22 000 元。

［要求］

(1) 计算月末在产品的直接材料定额费用。

(2) 计算完工产品和月末在产品的直接材料实际费用（脱离定额差异按定额费用比例在完工产品和月末在产品之间进行分配）。

习题五

［目的］ 练习定额法的应用（计算定额变动差异）。

［资料］ 某企业 A 产品的一些零件从本月 1 日起实行新的直接材料消耗定额。该产品单位产品旧的直接材料费用定额为 200 元，新的直接材料费用定额为 190 元。该产品月初在产品按旧定额计算的直接材料定额费用为 8 000 元。

［要求］　计算 A 产品新旧直接材料消耗定额之间的折算系数，并据以计算该产品月初在产品定额变动差异。

习题六

［目的］　练习标准成本法的成本差异的计算与分析以及有关的账务处理。

［资料］　某公司生产和销售甲产品。生产甲产品耗用 A，B 两种材料，只经过一个生产部门的一个工种（同一级别）的加工。本月预算固定制造费用为 90 000 元，预算工时为 30 000 小时。变动制造费用分配率和固定制造费用分配率均按直接人工工时计算。甲产品的标准成本卡见表 7—33。

表 7—33　　**标准成本卡**

产品名称：甲　　20××年×月×日

项目	材料名称	耗用标准	价格、工资率或分配率（元）	金额（元）
直接材料	A	10 千克	10	100
	B	20 千克	9	180
直接人工		15 小时	4	60
变动制造费用		15 小时	2	30
固定制造费用		15 小时	3	45
单位产品标准成本				415

月初没有在产品和产成品；本月投产 1 800 件甲产品，全部于本月完工入库；本月销售甲产品 1 500 件，每件售价 500 元。本月其他有关实际资料见表 7—34。

表 7—34　　**甲产品生产费用表**

项目	材料名称	实际耗用	实际价格（元）	实际成本（元）
直接材料	A	17 000 千克	11	187 000
	B	37 000 千克	8.5	314 500
直接人工		28 000 小时		114 800
变动制造费用				51 800
固定制造费用				86 800
实际产品成本总额				754 900

［要求］

(1) 计算确定各种成本差异，其中材料价格差异在领用材料时计算，固定制造费用按三差异分析法计算确定成本差异。

(2) 编制生产领用材料、将本月发生的其他各种生产费用计入产品成本、结转完工入库产品标准成本、销售产品、结转已售产品标准成本以及结转成本差异（本月发生的各种成本差异全部计入当期损益）的会计分录。

三、案例题

［资料］　江北食品厂大量大批生产各种面包（如甜圆面包、果子面包、维生素面包、葡萄糖面包等）和饼干（如牛奶饼干、动物饼干、巧克力饼干、苏打饼干

等）。面包和饼干的生产在流水线上不断进行，生产工艺过程不能间断。生产面包和饼干所需的原料都按配料比例耗用。该厂为各种面包和饼干制定了较为准确的消耗定额和费用定额。面包和饼干的生产周期很短，月末在产品数量不多，又多在包装工序，原材料费用占全部生产成本的85%左右。

[要求] 根据江北食品厂的上述情况讨论以下问题：

1. 该厂应该选择什么成本计算方法？
2. 该厂在直接材料费用、直接人工费用和制造费用的分配上应选择什么方法？
3. 该厂在完工产品与月末在产品的费用分配上应选择什么方法？

第 8 章 各种成本计算方法的实际应用

Chapter 8

8.1 各种成本计算方法实际应用概述

在前几章，我们介绍了产品成本计算的三种基本方法——品种法、分批法和分步法，以及为了简化成本计算工作而采用的分类法和为加强定额管理而采用的定额法。这是几种典型的成本计算方法。

在实际工作中，一个企业可能有若干个车间，一个车间也可能生产若干种产品，这些车间或产品的生产类型和管理的要求并不一定相同，因而在一个企业或车间中，就有可能同时应用几种不同的产品成本计算方法。即使是生产一种产品，该产品的各个生产步骤、各种半成品和各个成本项目的生产类型或管理的要求也不一定相同，因而在一种产品的成本计算中，也有可能将几种成本计算方法结合起来应用。

1. 几种产品成本计算方法同时应用

一个企业或车间在下列情况中，往往同时采用几种成本计算方法。

(1) 一个企业的各个生产车间的生产类型不同，可以采用不同的成本计算方法。例如，基本生产车间和辅助生产车间的生产类型不同：基本生产车间大批量、多步骤生产某种产品，而辅助生产车间大批量、单步骤生产水、电、汽等。在这种情况下，对基本生产车间可以采用分步法计算产品成本，而对辅助生产车间则可以采用品种法计算产品成本。即使同为基本生产车间，若生产类型不同，也可以采用不同的成本计算方法。例如，第一、二车间为两个封闭式的基本生产车间，第一车间大批量、单步骤生产 A 产品，第二车间小批、单件生产 B 产品。在这种情况下，可以采用品种法计算 A 产品成本，采用分批法计算 B 产品成本。

(2) 一个企业的各个生产车间的生产类型相同，但管理上的要求不同，可以采用不同的成本计算方法。例如，第一、二两个基本生产车间分别大批量、多步骤生产A，B两种产品，管理上要求分步骤计算A产品成本，而对B产品则不要求分步骤计算成本。在这种情况下，A产品应采用分步法计算其成本，而对B产品则可以采用品种法计算其成本。

（3）一个车间生产多种产品，由于各种产品的生产类型或管理上的要求不同，可以采用不同的成本计算方法。例如，一个基本生产车间生产A，B两种产品，A产品已经定型，大批量进行生产，而B产品正处于小批试制阶段。在这种情况下，A产品可以采用品种法计算产品成本，B产品则应采用分批法计算产品成本。

2. 几种产品成本计算方法结合应用

计算一种产品的成本，在下列情况下，往往结合采用几种成本计算方法。

（1）一种产品的不同生产步骤，由于生产特点和管理要求不同，可以采用不同的成本计算方法。例如，在小批、单件生产的机械厂，最终产品是经过铸造、机械加工、装配等相互关联的生产阶段完成的。就其最终产品来看，产品成本的计算应采用分批法，但从其产品生产的各阶段来看，铸造车间可以采用品种法计算铸件的成本；加工、装配车间则可采用分批法计算各批产品的成本；而铸造和加工、装配车间之间，则可采用逐步结转分步法结转铸件的成本；如果在加工和装配车间之间要求分步骤计算成本，但加工车间所产半成品种类较多，又不外售，不需要计算半成品成本，则在加工和装配车间之间可以采用平行结转分步法结转成本。这样，该厂就在分批法的基础上，结合采用了品种法和分步法，在分步法中还结合采用了逐步结转和平行结转的方法。

（2）在一种产品的不同零部件之间，由于管理上的要求不同，也可以采用不同的成本计算方法。例如，某种产品由若干种零部件组装而成，其中不外售的零部件，一般不要求单独计算成本；经常外售的零部件，管理上要求计算零部件成本，则应按照这些零部件的生产类型和管理的要求，采用适当的成本计算方法单独计算成本。

（3）一种产品的不同成本项目，可以采用不同的成本计算方法。例如，在大批量、多步骤生产某种产品，该产品直接材料费用比重较大的情况下，则直接材料费用可以采用逐步结转分步法，分步骤计算该产品的直接材料费用；其他成本项目的比重较小，则可以采用品种法等适当的成本计算方法，不分步计算该产品的其他成本项目的费用。

另外，分类法和定额法是为了简化成本计算工作和加强定额管理而采用的两种辅助方法，它们与生产类型的特点没有直接联系，在各种类型的生产中都可以应用，但必须与基本的成本计算方法，即品种法、分批法、分步法，结合起来应用。例如，食品厂所产的各种饼干（单步骤大量生产）的成本，可以采用品种法和分类法相结合的方法计算：先采用品种法计算饼干这一类产品的成本，然后再采用分类法分配计算各种饼干的成本。又如，在大批量、多步骤生产的企业中，若消耗定额比较准确、稳定，定额管理基础较好，就可以在采用分步法的基础上，结合定额法来计算产品成本。

总之，在实际工作中，应根据企业不同的生产特点和管理的要求，考虑到企业的规模和管理水平等具体条件，从实际出发，灵活运用各种成本计算法。

8.2 各种成本计算方法实际应用举例

某工业企业设有第一和第二两个基本生产车间。第一车间利用外购原料（辅助材料）生产 A 半成品。第二车间利用 A 半成品和外购材料（主要材料）加工生产甲产品。半成品通过半成品库收发。甲产品已经定型，是大量生产的产品，消耗定额比较准确、稳定，因而在采用分步法的基础上结合采用定额法计算成本：先计算第一车间 A 半成品的成本，再按照定额法的要求计算第二车间甲产品的成本。

该厂所用原料按实际成本进行核算，所用材料按计划成本进行明细核算，按实际成本进行总分类核算。该厂的半成品成本按计划成本综合结转（在甲产品的成本项目中加设“半成品”项目），按实际成本进行总分类核算。材料成本差异（本月材料成本差异率为－1%）和半成品成本差异，计入各车间的产成品成本。

在 A 半成品的成本中，直接材料费用所占比重很大，因而月末在产品按所耗直接材料的实际费用计价。直接材料费用在完工半成品和月末在产品之间，按完工半成品和月末在产品的重量比例分配。本月完工交库半成品 71 000 千克，月末在产品 5 000 千克。

该厂规定：甲产品的月初在产品定额变动差异和直接材料、半成品成本差异，均由产成品成本负担，脱离定额差异按定额成本比例在产成品和月末在产品之间分配。本月甲产品的产成品为 820 件。

第二车间甲产品 9 月末 100 件在产品的定额总成本（按 9 月旧定额计算）和脱离定额差异如表 8—1 所示。

表 8—1 单位：元

成本项目	定额成本	脱离定额差异
半成品	138 000	－3 061.5
直接材料	31 000	－155.2
直接燃料和动力	1 600	＋1.18
直接人工	12 000	＋1 214.1
制造费用	12 800	＋1 356.08
成本合计	195 400	－645.34

说明：月初在产品定额工时为 4 000 小时。

从本月（10 月）1 日起，修改产品设计，第二车间产品修订消耗定额；半成品消耗定额由每件 92 千克降为 90 千克（每千克计划成本 15 元，未变），直接材料消耗定额由每件 62 千克降为 60 千克（每千克计划成本 5 元，未变）。其他消耗定额没有变更。本月 1 日第二车间甲产品开始实行新的单位定额成本，如表 8—2 所示。

表 8—2 **甲产品单位定额成本表**

20××年 10 月 1 日执行　　单位：元

成本项目	消耗定额	计划单位成本（单价）	费用定额
半成品	90 千克	每千克 15 元	1 350
直接材料	60 千克	每千克 5 元	300
直接燃料和动力		每小时 0.4 元	20
直接人工		每小时 3 元	150
制造费用		每小时 3.2 元	160
定额成本合计			1 980

说明：甲产品工时定额为 50 小时。

第二车间甲产品所用的半成品和材料均在生产开始时一次投入。本月甲产品投产件数为 800 件。本月用于甲产品的定额工时共 39 600 小时。

根据甲产品的投产件数、直接材料消耗定额和原材料计划单位成本计算的直接材料定额费用，根据甲产品领用直接材料的定额凭证、差异凭证、车间余料盘存资料和原材料计划单位成本计算的直接材料计划价格费用，以及根据以上两者计算的直接材料脱离定额差异如表 8—3 所示。

表 8—3 **直接材料定额费用和脱离定额差异汇总表**

20××年 10 月

车间名称：第二车间　　产品名称：甲　　投产数量：800 件

单位：元

材料类别和名称	计量单位	计划单位成本	消耗定额	定额费用		计划价格费用		脱离定额差异	
				数量	金额	数量	金额	数量	金额
主要材料	千克	5	60	48 000	240 000	47 600	238 000	−400	−2 000

说明：本表是汇编原材料发出汇总表的根据之一。

根据本月全厂生产费用的发生情况编制各种费用分配表（与管理费用、销售费用等有关的部分从略）。

（1）根据本月付款凭证汇总编制的各项货币支出汇总表，详见表 8—4。

表 8—4 **货币支出汇总表**

（假定均以银行存款支付）

20××年 10 月　　单位：元

费用项目	第一车间	第二车间	合计
水费	1 600	3 000	4 600
劳动保护费	2 400	5 000	7 400
办公费	1 000	3 000	4 000
其他	2 000	4 000	6 000
合计	7 000	15 000	22 000

根据表 8—4 编制会计分录如下：

借：制造费用　　22 000

　贷：银行存款　　22 000

（2）根据原材料的领退料凭证和本月材料成本差异率等资料，编制原材料费用汇总分配表，详见表 8—5。

表 8—5　　**原材料费用汇总分配表**　　材料成本差异率：−1%

20××年 10 月　　单位：元

原材料用途			原料	主要材料			辅助材料			实际成本合计
			实际成本	计划成本	成本差异	实际成本	计划成本	成本差异	实际成本	
产品用料	A 半成品耗用		935 000				32 000	−320	31 680	966 680
	甲产品耗用	定额		240 000						
		差异		−2 000						
		实际		238 000	−2 380	235 620				235 620
	合计		935 000	—	—	235 620	—	—	31 680	1 202 300
车间一般耗用	一车间耗用	机物料消耗					7 000	—	—	
		劳动保护费					2 000	—	—	
		小计					9 000	−90	8 910	8 910
	二车间耗用	机物料消耗					35 000	—	—	
		劳动保护费					9 000	—	—	
		小计					44 000	−440	43 560	43 560
	合计						—	—	52 470	52 470
总计			935 000	—	—	235 620	—	—	84 150	1 254 770

根据表 8—5 编制会计分录如下：

借：基本生产成本　　1 202 300

　　制造费用　　52 470

　贷：原材料　　1 254 770

（3）根据各车间耗电数量、电价编制外购动力（电费）汇总分配表，详见表 8—6。

表 8—6　　**电费汇总分配表**

20××年 10 月　　单位：元

电力用途		度数	电费（分配率：0.2）
动力	第一车间	55 220	11 044
	第二车间	80 500	16 100
	小计	135 720	27 144
车间照明	第一车间	2 400	480
	第二车间	5 000	1 000
	小计	7 400	1 480
合计		143 120	28 624

根据表 8—6 编制会计分录如下：

借：基本生产成本　　27 144

　　制造费用　　1 480

　　贷：应付账款　　28 624

（4）根据各车间的职工薪酬结算凭证等资料编制职工薪酬汇总分配表，详见表 8—7。

表 8—7　　职工薪酬费用汇总分配表

20××年 10 月　　单位：元

车间＼职工类别	生产工人	管理人员	合计
第一车间	36 480	2 736	39 216
第二车间	116 280	9 348	125 628
合计	152 760	12 084	164 844

根据表 8—7 编制会计分录如下：

借：基本生产成本　　152 760

　　制造费用　　12 084

　　贷：应付职工薪酬　　164 844

（5）根据固定资产原价和月折旧率，计算本月应计提固定资产折旧，编制折旧费用汇总分配表，详见表 8—8。

表 8—8　　折旧费用汇总分配表

20××年 10 月　　单位：元

车间	折旧费用
第一车间	15 000
第二车间	50 000
合计	65 000

根据表 8—8 编制会计分录如下：

借：制造费用　　65 000

　　贷：累计折旧　　65 000

（6）根据在产品的盘点情况和其他有关资料，计算在产品盘盈、盘亏或毁损。

本月末，第二车间对甲产品的在产品进行了盘点。其账面数量为 60 件（已加工的定额工时共 770 小时），实存数量为 58 件（已加工的定额工时共 700 小时），盘亏和毁损 2 件（已加工的定额工时为 70 小时）。盘亏和毁损的在产品按定额成本计价。

报经批准，残料计价 92 元，验收入库，盘亏和毁损的损失计入当月产品成本。盘亏和毁损在产品的定额成本和净损失的计算，详见表 8—9。

表 8—9　　**在产品盈亏和毁损损失计算表**

20××年 10 月

车间名称：第二车间　　产品名称：甲　　毁损数量：2　　定额工时：70　　单位：元

成本项目	半成品	直接材料	直接燃料和动力	直接人工	制造费用	成本合计
单件或单位小时费用定额	1 350	300	0.4	3	3.2	
定额总成本	2 700	600	28	210	224	3 762
减：残料价值	—	—	—	—	—	92
在产品亏毁损失	—	—	—	—	—	3 670

根据表 8—9 对于清查中发现的盘亏和毁损的在产品编制会计分录如下：

1）盘亏和毁损的在产品按其定额成本编制分录。

借：待处理财产损溢　　3 762

　贷：基本生产成本　　3 762

2）回收的残料以及经批准计入当月产品成本的净损失编制分录。

借：原材料　　92

　　制造费用　　3 670

　贷：待处理财产损溢　　3 762

根据以上各种费用分配表以及有关资料登记有关账簿，计算产品成本，见表 8—10、表 8—11。

表 8—10　　**制造费用明细账**

车间名称：第一车间　　单位：元

月	日	摘要	职工薪酬	机物料消耗	折旧	水电费	劳动保护费	办公费	价差	其他	合计	转出	余额
10	31	货币支出汇总表				1 600	2 400	1 000		2 000	7 000		
10	31	原材料费用汇总分配表		7 000			2 000		−90		8 910		
10	31	职工薪酬费用汇总分配表	2 736								2 736		
10	31	折旧费用汇总分配表			15 000						15 000		
10	31	电费汇总分配表				480					480		
		结转制造费用										34 126	
10	31	合计	2 736	7 000	15 000	2 080	4 400	1 000	−90	2 000	34 126	34 126	0

表 8—11　　产品成本明细账

车间名称：第一车间　　产品名称：A（半成品）　　单位：元

月	日	摘要	直接材料	直接燃料和动力	直接人工	制造费用	合计
9	30	在产品费用	82 120				82 120
10	31	本月生产费用	966 680	11 044	36 480	34 126	1 048 330
10	31	生产费用合计	1 048 800	11 044	36 480	34 126	1 130 450
10	31	完工半成品成本（71 000 千克）	979 800	11 044	36 480	34 126	1 061 450
10	31	在产品费用（5 000 千克）	69 000				69 000

根据第一车间制造费用明细账的记录，编制结转本月第一车间制造费用的会计分录如下：

借：基本生产成本　　34 126

　贷：制造费用　　34 126

根据第一车间产品成本明细账以及 A 半成品的入库单等，编制半成品收入汇总表，详见表 8—12。

表 8—12　　半成品收入汇总表

20××年 10 月　　计划单位成本：15 元

半成品名称：A　　库名：半成品库　　单位：元

半成品来源	收入数量（千克）	计划成本	实际成本
第一车间	71 000	1 065 000	1 061 450

根据半成品收入汇总表编制会计分录如下：

借：自制半成品　　1 061 450

　贷：基本生产成本　　1 061 450

根据本月第二车间半成品领用单、甲产品的定额资料、A 半成品的计划成本以及本月 A 半成品的成本差异率等编制半成品发出汇总表，详见表 8—13。

表 8—13　　半成品发出汇总表

20××年 10 月　　计划单位成本：15 元

半成品名称：A　　库名：半成品库　　单位：元

半成品用途		领用数量（千克）	计划成本	成本差异（差异率−0.4%）	实际成本
甲产品	定额	72 000	1 080 000	—	—
	差异	−200	−3 000	—	—
	实际	71 800	1 077 000	−4 308	1 072 692

根据半成品发出汇总表编制会计分录如下：

借：基本生产成本　　1 072 692

　贷：自制半成品　　1 072 692

根据 A 半成品收入汇总表和发出汇总表，登记自制半成品明细账，详见表 8—14。

根据第二车间制造费用明细账（见表 8—15）的记录，编制结转本月第二车间制造费用的会计分录：

表 8—14

半成品明细账

半成品名称：A

20××年 10 月

计划单位成本：15 元

单位：元

月份	月初余额			本月增加			合计					本月减少		
	数量	计划成本	实际成本	数量	计划成本	实际成本	数量	计划成本	实际成本	成本差异	差异率（%）	数量	计划成本	实际成本
10	3 000	45 000	44 110	71 000	1 065 000	1 061 450	74 000	1 110 000	1 105 560	−4 440	−0.4	71 800	1 077 000	1 072 692
11	2 200	33 000	32 868											

表 8—15

制造费用明细账

车间名称：第二车间

单位：元

月	日	摘要	职工薪酬	机物料消耗	折旧	水电费	劳动保护费	办公费	在产品亏毁	价差	其他	合计	转出	余额
10	31	货币支出汇总表					3 000	5 000	3 000			4 000	15 000	
10	31	原材料费用汇总分配表		35 000			9 000			−440		43 560		
10	31	职工薪酬费用汇总分配表	9 348										9 348	
10	31	折旧费用汇总分配表			50 000							50 000		
10	31	电费汇总分配表				1 000						1 000		
10	31	在产品盘亏表								3 670			3 670	
10	31													122 578
10	31	合计	9 348	35 000	50 000	4 000	14 000	3 000	3 670	−440	4 000	122 578	122 578	0

借：基本生产成本　　122 578

　贷：制造费用　　122 578

根据本月定额变动情况（见表 8—2）和期初在产品数量（100 件）计算月初在产品定额变动变异，见表 8—16。

表 8—16　　月初在产品定额调整计算表

20××年 10 月

车间名称：第二车间　　产品名称：甲

成本项目	计划单价	单件定额变更				在产品数量(件)	定额调整	
		变更前数量（千克）	变更后数量（千克）	变更数量（千克）	变更金额（元）		数量（千克）	金额（元）
半成品	15	92	90	−2	−30	100	−200	−3 000
直接材料	5	62	60	−2	−10	100	−200	−1 000
合计	—	—	—	—	−40	—	—	−4 000

根据本月开始执行的新定额及产成品数量计算产成品定额总成本，见表 8—17。

表 8—17　　产成品定额总成本计算表

20××年 10 月

车间名称：第二车间　　产品名称：甲　　产量：820 件　　单位：元

成本项目	半成品	直接材料	直接燃料和动力	直接人工	制造费用	成本合计
单位成本	1 350	300	20	150	160	1 980
总成本	1 107 000	246 000	16 400	123 000	131 200	1 623 600

根据本例前述有关资料及本例中的各种费用分配表、计算表中的资料，登记甲产品成本明细账，见表 8—18。

根据第二车间甲产品成本计算单编制结转完工甲产品成本会计分录：

借：库存商品　　1 609 801

　贷：基本生产成本　　1 609 801

表 8—18

产品成本明细账

20××年 10 月

车间名称：第二车间

产品名称：甲　　产量：820 件

单位：元

成本项目	月初在产品		月初在产品定额变更		本月生产费用			生产费用合计			
	定额成本	脱离定额差异	定额调整	定额变更差异	定额成本	脱离定额差异	价差	定额成本	脱离定额差异	价差	定额变更差异
半成品	138 000	−3 061.5	−3 000	+3 000	1 080 000	−3 000	−4 308	1 215 000	−6 061.5	−4 308	+3 000
直接材料	31 000	−155.2	−1 000	+1 000	240 000	−2 000	−2 380	270 000	−2 155.2	−2 380	+1 000
直接燃料和动力	1 600	+1.18			15 840	+260		17 440	+261.18		
直接人工	12 000	+1 214.1			118 800	−2 520		130 800	−1 305.9		
制造费用	12 800	+1 356.08			126 720	−4 142		139 520	−2 785.92		
合计	195 400	−645.34	−4 000	+4 000	1 581 360	−11 402	−6 688	1 772 760	−12 047.34	−6 688	+4 000

成本项目	在产品毁损	差异率（%）	产成品成本					月末在产品	
	定额成本	脱离定额差异	定额成本	脱离定额差异	价差	定额变更差异	实际成本	定额成本	脱离定额差异
半成品	2 700	−0.5	1 107 000	−5 535	−4 308	+3 000	1 100 157	105 300	−526.5
直接材料	600	−0.8	246 000	−1 968	−2 380	+1 000	242 652	23 400	−187.2
直接燃料和动力	28	+1.5	16 400	+246			16 646	1 012	+15.18
直接人工	210	−1	123 000	−1 230			121 770	7 590	−75.9
制造费用	224	−2	131 200	−2 624			128 576	8 096	−161.92
合计	3 762	—	1 623 600	−11 111	−6 688	+4 000	1 609 801	145 398	−936.34

练习题

一、单项选择题

1. 某企业采用分批法计算产品成本。3月1日投产甲产品5件，乙产品3件；3月15日投产甲产品4件，乙产品4件，丙产品3件；3月26日投产甲产品6件。该企业3月份应开设产品成本明细账的张数是（　　）。

A. 3张　　B. 4张　　C. 5张　　D. 6张

2. 在平行结转分步法下，完工产品与在产品之间的费用分配，是指在（　　）之间的费用分配。

A. 各步骤完工半成品与月末加工中的在产品
B. 各步骤完工半成品与广义在产品
C. 产成品与狭义在产品
D. 产成品与月末广义在产品

3. 下列方法中，需要进行成本还原的是（　　）。

A. 平行结转法　　B. 逐步结转法　　C. 综合结转法　　D. 分项结转法

4. 在完工产品成本中，如果月初在产品定额变动差异是正数，说明（　　）。

A. 定额提高了
B. 定额降低了
C. 本月定额管理和成本管理不力
D. 本月定额管理和成本管理有效

5. 采用逐步结转分步法，按照半成品成本在下一步骤成本明细账中的反映方法，可以分为（　　）。

A. 实际成本结转法和计划成本结转法
B. 综合结转法和分项结转法
C. 平行结转法和分项结转法
D. 平行结转法和综合结转法

二、案例题

案例1

［资料］　华重机械厂设有铸工、加工、装配三个基本生产车间，大批生产甲、乙两种产品。铸工车间生产铁铸件和铜铸件两类产品，铁铸件和铜铸件的种类很多。两类铸件主要供本企业分步加工使用，部分铸件对外销售，管理上要求单独计算、考核生产成本。

加工车间对各种铸件毛坯、外购半成品和外购材料进行加工，制造甲、乙两种产品用的各种零部件，然后交由装配车间进行装配，生产出甲、乙两种产品。加工车间生产的零部件也对外销售。

为了便于考核、分析企业内部各有关单位的工作业绩，在核算上要求划清各车间所耗原材料、半成品的经济责任。

［要求］　从该厂的生产特点和管理来看，请你为该厂设计成本计算方法。

案例 2

［资料］　光华玻璃制品公司生产的产品及其相关情况如下：

1. 日用玻璃瓶、玻璃杯以及化验用的烧杯、烧瓶等。其生产由熔炼、制造和退火三个工序组成，属于大量、大批、单步骤生产。

2. 盛装医药用的针剂瓶和片剂瓶（总称为安瓿）。其生产工艺过程属于多步骤生产，即先将各种原料、辅料熔制成半成品（如玻璃管），然后再烧制成产成品。半成品不能出售。其生产组织属于大量或大批生产。

3. 玻璃仪器、玻璃工艺品等。其生产工艺过程是：先将各种原料、辅料熔制成各种毛坯，然后平行地经过烧制、磨口、刻度等工序，加工成为各种零部件，最后烧接成为产成品。上述熔制、加工、烧接各步骤都是间断的，属于多步骤生产。生产组织可以是大量、大批，也可以是小批、单件生产。管理上要求考核各步骤半成品成本，要求全面详细地了解最终产成品的成本信息。

［要求］　请你从该厂的生产特点和管理要求出发，为该厂设计成本计算方法。

第 9 章

Chapter 9

作业成本法

9.1 作业成本法产生的背景

作业成本法（activity-based costing，ABC）的基本思想最早是由美国会计学家科勒在 20 世纪 30 年代末 40 年代初提出的，对它的全面研究始于 20 世纪 80 年代，而在企业中的应用则始于 80 年代末期。80 年代初中期大批西方学者开始对传统的成本会计系统进行全面的反思，适时制对成本会计和成本管理的影响成为研究的热点。根据有关文献，首先使用“ABC”这一术语的是 1986 年美国哈佛商学院的案例系列——John Deere Component Works（A）and（B）。而首先对 ABC 给予明确解释的则是哈佛大学的青年学者罗宾·库珀（Robin Cooper）和罗伯特·卡普兰（Robert S. Kaplan）。从 1987 年至 1989 年春，库珀先后发表了四篇有关 ABC 的论文，并与卡普兰联手在《哈佛商业评论》上发表了《正确计量成本才能作出正确决策》一文，这些文献基本上奠定了 ABC 的理论基础。ABC 的本质就是要确定分配间接费用的合理基础——作业，并引导管理人员将注意力集中在发生成本的原因——成本动因上，而不仅仅是关注成本结果本身；通过对作业成本的计算和有效控制，来克服传统的以交易或数量为基础的成本系统中间接费用责任不清的缺陷，使以前的许多不可控间接费用变成可控。因此，可以说作业成本计算是一场真正的成本会计革命。

作业成本法的产生和发展有深刻的社会经济背景。可以说，高科技的迅猛发展和在生产经营中的广泛采用是作业成本法产生和发展的基本依据和根本动力。对此问题可以从以下两个方面来加以说明。

（1）在高科技推动下，现代企业生产方式和经营理念的巨大变化以及这种变化对成本会计的新要求，是作业成本法产生的基本依据和动力。

首先，高科技的采用，如电脑辅助设计、生产自动化和管理电脑化，对传统的生产和管理模式提出了严峻的挑战，同时也产生了巨大的冲击。可以说，如何适应新技术革命的变化，对企业传统的生产和经营管理模式进行根本变革，是高科技时代的要求，同时高科技的采用也为这种变革的实现提供了技术上的可能。

其次，高科技的采用对社会生产的发展起到了极大的推动作用。20 世纪 70 年代以来，西方发达国家相继步入富裕社会，消费者的行为变得极具选择性，逐步形成买方市场。市场的这种变化对传统的生产组织形式提出了挑战：企业必须放弃大量、大批生产产品以待销售的传统做法，而改用能对顾客多样化的、日新月异的需要迅速作出反应的弹性制造系统。

高科技推动下出现的上述情况，使得企业在经营理念上发生了深刻的变化，形成了新的企业观。所谓新的企业观，就是把企业看做为最终满足顾客需要设计的一系列作业的集合体，形成了一个由此及彼、由内到外的作业链。每完成一项作业要消耗一定的资源，而作业的产出又形成一定的价值，转移到下一项作业，按此逐步推移，直到产品最终提供给企业外部的顾客。按照新的企业观的要求，要赢得市场，实现企业的经营目标——股东投资报酬现值的最大化，就必须最大限度地满足顾客的要求，向市场供应质优价廉（前提是低成本）、品种丰富的产品。为此，企业必须实施适时制生产系统和全面质量管理，以最大限度地消除非增值作业和产品的质量缺陷。

适时制生产系统是一种“需求拉动”的生产系统。在这种生产系统下，就企业与外部顾客来说，企业只根据顾客的订单进行生产；就企业内部来说，前一生产工序只按照后一生产工序的需求进行生产。也就是说，后一生产工序对前一生产工序提出需求，以此类推，直到第一生产工序对原材料提出需求。这样，在适时制生产系统下，企业与供应商、外部顾客以及企业内部生产经营的各个环节之间都能紧密地协调配合，使企业在供产销各个环节实现“零存货”成为可能，使企业的资金使用效率大大提高。

全面质量管理是企业成功实施适时制生产系统的要素之一。满足适时制生产系统的需要，将质量管理贯穿于整个生产经营过程的始终，企业的全体员工都必须参与质量工作，保证整个生产过程实现“零缺陷”，是全面质量管理的主要特征。这是因为适时制生产系统要求企业在生产经营的各个环节都实现“零存货”，而一旦某个环节出现质量问题，将引起整个生产秩序的混乱。可见，没有全面质量管理的配合，适时制的目标就不可能实现。适时制生产系统下的全面质量管理必须从原材料供应、产品设计、生产到销售都实现“零缺陷”。为此，企业必须精心挑选供应商，并与其保持良好的合作关系，以保证原材料按质、按量、按时送到生产线，使企业的每一个部门、每一个员工都积极参与质量管理工作，树立高度的责任心，严把质量关，以保证整个生产过程实现“零缺陷”。

新的企业观的形成以及要实现新的企业观所必须实施的适时制生产系统和全面质量管理，要求必须将企业的经营管理工作深入到作业层次。企业生产方式和经营管理模式的变化，必然会要求与其相适应的成本会计系统的出现，也必然会要求成本会计工作由以产品为中心转移到以作业为中心上来。

（2）间接计入费用的增加和构成内容的复杂化使作业成本法的产生成为必然。以上我们谈的是，在高科技的推动下，现代企业在经营理念和生产方式上所发生的巨大变化以及这种变化对成本会计工作所提出的新要求。从另一方面看，生产经营活动电脑化、自动化的实现，以及弹性制造系统、适时制生产系统和全面质量管理的实施，会使企业的间接费用大大增加，并且在构成内容上更加复杂，一些最重要的间接制造费用并不受生产数量或其连带指标的影响，许多制造费用甚至完全发生在制造过程之外，例如设计生产程序费用、组织协调生产过程费用、组织订单费用等。也就是说，现代企业生产经营环境的巨大变化使得企业的制造费用较传统的制造费用发生了很大的变化，它不仅包括与产量直接相关的制造费用，而且包括与产品产量相对独立的服务和后援功能的制造费用。

显然，在这种情况下，为了正确计算产品成本，提供更为广泛和相关的成本信息，以满足企业经营管理的需要，客观上就要求把成本计算的重点放到间接制造费用上。因此，对传统的间接制造费用分配方法进行根本变革，采用以作业量为成本分配基础的作业成本法，是新的技术经济环境下，人们所作出的必然选择。所谓作业成本法，就是从作业消耗资源、产品消耗作业，生产导致作业的发生、作业导致成本的发生这一基本认识出发，以作业量为成本分配的基础，以作业为成本计算的基本对象，旨在为企业作业管理提供更为相关、相对准确的成本信息的一种成本计算方法。

9.2 作业成本法的基本概念

要了解作业成本法，首先必须了解其所使用的一些特有的概念。现分述如下。

1. 作业

“作业”是作业成本法下的最基本的概念，是进行作业成本计算的核心和基础。一般认为，作业是企业为了提供一定产量的产品或劳务所消耗的人力、技术、原材料、方法和环境的集合体。通俗地讲，作业也就是基于一定目的、以人为主体、消耗一定资源的特定范围内的工作。常见的作业可以分为以下四类：

（1）单位作业（unit activity）。即使单位产品受益的作业，此类作业是重复性的，每生产一单位产品就需要作业一次，所耗成本将随产品数量而变动，与产品产量成比例变动，例如，直接材料、直接人工等。

（2）批别作业（batch activity）。即使一批产品受益的作业。例如，对每批产品的检验、机器准备、原材料处理、订单处理等。这些作业的成本与产品的批数成比例变动。

（3）产品作业（product activity）。即使某种产品的每个单位都受益的作业，如对每一种产品编制数控规划、材料清单。这种作业的成本与产品产量及批数无关，但与产品项目成比例变动。

(4) 维持性作业（sustaining activity）。即使某个机构或某个部门受益的作业，它与产品的种类和某种产品的多少无关。

2. “作业链”和“价值链”概念

与“作业”相关联的概念是“作业链”和“价值链”概念。

ABC 认为，企业管理深入到作业层次以后，现代企业实质上是一个为了满足顾客需要而建立的一系列有序的作业集合体，这形成了一个由此及彼、由内向外的“作业链”。“作业链”如图 9—1 所示。每完成一项作业要消耗一定量的资源，而作业的产出又形成一定的价值，转移给下一项作业，按此逐步推移，直至最终把产品提供给企业外部的顾客。最终产品作为企业内部一系列需要的总产出，凝聚了在各项作业上形成而最终转移给顾客的价值。因此，“作业链”同时也表现为“价值链”，作业的推移同时也表现为价值在企业内部的逐步积累和转移，最后形成转移给外部顾客的总价值，这个总价值即是产品的成本。

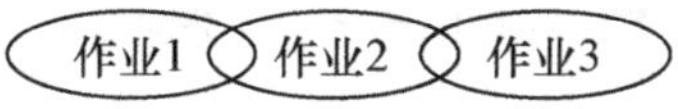

图 9—1　“作业链”图示

3. 成本动因

ABC 的核心在于把“作业量”与传统成本计算系统中的“数量”（如人工工时、机器小时）区别开来，并主张以“作业量”作为分配大多数间接成本的基础。1987 年库珀和卡普兰提出了“成本动因”的概念，他们认为 ABC 要把间接成本与隐藏其后的推动力联系起来，这种推动力就是“成本动因”。

所谓成本动因，就是决定成本发生的那些重要的活动或事项。成本动因可以是一个事件、一项活动或作业，它支配成本行为，决定成本的产生。所以，要把间接成本分配到各产品中，就必须了解成本行为，识别恰当的成本动因。根据成本动因在资源流动中所处的位置通常可将其分为资源动因和作业动因两类。

(1) 资源动因。所谓资源动因，通俗地讲，就是资源被各种作业消耗的方式和原因，它反映作业中心对资源的消耗情况，是资源成本分配到作业中心的标准。例如，如果人工方面的费用主要与从事各项作业的人数相关，那么，就可以按照人数向各作业中心（作业成本库）分配人工方面的费用。在这里，从事各项作业的人数，就是一个资源动因。

(2) 作业动因。所谓作业动因，通俗地讲，就是各项作业被最终产品或劳务消耗的方式和原因。它反映产品消耗作业的情况，是作业中心的成本分配到产品中的标准。例如，如果在各种产品或劳务的每份订单上所耗用的费用基本相当，那么，就可以按照订单份数向各种产品或劳务分配订单作业成本。在这里，订单的份数就是一项作业动因。

9.3 作业成本法的基本原理和一般程序

1. 作业成本法的基本原理

作业成本法下，费用的分配与归集是基于以下基本认识来进行的：

（1）作业消耗资源，产品消耗作业；

（2）生产导致作业的发生，作业导致成本的发生。

作业成本法对直接材料、直接人工等直接成本的核算与传统的成本计算方法并无不同，其特点主要体现在间接制造费用的核算上。传统成本计算方法与作业成本法在间接制造费用核算上的差别如图 9—2 所示。

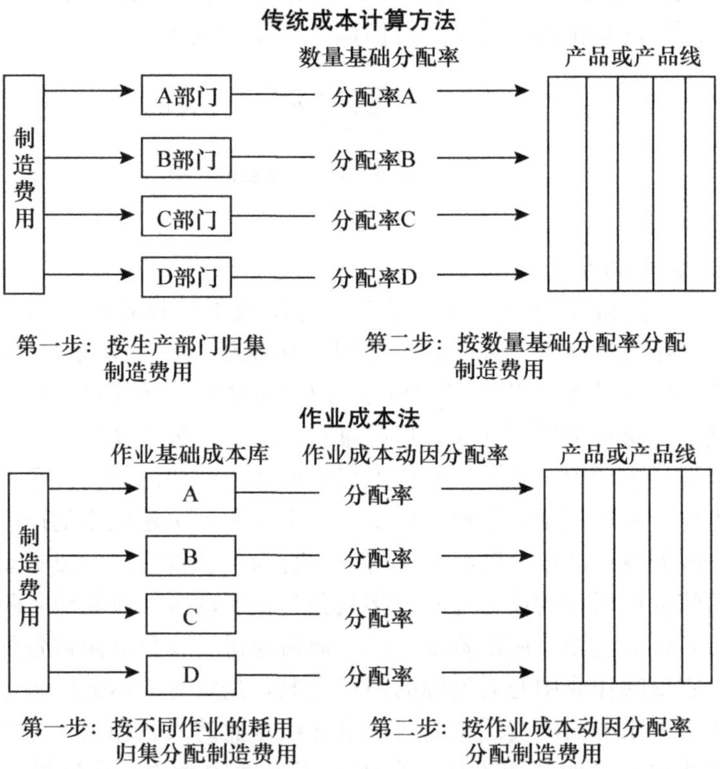

图 9—2 传统成本计算法与作业成本计算法的区别

通过对比可以看出，在传统的成本计算方法下，对于间接制造费用，通常是先将制造费用按生产部门归集，然后再按一系列的部门分配率进行分配。至于各生产部门制造费用分配的标准，则根据各个生产部门的生产特点选择，例如，劳动密集型的部门以人工工时或人工成本作为制造费用的分配标准；机器密集的部门以机器小时为制造费用的分配标准；以耗用原材料为主的部门则以原材料成本为制造费用的分配标准，如此等等。

上述传统的制造费用分配方法最显著的特点就是，假设制造费用的发生完全与生产数量相联系，因而它把直接人工工时、直接人工成本、机器工时、原材料成本或主要成本作为制造费用的分配标准。据此，我们可以说，传统的制造费用分配方法满足的只是与生产数量有关的制造费用的分配。

在作业成本法下，对制造费用的核算做了根本变革。具体体现为：(1) 将制造费用由按部门的归集和分配，改为由若干个成本库分别进行归集和分配；(2) 增加了分配标准，由按单一标准（直接人工工时或机器工时等）分配改为按引起制造费用发生的多种成本动因进行分配。

通过图 9—2 也可以看出，作业成本法下，制造费用的核算分为两步：第一步，将制造费用计入作业基础成本库中；第二步，得出和使用一系列作业成本动因分配率，将归集的成本一一分配给各种产品。

由上述 ABC 制造费用分配的基本运行程序可以看出，它的正确实施主要取决于作业成本库的选择、将制造费用归集到各作业成本库的中介标准的选择以及作业成本动因的选择这三个方面的问题。

2. 作业成本法的一般程序

根据上述作业成本法费用分配的原理，现将作业成本法的一般程序具体说明如下：

(1) 对企业生产经营过程进行详细的作业及其资源耗费分析，确认作业、主要作业和作业中心，以及成本动因，并在此基础上建立作业成本库。

这一步的实施是进行作业成本计算的关键。这是因为，只有进行这样的分析，才能描述企业的“作业链”，发现同质作业及其作业动因，从而将同质作业合并为作业中心，并按作业中心建立作业成本库；同时，也只有进行这样的分析，才能充分揭示资源被作业消耗的方式和原因，即资源动因。

(2) 将各类资源价值耗费按资源动因分配到各作业成本库。

在将各类资源的价值耗费向作业成本库分配的过程中，如果某项耗费可以直接认定各项作业应负担的数额（在这种情况下，该类资源的价值耗费属于专属耗费），则可以进行直接分配；否则，就需要以相对科学合理的量化依据作为标准，即按照资源动因，进行计算分配。

(3) 将各作业成本库归集的成本按作业动因分配计入最终产品或劳务，计算出各种产品或劳务应负担的作业成本。

在这一步中，作业动因是将作业成本库归集的成本向产品或劳务进行分配的标准。这里所体现的规则是：产出量的多少决定着作业的耗用量，而作业耗用量的多少又决定着应负担的作业成本的多少。

(4) 计算出各种产品的成本。将各种产品发生的直接成本和作业成本加以汇总，计算出各种产品的总成本和单位成本。

9.4 作业成本法举例

下面举一简例来说明作业成本法的基本程序和账务处理过程。

【例 9—1】 某企业第一车间本月生产甲、乙两种产品，其中甲产品技术工艺过程较为简单，生产批量较大；乙产品技术工艺过程较为复杂，生产批量较小。根据成本管理的需要，企业决定对该车间的制造费用按作业成本法的原理进行分配和归集，在此基础上，计算甲、乙两种产品的成本。本月甲、乙两种产品月初、月末均无在产品。本月两种产品的产量、直接人工工时以及单位产品应负担的各项直接生产成本（各项直接生产成本的计算分配过程从略）如表 9—1 所示。

表 9—1 单位：元

项目	甲产品	乙产品
产量（件）	10 000	2 000
直接人工工时（小时）	21 200	8 000
单位产品直接人工成本	12	10
单位产品直接材料成本	20	20
制造费用总额	438 000	

经过对形成制造费用的资源耗费进行分析，将其归为：工资（直接人工以外的工资）、折旧、电费以及办公及其他费用。形成制造费用的各项资源的金额如表 9—2 所示。

表 9—2 **资源项目及其金额表** 单位：元

项目	金额
工资	180 000
折旧	200 000
电费	2 000
办公及其他费用	32 000

经作业分析，将形成制造费用的作业划分为：订单处理、调整准备、生产协调、质量检验、存货搬运、机器运转及维护六项。将本月各项资源耗费向各项作业成本库分配的依据，即资源动因是：

（1）各项作业的人员基本固定，各项作业的人工费用可以按专属费用处理。

（2）该车间发生的折旧费用，按作业所用固定资产的原价的比例进行分配。

（3）各项作业虽然未分别安装电表，但其耗电量（耗电度数）可以根据其所用设备、电器的功率及使用时间等数据计算求得，电费按各项作业的耗电度数进行分配。

（4）办公及其他费用按作业人员的人数比例进行分配。

本月各项作业的资源动因数量如表 9—3 所示。

表 9—3　资源动因及其数量表

资源类别	资源动因	资源动因数量						
		合计	订单处理	调整准备	生产协调	质量检验	存货搬运	机器运转及维护
工资	专属费用	—	—	—	—	—	—	—
折旧	固定资产原价	2 000 000	50 000	80 000	120 000	550 000	200 000	1 000 000
电费	用电度数	44 000	2 000	4 000	4 000	5 000	5 000	24 000
办公及其他费用	工人人数	48	5	8	5	12	10	8

本月甲、乙两种产品消耗的各项作业的数量如表 9—4 所示。

表 9—4　产品消耗作业数量表

作业	甲产品	乙产品
订单处理（份数）	30	20
调整准备（次数）	12	10
生产协调（次数）	15	10
质量检验（次数）	20	15
存货搬运（次数）	60	40
机器运转及维护（机器工时）	4 000	1 000

根据表 9—2 和表 9—3 的资料可以计算和编制出制造费用分配表（见表 9—5）。

表 9—5　制造费用分配表　单位：元

资源类别	资源价值	资源动因	资源动因合计	分配率	作业成本库					
					订单处理	调整准备	生产协调	质量检验	存货搬运	机器运转及维护
工资	180 000	专属费用	—	—	19 000	28 000	28 000	42 500	32 500	30 000
折旧	200 000	固定资产原价	2 000 000	0.1	5 000	8 000	12 000	55 000	20 000	100 000
电费	22 000	用电度数	44 000	0.5	1 000	2 000	2 000	2 500	2 500	12 000
办公及其他费用	36 000	工人人数	48	750	3 750	6 000	3 750	9 000	7 500	6 000
作业成本合计	438 000	—	—	—	28 750	44 000	45 750	109 000	62 500	148 000

根据表 9—5 所提供的各项作业成本的资料以及表 9—4 提供的甲、乙两种产品所消耗的各项作业量的资料可以编制作业成本分配率计算表（见表 9—6）。

表 9—6　　作业成本分配率计算表

作业成本库（作业中心）	作业成本（元）	作业成本动因	作业量			成本费用分配率
			甲产品	乙产品	合计	
订单处理	28 750	订单份数	30	20	50	575
调整准备	44 000	调整准备次数	12	10	22	2 000
生产协调	45 750	协调次数	15	10	25	1 830
质量检验	109 000	检验次数	20	20	40	2 725
存货搬运	62 500	搬运次数	60	40	100	625
机器运转及维护	148 000	机器工时	1 000	480	1 480	100
合计	438 000	—	—	—	—	

根据表 9—6 中的作业成本分配率和甲、乙两种产品所消耗的各项作业的数量，可以编制产品作业成本（产品应负担的制造费用）计算表（见表 9—7）。

表 9—7　　产品作业成本计算表（产品应负担的制造费用）　　金额单位：元

作业成本库	成本动因分配率	甲产品		乙产品		作业成本（制造费用）
		作业量	作业成本	作业量	作业成本	
订单处理	575	30	17 250	20	11 500	28 750
调整准备	2 000	12	24 000	10	20 000	44 000
生产协调	1 830	15	27 450	10	18 300	45 750
质量检验	2 725	20	54 500	20	54 500	109 000
存货搬运	625	60	37 500	40	25 000	62 500
机器运转及维护	100	1 000	100 000	480	48 000	148 000
合计			260 700		177 300	438 000

下面根据以上有关资料，分别计算传统成本计算法下和作业成本法下的甲、乙两种产品的单位成本，并加以比较。

传统成本计算法下甲、乙两种产品的单位成本的计算：

$$制造费用分配率=\frac{438\ 000}{29\ 200}=15$$

$$单位甲产品应负担的制造费用=\frac{15\times 21\ 200}{10\ 000}=31.8(元)$$

$$单位乙产品应负担的制造费用=\frac{15\times 8\ 000}{2\ 000}=60(元)$$

$$甲产品单位成本=12+20+31.8=63.8(元)$$

$$乙产品单位成本=10+20+60=90(元)$$

作业成本法下，甲、乙两种产品的单位成本的计算：

$$单位甲产品应负担的制造费用=\frac{260\ 700}{10\ 000}=26.07(元)$$

$$单位乙产品应负担的制造费用=\frac{177\ 300}{2\ 000}=88.65(元)$$

$$甲产品单位成本=12+20+26.07=58.07(元)$$

$$乙产品单位成本=10+20+88.65=118.65(元)$$

根据以上计算结果，可编制产品成本计算结果比较表（见表9—8）。

表9—8　　产品成本计算结果比较表

产品	作业成本法	传统成本计算法	绝对差	相对差
甲产品	58.07	63.8	5.73	9.87%
乙产品	118.65	90	−28.65	−24.15%

通过以上比较可以明显地看出，相对于作业成本计算法，在传统成本计算法下，批量较小、技术较复杂的乙产品的成本，在很大程度上被低估；批量大、技术上较为简单的甲产品的成本，在很大程度上被高估。这说明在传统成本计算法下，批量越大、技术越简单的产品，其成本信息被高估的可能性就越大；反之，则成本信息被低估的可能性就越大。事实上问题不仅仅如此，因为以上是就产品的全部成本所进行的比较，其中包括各批产品所消耗的直接材料费用和直接人工这些不可比因素，如果我们剔除这些不可比因素，仅就制造费用这一因素进行比较的话，问题会更突出。下面就甲产品和乙产品在不同的成本计算法下应分配的制造费用作一比较。

相对于作业成本法（以作业成本法的计算结果为基准），传统成本计算的相对差为：

$$甲产品：\frac{31.8-26.07}{26.07}\times100\%=21.98\%$$

$$乙产品：\frac{60-88.65}{88.65}\times100\%=-32.32\%$$

以上计算结果表明，若仅就制造费用这一可比因素进行比较，传统成本计算法的计算结果导致成本信息的歪曲程度就看得更为清楚。这一比较结果说明传统成本信息在很大程度上已经丧失了决策相关性。由本例可以看出，传统成本计算法与作业成本计算法在制造费用分配结果上之所以会产生如此大的差距，其原因就在于两种成本在计算方法和分配基础的选择上有重大差别。也就是说，在传统成本计算法下，是以数量为基础来分配制造费用，而且一般以工时消耗这一单一标准对所有产品分配制造费用；而在作业成本法下，是以作业量为基础来分配制造费用，即为不同的作业耗费选择相应的成本动因来向产品分配制造费用，从而使成本计算的准确性大大提高。

下面以上述举例的成本计算过程和所提供资料为依据，说明作业成本法下成本计算的账务处理过程。作业成本法的账务处理应该反映作业成本计算过程各个环节所发生的各项经济业务。为了便于对问题的理解，可以把作业成本计算的账务处理过程分为以下几个方面：

（1）直接与产品建立联系的生产费用的账务处理；

（2）各类资源耗费计入作用成本库的账务处理；

（3）将作业成本库归集的费用计入产品成本的账务处理；

（4）结转产品成本的账务处理。

下面以例9—1的有关资料为例说明作业成本计算的主要账务处理程序。

（1）直接与产品建立联系的生产费用的账务处理。

由于本月甲、乙两种产品期初、期末均无在产品，因此根据表9—1所提供的资料可以计算出以下数据：

甲产品：

直接人工费用：10 000×12＝120 000（元）
直接材料费用：10 000×20＝200 000（元）

乙产品：

直接人工费用：2 000×10＝20 000（元）
直接材料费用：2 000×20＝40 000（元）

根据以上计算结果可以编制以下会计分录：

1）借：生产成本——甲	120 000	
——乙	20 000	
贷：应付职工薪酬		140 000
2）借：生产成本——甲	200 000	
——乙	400 000	
贷：原材料		600 000

（2）各类资源耗费分配计入作用成本库的账务处理。

根据表9—5的资料可以编制以下会计分录：

1）职工薪酬费用的分配。

借：制造费用——订单处理	19 000	
——调整准备	28 000	
——生产协调	28 000	
——质量检验	42 500	
——存货搬运	32 500	
——机器运转及维护	30 000	
贷：应付职工薪酬		180 000

2）折旧费用的分配。

借：制造费用——订单处理	5 000	
——调整准备	8 000	
——生产协调	12 000	
——质量检验	55 000	
——存货搬运	20 000	

——机器运转及维护　100 000

贷：累计折旧　200 000

3）电费分配（假设以银行存款支付）。

借：制造费用——订单处理　1 000

——调整准备　2 000

——生产协调　2 000

——质量检验　2 500

——存货搬运　2 500

——机器运转及维护　12 000

贷：银行存款　22 000

4）办公及其他费用的分配（假设以银行存款支付）。

借：制造费用——订单处理　3 750

——调整准备　6 000

——生产协调　3 750

——质量检验　9 000

——存货搬运　7 500

——机器运转及维护　6 000

贷：银行存款　36 000

（3）将作业成本库归集的费用计入产品成本的账务处理。

根据表 9—7 的资料可编制以下会计分录：

1）将订单处理费用计入产品成本。

借：生产成本——甲（订单处理）　17 250

——乙（订单处理）　11 500

贷：制造费用——订单处理　28 750

2）将调整准备费用计入产品成本。

借：生产成本——甲（调整准备）　24 000

——乙（调整准备）　20 000

贷：制造费用——调整准备　44 000

3）将生产协调费用计入产品成本。

借：生产成本——甲（生产协调）　27 450

——乙（生产协调）　18 300

贷：制造费用——生产协调　45 750

4）将质量检验费用计入产品成本。

借：生产成本——甲（质量检验）　54 500

——乙（质量检验）　54 500

贷：制造费用——质量检验　109 000

5）将存货搬运费用计入产品成本。

借：生产成本——甲（存货搬运）　37 500

——乙（存货搬运）	25 000
贷：制造费用——存货搬运	62 500

6）将机器运转及维护费用计入产品成本。

借：生产成本——甲（机器运转及维护）	100 000
——乙（机器运转及维护）	48 000
贷：制造费用——机器运转及维护	148 000

（4）结转产品成本的账务处理。

甲产品的总成本：

直接人工费用：	200 000 元
直接材料费用：	120 000 元
制造费用：	260 700 元
合计	580 700 元

乙产品的总成本：

直接人工费用：	40 000 元
直接材料费用：	20 000 元
制造费用：	177 300 元
合计	237 300 元

借：库存商品——甲	580 700
——乙	237 300
贷：生产成本——甲	580 700
——乙	237 300

9.5 作业成本法下的制造费用分析

由上述举例可以看出，作业成本的计算不仅给我们提供了产品成本的资料，更重要的是给我们提供了各项作业成本及其成本动因的资料，揭示了各项作业消耗资源方面的信息和各种产品消耗作业方面的信息。这就为我们采用更有效的方法对成本费用进行更为系统的控制和更加详细的分析提供了条件。从作业成本的计算过程以及它所提供的信息也可以看出，在作业成本法下我们的视野更为开阔：不仅可以看到成本费用与产品的产量之间的关系，同时也可以看到成本费用与作业量之间的关系，即成本性态发生了变化。

在作业成本法下，从总体上看，可以将成本费用按其与作业量的关系分为作业变动成本和固定成本两大类。

所谓作业变动成本，是指随作业量的变动而成正比例变动的成本。当然，这里的作业量是指不同作业的作业量，既可以是作业的次数、作业的时间，也可以是产品的产量等。所谓固定成本，是指与生产条件、生产能力的形成有关而与作业量、产量没有明显联系的成本。

基于作业成本法的成本费用的控制与分析，与标准成本法一样，应该事先制定标准，事中、事后按此标准进行成本控制和进行差异分析，并及时进行信息的反馈。仅就制造费用的分析来说，与传统的标准成本法不同的是：在作业成本法下，要进行详尽的作业分析，并在此基础上针对形成制造费用的各项作业制定作业消耗资源的标准、产品消耗作业的标准以及固定性制造费用的标准等。同时，为了进行固定性制造费用的分析，还应该针对固定性制造费用形成的生产能力进行分析，从而找到衡量生产能力的较为合理的标准，以便对固定性制造费用进行分析。

1. 作业变动成本的分析

对作业变动成本可以从以下两个方面进行分析：(1) 作业效率变动对成本的影响；(2) 作业费用率变动对成本的影响。分析所用的一般公式如下：

作业效率差异＝(实际作业量－标准作业量)×标准作业费用率
＝实际产量×(单位产品实际作业量－单位产品标准作业量)
×标准作业费用率

作业费用率差异＝实际作业量×(实际作业费用率－标准作业费用率)
＝实际产量×单位产品实际作业量
×(实际作业费用率－标准作业费用率)

【例 9—2】　A 企业为精密产品制造企业，该企业在生产某种精密零件的过程中需要对零件、设备、环境进行温控，对空气进行过滤除尘。该项费用的预算标准为 11 元/小时。本月该项作业费用的实际发生额为 2 800 元，本月实际耗用的生产时间为 280 小时，实际产量为 40 件。单位产品预算工时为 6 小时。

根据上述资料，可以对温控、过滤除尘这项作业的成本差异分析如下：

作业效率差异＝(280－40×6)×11＝440(元)(超支差异)
实际作业费用率＝2 800÷280＝10
作业费用率差异＝280×(10－11)＝－280(元)(节约差异)

【例 9—3】　乙企业为一家造纸企业，该企业在造纸过程中需要对原材料进行搬运整理。据测算，搬运整理费用预算为 2 000 元/次，每次搬运整理的原材料量需要满足 20 件产品的材料需要。本月实际生产产品 100 件，实际进行材料搬运整理共 4 次，实际发生整理费用 7 200 元。

根据上述材料，搬运整理这项作业的成本差异分析如下：

标准整理次数＝100÷20＝5(次)
作业效率差异＝(4－5)×2 000＝－2 000(元)(节约差异)
实际作业费用率＝7 200÷4＝1 800

作业费用率差异＝4×(1 800－2 000)＝－800(元)(节约差异)

【例 9—4】 丙企业是一家生物农药制造企业，新引进一台检测设备，用于检测各生产车间的空气中的有毒物质含量。根据要求，每个车间每月的检测次数不超过 4 次，检测费用为 500 元/次。本月实际为 A 车间检测 5 次，实际检测费用为 2 800 元。

根据上述材料，检测这项作业的成本差异分析如下：

作业效率差异＝(5－4)×500＝500(元)(超支差异)

实际作业费用率＝2 800÷5＝560

作业费用率差异＝5×(560－500)＝300(元)(超支差异)

2. 固定性制造费用分析

这类费用的特点是在正常生产能力范围内，费用额与作业量及产品产量都没有直接联系，例如生产用固定资产的折旧费、生产管理人员工资等。对这类费用可以从以下三个方面进行分析。

(1) 预算差异，是指由于一定期间的固定性制造费用的实际发生额与预算额之间的差异。其计算公式如下：

预算差异＝固定性制造费用实际发生额－固定性制造费用预算额

(2) 生产能力利用差异，是指由于生产能力利用程度不同而形成的固定性制造费用方面的成本差异。这种差异主要揭示在可供利用的生产能力中，未能利用的生产能力的成本。生产能力的利用程度说明了该项费用发挥效能的程度。其计算公式如下：

$$\text{生产能力利用差异}=\left(1-\frac{\text{实际机器总工时}}{\text{正常生产能力下可供利用的机器总工时}}\right)\times\text{固定性制造费用预算}$$

(3) 生产效率差异，是指由于实际生产效率与预算生产效率不同而形成的固定性制造费用方面的成本差异。其计算公式如下：

$$\text{生产效率差异}=\left(\frac{\text{实际机器总工时}}{\text{正常生产能力下可供利用的机器总工时}}-\frac{\text{实际产量}}{\text{正常生产能力下可以生产的产量}}\right)\times\text{固定性制造费用预算}$$

【例 9—5】 丁企业为一家生产性企业，预计正常生产能力条件下，需要机器总工时 40 000 小时，产量为 1 000 件。10 月份实际机器总工时 30 000 小时，实际产量 500 件。本月设备折旧费、车间管理人员工资等固定性制造费用预算为 20 000 元，实际发生 15 000 元。

根据上述资料，固定性制造费用的成本差异分析如下：

预算差异＝15 000－20 000＝－5 000(元)(节约差异)

生产能力利用差异＝(1－30 000÷40 000)×20 000

＝5 000(元)(超支差异)

$$生产效率差异=(30\,000\div 40\,000-500\div 1\,000)\times 20\,000$$
$$=5\,000(元)(超支差异)$$

□ 练习题

一、单项选择题

1. 作业成本法计算间接费用分配率应该考虑（　　）。

A. 生产工时　　B. 作业目的

C. 总量标准　　D. 成本动因

2. 作业成本法最重要的优点在于（　　）。

A. 促进企业组织方式变革

B. 作业的计量和分配较为客观

C. 促使管理人员加强成本控制

D. 简化了成本计算程序

3. 下列对作业成本计算法的说法不正确的是（　　）。

A. 作业成本计算法的应用受到适用条件的限制

B. 作业的计量和分配带有一定的主观性

C. 成本动因有严谨的判断方法

D. 作业成本计算法并没有解决与作业活动无关的间接费用分配问题

4. 下列不是作业特征的是（　　）。

A. 作业是一种资源的投入和另一种效果产出的过程

B. 作业活动贯穿于生产经营的全过程

C. 作业是可以量化的

D. 所有作业都是增加价值的

5. 甲企业在生产某种产品的过程中需要发生材料的挑选整理费用。该项费用的预算标准为20元/小时。本月该项作业费用的实际发生额为3 000元，本月实际耗用的生产时间为300小时，实际产量为60件。单位产品预算工时为8小时。作业效率差异为（　　）。

A. 节约3 600元　　B. 节约3 000元

C. 超支3 600元　　D. 超支3 000元

二、核算与计算题

[目的]　练习传统成本计算方法与作业成本法的比较。

[资料]　某企业本月生产A，B两种产品，其中，A产品技术工艺过程较为简单、生产批量较大；B产品技术工艺过程较为复杂、生产批量较小。传统成本计算法所需的有关资料见表9—9。

表 9—9

项目	A 产品	B 产品
产量（件）	40 000	5 000
机器工时（小时）	20 000	2 000
直接人工成本（元）	120 000	14 000
直接材料成本（元）	400 000	50 000
制造费用（元）	220 000	

经作业分析后，为制造费用的归集和分配所建立的作业成本库及其可追溯成本、成本动因等有关资料见表 9—10。

表 9—10

作业成本库（作业中心）	可追溯成本	成本动因	作业量		
			A 产品	B 产品	合计
材料采购	48 000	采购次数	45	35	80
生产准备	24 000	准备次数	80	40	120
质量检验	36 000	检验次数	60	30	90
机器工作	88 000	机器工时	20 000	2 000	22 000
设备维修	24 000	维修小时	700	500	1 200
合计	220 000	—	—	—	—

[要求]

(1) 根据以上资料，分别采用传统成本计算法（制造费用分配按机器工时比例）和作业成本法计算 A，B 两种产品的成本。

(2) 将两种成本计算方法下单位 A，B 产品所负担的制造费用加以比较（以作业成本法的计算结果为基准）。

三、案例题

[资料] 星月公司的一个车间生产两种产品：香味生日卡和普通生日卡。普通卡片的生产数量是香味卡片的 10 倍。香味卡片不仅需要加入香味，而且无论从卡片的形状、花色还是文字上都比普通卡片更加多样化。卡片成批生产。采用传统成本法得到的两种卡片的单位成本为：香味卡片 11.20 元（其中单位直接成本 8 元，单位间接费用 3.20），普通卡片 10.78 元（其中单位直接成本 7.5 元，单位间接费用 3.28 元）。采用作业成本法得到的两种卡片的单位成本为：香味卡片 20.80 元（其中单位直接成本 8 元，单位间接费用 12.80 元），普通卡片 9.82 元（其中单位直接成本 7.5 元，单位间接费用 2.32 元）。由此可见，相对于更加准确的作业成本法来说，传统成本法低估了产量低而复杂程度高的香味卡片的成本，而高估了产量高而复杂程度低的普通卡片的成本。

[要求] 根据该公司的情况讨论以下问题：

1. 传统成本法和作业成本法得到的两种产品成本差异如此巨大，主要原因可能是什么？

2. 试从传统成本法与作业成本法的主要区别，阐述作业成本法产生的经济背景。

3. 不同成本方法得到的两种产品不同的成本数据可能会影响公司的哪些决策？试举例说明。

第 10 章

Chapter 10 成本报表与成本分析

10.1 成本报表的作用、种类

成本报表是按照成本管理的需要，根据日常成本核算资料和其他有关资料编制的，用以反映企业一定时期产品成本、期间费用的水平及其构成情况，以及其他成本信息的报告文件。编制成本报表是成本会计工作的一项重要内容。

10.1.1 成本报表的作用

成本报表的作用主要体现在以下几个方面：

(1) 利用成本报表所提供的资料，可以检查企业及其内部的各有关单位的成本计划的执行情况，考核和评价其在成本管理方面的工作业绩。

(2) 利用成本报表所提供的资料和其他有关资料的分析，可以揭示影响产品成本指标和费用项目变动的因素和原因，可以使企业明确从生产技术、生产组织和经营管理等哪些具体方面去挖掘节约费用、降低成本的潜力，做到有的放矢。

(3) 成本报表所提供的资料不仅是企业及其内部加强日常成本管理的依据，同时也是企业进行成本预测、决策，编制成本计划，制定产品价格的重要依据。

10.1.2 成本报表的种类

成本报表可以按照不同的标准进行分类。

成本报表按其所反映的内容可以分为以下几类：

(1) 反映产品成本情况的报表。主要反映企业为生产一定种类和一定数量产品所支出的生产费用的水平及其构成情况，并与计划、上年实际、历史最好水平或同行同类产品先进水平相比较，反映产品成本变动情况和变动趋势。属于此类报表的有全部产品生产成本表、主要产品单位成本表等。

（2）反映各种费用支出的报表。主要反映企业在一定时期内各种费用总额及其构成情况，并与计划（预算）、上年实际对比，反映各种费用支出变动情况和变动趋势。属于此类报表的有制造费用表、销售费用表、管理费用表和财务费用表等。

（3）反映专项成本管理情况或成本管理重点的报表。主要反映企业所实施的某些专项业务活动的成本费用情况，或者成本管理中的某些特定、重要的问题。例如，质量成本报表、环境成本报表；又如，针对产品成本中占有很大比重、需要重点关注和详细分析的项目所编制的报表。

成本报表按其编制的时间，可以分为以下两类：

（1）定期报表。它是指需要按规定期限编报的成本表。一般可以分为月报表、季报表、半年报表和年报表。根据企业管理的需要，也可以按日、周、旬编报。

（2）不定期报表。它是指针对成本管理中出现的某些较大或亟待解决的问题，按要求随时编制的报表。例如，对于一项新的成本管理措施的具体进展情况和在实施过程中出现的问题，随时向企业有关方面提交的报告等。

此外，成本报表按其编制范围的不同还可以分为企业成本报表、车间成本报表和班组成本报表等。

由以上成本报表的作用、成本报表的种类等可以看出，成本报表主要是为了满足企业内部经营管理的需要而编制的，属于内部报表；成本报表的种类、格式、项目、指标的设计和编制方法、编报日期、具体报送对象等，监管部门都不作统一规定，而由企业自行决定。因此，企业的成本报表作为内部报表与现行会计准则规定的对外报表（财务报表）相比，具有针对性和灵活性更强、更注重时效等特点。

10.2　成本报表的编制

10.2.1　成本报表的编制方法

各种成本报表，有的反映本期产品的实际成本，有的反映本期经营管理费用的实际发生额，有的还可能反映实际成本或实际费用的累计数。为了考核和分析成本计划的执行情况，这些报表一般还反映有关的计划数和某些补充资料。

成本报表中的实际成本、费用，应根据有关的产品成本或费用明细账的实际发生额填列。表中的累计实际成本、费用，应根据本期报表的本期实际成本、费用加上上期报表的累计实际成本、费用计算填列；如果有关的明细账簿中记有期末累计实际成本、费用，可以直接根据有关的明细账相应数据填列。

成本报表中的计划数，应根据有关的计划填列；表中其他资料和补充资料，应按报表编制规定填列。

10.2.2 全部产品生产成本表的编制

全部产品生产成本表可以从两个不同角度进行编制和分析。

一是按产品种类编制全部产品生产成本表，反映企业在报告期所生产全部产品的总成本和各种主要产品（含可比产品和不可比产品）单位成本及总成本。利用此表可以定期、总括地考核和分析企业全部产品成本计划的完成情况和可比产品成本降低计划的完成情况，对企业产品成本工作从总体上进行评价，并为进一步分析指明方向。

二是按成本项目编制全部产品生产成本表，汇总反映企业在报告期发生的全部生产费用（按成本项目反映）和全部产品总成本。利用此表可以定期、总括地考核和分析企业全部生产费用和全部产品总成本计划的完成情况，对企业成本工作从总体上进行评价，并为进一步分析指明方向。

下面举例说明从上述两个不同角度编制全部产品生产成本表的方法。

1. 全部产品生产成本表（按产品种类反映）的编制

【例 10—1】 大明公司某年 12 月份的全部产品生产成本表（按产品种类反映）格式见表 10—1。

此表分为基本报表和补充资料两部分。基本报表部分应按可比产品和不可比产品分别填列。可比产品是指企业过去曾经正式生产、有完整的成本资料可以进行比较的产品；不可比产品是指企业本年度初次生产的新产品，或虽非初次生产，但以前仅属试制而未正式投产的产品，缺乏可比的成本资料。在成本计划中，对不可比产品只规定本年的计划成本，而对可比产品不仅规定计划成本指标，而且规定成本降低计划指标，即本年度可比产品计划成本比上年度（或以前年度）实际成本的降低额和降低率。

全部产品生产成本表的基本报表部分，应反映各种可比和不可比产品本月及本年累计的实际产量、实际单位成本和实际总成本。以上项目的本月数，应根据本月产品成本明细账中的有关记录填列；本年累计实际产量（第②栏）和累计实际总成本（第⑫栏）应根据本月数加上上月本表的累计数计算填列；累计实际平均单位成本（第⑥栏）应根据累计实际总成本（第⑫栏）除以累计实际产量（第②栏）计算填列。

为了反映企业当年全部产品成本计划完成情况，基本报表部分还应反映各种可比和不可比产品本月和本年累计按计划单位成本（第④栏）计算的总成本（第⑧，⑪栏）。计划单位成本应根据本年成本计划填列，本月和本年累计计划总成本应根据计划单位成本分别乘以本月实际产量和本年累计实际产量计算填列。

为了计算可比产品成本降低额和降低率，基本报表部分还应反映可比产品本月和本年按上年实际平均单位成本（第③栏）计算的总成本（第⑦，⑩栏）。上年实际

表 10—1　　**产品生产成本表**（按产品种类反映）

编制单位：大明公司　　20××年 12 月　　单位：元

产品名称	计量单位	实际产量		单位成本				本月总成本			本年累计总成本		
		本月 ①	本年累计 ②	上年实际平均 ③	本年计划 ④	本月实际 ⑤＝⑨÷①	本年累计实际平均 ⑥＝⑫÷②	按上年实际平均单位成本计算 ⑦＝①×③	按本年计划单位成本计算 ⑧＝①×④	本期实际 ⑨	按上年实际平均单位成本计算 ⑩＝②×③	按本年计划单位成本计算 ⑪＝②×④	本年实际 ⑫
可比产品合计								14 000	13 250	12 650	132 000	125 000	121 600
其中：甲	件	100	1 000	100	95	90	92	10 000	9 500	9 000	100 000	95 000	92 000
乙	件	50	400	80	75	73	74	4 000	3 750	3 650	32 000	30 000	29 600
不可比产品合计									4 000	4 150		36 000	38 100
其中：丙	件	10	80		300	320	330		3 000	3 200		24 000	26 400
丁	件	5	60		200	190	195		1 000	950		12 000	11 700
全部产品									17 250	16 800		161 000	159 700

补充资料（本年累计实际数）：

（1）可比产品成本降低额 10 400 元（本年计划降低额为 7 500 元）。

（2）可比产品成本降低率 7.878 79%（本年计划降低率为 5.208 33%）。

（3）按现行价格计算的商品产值 499 500 元。

（4）产值成本率 31.97 元/百元（本年计划产值成本率为 31 元/百元）。

平均单位成本应根据上年度 12 月份本表全年累计实际平均单位成本（第⑥栏）填列，本月和本年累计实际总成本应根据上年实际平均单位成本分别乘以本月实际产量和本年累计实际产量计算填列。不可比产品由于过去没有正式生产过，没有成本资料可以比较，因而不必填列第③，⑦，⑩栏。

补充资料部分只填列本年累计实际数。其中：

（1）可比产品成本降低额。指可比产品累计实际总成本比按上年实际平均单位成本计算的累计总成本降低的数额，超支额用负数表示。其计算公式为：

$$\text{可比产品成本降低额}=\text{可比产品按上年实际平均单位成本计算的总成本}-\text{可比产品本年累计实际总成本}$$

以表 10—1 资料为例计算如下：

$$\text{可比产品成本降低率}=132\,000-121\,600=10\,400(\text{元})$$

（2）可比产品成本降低率。指可比产品本年累计实际总成本比按上年实际平均单位成本计算的累计总成本降低的比率，超支率用负数表示。计算公式为：

$$\text{可比产品成本降低额}=\frac{\text{可比产品成本降低率}}{\text{可比产品按上年实际平均单位成本计算的总成本}}\times 100\%$$

以表 10—1 资料为例计算如下：

$$\text{可比产品成本降低率}=\frac{10\,400}{132\,000}\times 100\%=7.878\,79\%$$

本年可比产品成本计划降低率 5.208 33%，计划降低额 7 500 元，根据可比产品成本降低计划填列。

（3）按现行价格计算的商品产值。根据有关的统计资料填列。

（4）产值成本率。指产品总成本与商品产值的比率，通常以每百元商品产值总成本表示。计算公式为：

$$\text{产值成本率（元/百元）}=\frac{\text{产品总成本}}{\text{商品产值}}\times 100$$

以表 10—1 资料为例计算如下：

$$\text{产值成本率}=\frac{159\,700}{499\,500}\times 100=31.97(\text{元/百元})$$

2. 全部产品生产成本表（按成本项目反映）的编制

【例 10—2】 大明公司某年 12 月份的全部产品生产成本表（按成本项目反映）格式如表 10—2 所示。

表 10—2　全部产品生产成本表（按成本项目反映）

大明公司　20××年 12 月　单位：元

项目	本年计划数	本月实际数	本年累计实际数
生产费用			
直接材料	108 000	10 400	105 600
直接人工	31 000	2 900	32 000
制造费用	22 000	2 500	20 100
生产费用合计	161 000	15 800	157 700
加：在产品、自制半成品期初余额	10 000	12 000	13 000
减：在产品、自制半成品期末余额	13 000	11 000	11 000
产品成本合计	164 000	16 800	159 700

表 10—2 是按成本项目汇总反映企业在报告期内发生的全部生产费用以及产品成本合计数的报表。

表 10—2 分为生产费用和产品成本两部分。生产费用部分按成本项目反映；产品成本部分是在生产费用合计数的基础上，加减期初、期末在产品和自制半成品余额计算的产品成本合计数。生产费用和产品成本可以按本年计划数、本月实际数和本年累计实际数分栏反映，以便分析利用。如果可比产品单列，还可以增设上年实际数栏。

表内各项目的填列方法：由于全部产品包括可比产品和不可比产品，所以此表只能设本年计划数、本月实际数和本年累计实际数三栏，而不设上年实际数栏。本年计划数应根据成本计划有关资料填列；本月实际数填列按成本项目反映的各种生产费用数，应根据各种产品成本明细账所记本月生产费用合计数，按成本项目分别汇总填列；本年累计实际数应根据本月实际数加上上月本表的本年累计实际数计算填列。期初、期末在产品和自制半成品余额，应根据各种产品成本明细账的期初、期末在产品成本和各种自制半成品明细账的期初、期末余额，分别汇总填列。以生产费用合计数加减在产品、自制半成品期初、期末余额，即可计算出产品成本合计数。

10. 2. 3　主要产品单位成本表的编制

主要产品是指企业经常生产、在企业全部产品中所占比重较大、能概括反映企业生产经营面貌的那些产品。

主要产品单位成本表是反映企业在报告期内生产的各种主要产品单位成本水平和构成情况的报表。该表应按主要产品分别编制，是对全部产品生产成本表所列各种主要产品成本的补充说明。利用此表，可以按照成本项目分析和考核主要产品单位成本计划的执行情况；可以按照成本项目将本月实际和本年累计实际平均单位成本，与上年实际平均单位成本和历史先进水平进行对比，了解单位成本的变动情况；可以分析和考核各种主要产品的主要技术经济指标的执行情况，进而查明主要产品单位成本升降的具体原因。

主要产品单位成本表可分设产量、单位成本和主要技术经济指标三部分。

【例 10—3】 某企业乙产品单位成本表的格式和内容详见表 10—3。

表 10—3 **主要产品单位成本表**

20××年 12 月

本月计划产量：18 件
本月实际产量：20 件
产品名称：乙 计量单位：件 本年累计计划产量：200 件
产品规格：×× 销售单价：860 元 本年累计实际产量：300 件

	历史先进水平 19××年	上年实际平均	本年计划	本月实际	本年累计实际平均
成本项目					
直接材料（元）	470	480	480	475	482
直接燃料和动力（元）	37	52	48	40	53
直接人工（元）	81	86	82	75	78
制造费用（元）	140	142	140	145	150
产品单位成本（元）	728	760	750	735	763
主要技术经济指标					
A 材料（千克）	19	21	20	18	18
B 材料（千克）	32	33	32	30	34

表中各项数字填列方法如下：

(1) 产量。本月及本年累计计划产量应根据生产计划填列；本月及本年累计实际产量应根据产品成本明细账或产成品成本汇总表填列；销售单价应根据产品定价表填列。

(2) 单位成本。历史先进水平，应根据历史上该种产品成本最低年度本表的实际平均单位成本填列；上年实际平均单位成本，应根据上年度主要产品单位成本表累计实际平均单位成本填列；本年计划单位成本，应根据本年度成本计划填列；本月实际单位成本，应根据产品成本明细账或产成品成本汇总表填列；本年累计实际平均单位成本，应根据该种产品成本明细账所记自年初至报告期末完工入库产品实际总成本除以累计实际产量计算填列。

表 10—3 中，上年实际平均、本年计划、本月实际和本年累计实际平均的单位成本，应与全部产品生产成本表（按产品种类反映）中该种产品相应的单位成本核对相符。

(3) 主要技术经济指标。指该种产品主要原材料的耗用量，应根据业务技术核算资料填列。

10.2.4 各种费用报表的编制

各种费用是指企业在生产经营过程中，各个车间、部门为进行产品生产、组织和管理生产经营活动所发生的制造费用、销售费用、管理费用和财务费用。第一种属于产品成本的组成部分，后三种属于期间费用。编制上述四种费用报表的作用在于反映各项费用计划的执行情况，分析各种费用变动的原因以及对产品成本和当期损益的影响。

1. 制造费用明细表的结构和编制方法

【例 10—4】　某企业 20××年 12 月份制造费用明细表的格式如表 10—4 所示。

表 10—4　　**制造费用明细表**

20××年 12 月　　单位：元

项目	本年计划	上年同期实际	本月实际	本年累计实际
职工薪酬	280 000	24 500	26 000	290 000
机物料消耗	45 000	4 000	4 200	48 000
低值易耗品摊销	36 000	2 700	2 500	32 000
劳动保护费	12 000	1 000	1 200	13 000
水费	3 000	240	250	3 200
电费	32 000	2 700	2 800	35 000
运输费	40 000	3 000	2 700	34 000
折旧费	48 000	3 900	4 200	50 000
办公费	24 000	1 850	1 650	22 000
其他	24 200	2 100	1 900	24 000
合计	544 200	45 990	47 400	551 200

此表按制造费用项目分别反映各项费用的本年计划数、上年同期实际数、本月实际数和本年累计实际数。其中，本年计划数应根据成本计划中的制造费用计划填列；上年同期实际数应根据上年同期制造费用明细表的本月实际数填列；本月实际数应根据“制造费用”总账科目所属各基本生产车间制造费用明细账的本月合计数汇总计算填列；本年累计实际数应根据这些制造费用明细账的本月末累计数汇总计算填列。

2. 销售费用明细表的结构和编制方法

【例 10—5】　某企业 20××年 12 月份销售费用明细表的格式如表 10—5 所示。

表 10—5　　**销售费用明细表**

20××年 12 月　　单位：元

项目	本年计划	上年同期实际	本月实际	本年累计实际
职工薪酬	150 000	13 000	13 500	165 000
业务费	85 000	6 500	6 000	72 000
运输费	36 000	11 000	13 000	38 000
装卸费	24 000	2 000	18 000	23 500
包装费	42 000	3 600	4 000	41 000

续前表

项目	本年计划	上年同期实际	本月实际	本年累计实际
保险费	30 000	2 200	2 400	32 000
展览费	40 000	3 000	3 200	42 000
广告费	40 000	3 000	3 000	36 000
产品质量保证费	32 000	2 000	3 000	31 000
折旧费	45 000	3 500	3 600	44 000
低值易耗品摊销	24 000	1 800	2 000	24 000
办公费	21 000	2 000	1 800	20 000
其他	30 000	3 000	2 000	28 000
合计	599 000	56 600	75 500	596 500

此表按销售费用项目分别反映各项费用的本年计划数、上年同期实际数、本月实际数和本年累计实际数。其中，本年计划数应根据本年销售费用计划填列；上年同期实际数应根据上年同期销售费用明细表的本月实际数填列；本月实际数应根据销售费用明细账的本月合计数填列；本年累计实际数应根据销售费用明细账的本月末累计数填列。

3. 管理费用明细表的结构和编制方法

【例 10—6】 某企业 20××年 12 月份管理费用明细表的格式如表 10—6 所示。

表 10—6 **管理费用明细表**

20××年 12 月 单位：元

项目	本年计划	上年同期实际	本月实际	本年累计实际
职工薪酬	420 000	32 000	36 000	450 000
物料消耗	36 000	2 500	3 600	48 000
办公费	110 000	8 000	9 500	114 000
差旅费	40 000	3 000	3 000	37 000
会议费	60 000	6 000	4 000	48 000
中介机构费	50 000	4 000	4 000	50 000
业务招待费	40 000	3 000	5 000	60 000
研究费	120 000	8 000	12 000	125 000
修理费	80 000	6 500	6 000	78 000
折旧费	45 000	4 000	4 000	44 000
低值易耗品摊销	24 000	2 100	1 800	23 000
专利转让费	36 000	2 800	3 000	36 000
其他	45 000	4 000	3 600	44 000
合计	1 106 000	85 900	95 500	1 157 000

此表按管理费用项目分别反映各项费用的本年计划数、上年同期实际数、本月实际数和本年累计实际数。其中，本年计划数应根据公司（总厂）或企业行政管理

部门的管理费用计划填列；上年同期实际数应根据上年同期管理费用明细表的本月实际数填列；本月实际数应根据管理费用明细账的本月合计数填列；本年累计实际数应根据管理费用明细账的本月末的累计数填列。

4. 财务费用明细表的结构和编制方法

【例 10—7】　某企业 20××年 12 月份财务费用明细表的格式如表 10—7 所示。

表 10—7　财务费用明细表

20××年 12 月　单位：元

项目	本年计划	上年同期实际	本月实际	本年累计实际
利息支出（减利息收入）	17 000	1 500	1 300	16 500
汇兑损失（减汇兑收益）	6 000	600	700	7 745
金融机构手续费	1 000	100	200	1 200
其他筹资费用	1 200	120	110	1 300
合计	25 200	2 320	2 310	26 745

此表按财务费用项目分别反映各项费用的本年计划数、上年同期实际数、本月实际数和本年累计实际数。其中，本年计划数应根据本年财务费用计划填列；上年同期实际数应根据上年同期财务费用明细表的本月实际数填列；本月实际数应根据财务费用明细账的本月合计数填列；本年累计实际数应根据财务费用明细账本月末的累计数填列。

10.3 成本分析

10.3.1 成本分析的一般程序和方法

1. 成本分析的一般程序

成本分析的一般程序可以概括为以下几个步骤：

（1）明确分析的目标、要求和范围，以及需要解决的问题，在此基础上，制定科学的分析计划，周密地进行工作安排，以提高成本分析工作的效率和工作质量。

（2）广泛收集与成本分析相关的各方面的资料，认真地进行审核、整理和筛选，去粗取精，去伪存真，同时还要深入实际进行调查研究，以掌握全面的情况。这是科学地进行成本分析、得出正确结论的前提条件。

（3）从总体分析入手，深入进行因素和项目分析，确定各种差异及其影响因素，以及应该重点查明的问题，为进一步分析指明方向。

（4）结合企业内外部的实际，相互联系地研究生产技术、生产组织和经营管理等各方面的情况，查明各种因素变动的具体原因，以便采取有效的措施，解决问题。

（5）以全面、发展的观点对企业的成本管理工作进行评价。

（6）在上述各方面、各层次成本分析和全面客观评价企业成本管理工作的基础上，编写成本分析报告。

2. 成本报表的数量分析方法

在对成本报表进行分析的过程中，在研究各项成本指标的数量变动和指标之间的数量关系、测定各种因素变动对成本指标的影响程度时，还要应用数量分析方法。常用的有以下几种：

（1）比较分析法。比较分析法是指通过指标对比，从数量上确定差异的一种分析方法。其主要作用在于揭示客观存在的差距，并为进一步分析指明方向。比较分析的基数由于分析目的不同而有所不同。实际工作中通常有以下几种形式：

1）以成本的实际指标与成本的计划或定额指标对比，分析成本计划或定额的完成情况。

2）以本期实际成本指标与前期（上期、上年同期或历史最好水平）的实际成本指标对比，观察企业成本指标的变动情况和变动趋势，了解企业生产经营工作的改进情况。

3）以本企业实际成本指标（或某项技术经济指标）与国内外同行业先进指标对比，可以在更大的范围内找出差距，推动企业改进经营管理。

比较分析法只适用于同质指标的数量对比，因此，应用此法时要注意指标的可比性。为了使对比的指标具有可比性，可以将对比的指标作必要的调整换算。如对比费用指标，可以先将随产量变动而变化的费用计划指标按产量增减幅度进行调整，然后再同实际进行对比。与以前各期资料对比，可以都按不变价格（即按规定的某年价格）换算，或按物价、收费率等变动情况调整某些指标。但也要防止将指标的可比性绝对化。

比较分析法是经济分析中广泛应用的一种分析方法。对比的范围越广泛，就越能发现差距，越有利于企业挖掘潜力、学习和推广先进经验。

（2）比率分析法。比率分析法是指通过计算和对比经济指标的比率进行数量分析的一种方法。采用这一方法，先要把对比的数值变成相对数，求出比率，然后再进行对比分析。具体形式有以下几种：

1）相关指标比率分析。将两个性质不同但又相关的指标对比求出比率，然后再以实际数与计划（或前期实际）数进行对比分析，以便从经济活动的客观联系中更深入地认识企业的生产经营状况。例如，将成本指标与反映生产、销售等生产经营成果的产值、销售收入、利润指标对比求出的产值成本率和成本费用利润率指标，可据以分析和比较生产耗费的经济效益。

2）构成比率分析。所谓构成比率，是指某项经济指标的各个组成部分占总体的比重。例如，将构成产品成本的各个成本项目同产品成本总额相比，计算其占成本的比重，确定成本的构成比率；然后将不同时期的成本构成比率相比较，通过观察产品成本构成的变动，掌握经济活动情况，了解企业改进生产技术和经营管理对产品成本的影响。

3）动态比率分析。动态比率分析或称趋势分析，是将不同时期同类指标的数值对比求出比率，进行动态比较，据以分析该项指标的增减速度和变动趋势，从中发现企业在生产经营方面的成绩或不足。由于对比的标准不同，它又可分为基期指数和环比指数两种，其计算公式分别如下：

$$基期指数=\frac{分析期指标数额}{固定期指标数额}$$

$$环比指数=\frac{分析期指标数额}{前一期指标数额}$$

【例 10—8】　假定某企业甲产品某年四个季度实际单位成本分别为 90 元、92 元、95 元、94 元。

如果以第一季度为基期，以该季度单位成本 90 元为基数，可以计算其他各季度产品单位成本与之相比的定基比率如下：

第二季度：$\frac{92}{90}\times100\%=102\%$

第三季度：$\frac{95}{90}\times100\%=106\%$

第四季度：$\frac{94}{90}\times100\%=104\%$

通过以上计算可以看出，甲产品单位成本第二、三季度比第一季度有上升的趋势，但第四季度又有所下降。

如果分别以上季度为基期，可以计算各季度环比比率如下：

第二季度比第一季度：$\frac{92}{90}\times100\%=102\%$

第三季度比第二季度：$\frac{95}{92}\times100\%=103\%$

第四季度比第三季度：$\frac{94}{95}\times100\%=99\%$

通过以上计算可以看出，甲产品的单位成本变动趋势呈倒马鞍形，第二、三季度呈上升趋势，第四季度又有所下降。

（3）连环替代法。连环替代法是用来计算几个相互联系的因素对综合经济指标变动影响程度的一种分析方法。下面以材料费用总额变动分析为例，说明这一分析方法的特点。

影响材料费用总额的因素很多，按其相互关系可归纳为三个：产品产量、单位产品材料消耗量和材料单价。按照各因素的相互依存关系，列成计算公式如下：

$$材料费用总额=产品产量\times单位产品材料消耗量\times材料单价$$

【例 10—9】　某企业上述指标的计划和实际资料详见表 10—8。

表 10—8

指标	单位	计划数	实际数	差异
产品产量	件	20	21	+1
单位产品材料消耗量	千克	18	17	−1
材料单价	元	10	12	+2
材料费用总额	元	3 600	4 284	+684

首先，利用比较法将材料费用总额的实际数与计划数对比，确定实际脱离计划的差异，作为分析对象。差异是产量增加、单位产品材料消耗量降低和材料单价提高三个因素综合影响的结果。

其次，按照上述计算公式中各因素的排列顺序，用连环替代法测定各因素变动对材料费用总额变动的影响程度。计算程序如下：

1）以基数（本例为计划数）为计算基础。

2）按照公式中所列因素的同一顺序，逐次以各因素的实际数替换其基数；每次替换后，实际数就被保留下来。有几个因素就替换几次，直到所有因素都变成实际数为止；每次替换后都求出新的计算结果。

3）将每次替换后所得的结果与其相邻近的前一次计算结果相比较，两者的差额就是某一因素变动对综合经济指标变动的影响程度。

4）计算各因素变动影响的代数和。这个代数和应等于被分析指标实际数与基数的总差异数。

例 10—9 中材料费用总额计算如下：

①以计划数为基数　　20×18×10=3 600(元)

②第一次替换　　21×18×10=3 780(元)

---

②－①产量变动影响　　+180(元)

③第二次替换　　21×17×10=3 570(元)

---

③－②单位产品材料消耗量变动影响　　−210(元)

④第三次替换　　21×17×12=4 284(元)

---

④－③材料单价变动影响　　+714(元)

合计　　+684(元)

通过计算可以看出，虽然单位产品材料消耗量降低使材料费用节约 210 元，但由于产量增加，特别是材料单价的提高，使材料费用增加 684 元。进一步分析应查明材料消耗节约和材料价格提高的原因，然后才能对企业材料费用总额变动情况做出评价。

从上述计算程序中可以看出这一分析方法具有以下特点：

1）计算程序的连环性。上述计算是严格按照各因素的排列顺序，逐次以一个因素的实际数替换其基数。除第一次替换外，每个因素的替换都是在前一个因素替换的基础上进行的。

2）因素替换的顺序性。运用这一方法的一个重要问题，就是要正确确定各因素的替换顺序（即排列顺序）。另外，在分析相同问题时必须按照同一替换顺序进行，这样的计算结果才具有可比性。如果改变各因素的排列顺序，计算同一因素变动影响时所依据的其他因素的条件发生了变化，会得出不同的计算结果。通常确定各因素的替换顺序的做法是：在分析的因素中，如果既有数量指标又有质量指标，应先查明数量指标变动影响，再查明质量指标的变动影响；如果既有实物量指标又有价值量指标，一般先替换实物量指标，再替换价值量指标。如果有几个数量指标和质量指标，要分清哪个是主要因素，哪个是次要因素，然后根据它们的相互依存关系确定替换顺序。

3）计算条件的假定性。运用这一方法在测定某一因素变动影响时，是以假定其他因素不变为条件的。因此，计算结果只能说明在某种假定条件下计算的结果。这种科学的抽象分析方法是在确定事物内部各种因素影响程度时必不可少的。

（4）差额计算法。差额计算法是连环替代法的一种简化形式。运用这一方法时，先要确定各因素实际数与计划数之间的差异，然后按照各因素的排列顺序，依次求出各因素变动的影响程度。可见，这一方法的应用原理与连环替代法一样，只是计算程序不同。仍用例 10—9（表 10—8）的数字资料，以差额计算法测定各因素影响程度如下：

1）分析对象。

4 284－3 600＝＋684(元)

2）各因素影响程度。

产量变动影响	＝（＋1）×18×10＝＋180(元)
单位产品材料消耗量变动影响	＝21×（－1）×10＝－210(元)
材料单价变动影响	＝21×17×（＋2）＝＋714(元)
合计	＋684 元

差额计算法计算简便，应用比较广泛，特别是在影响因素只有两个时更为适用。

以上所述只是常用的几种数量分析方法。此外，还可以根据分析的目的和要求，采用分组法、指数法、图表法等其他数量分析方法。

需要指出的是，不论什么分析方法，都只能为进一步调查研究指明方向，而不能代替调查研究。要确定导致成本管理工作好坏的具体原因，并据以提出切实有效的建议和措施来改进工作，还必须在采用上述分析方法进行分析的基础上，深入实际调查研究。

10.3.2 全部商品产品成本计划完成情况分析

1. 按产品种类分析全部商品产品成本计划完成情况

按产品种类分析全部商品产品成本计划的完成情况，既要从总体出发，分析全部商品产品成本计划完成的总括情况，也要分析每种产品成本计划的完成情况。通过分析既可以对全部商品产品成本计划的完成情况有总括了解，也为进一步分析指明方向和重点。

【例 10—10】 根据表 10—1 中的资料编制分析表，详见表 10—9。

表 10—9 本年累计全部产品成本计划完成情况分析表 单位：元

产品名称	计划总成本	实际总成本	实际比计划升降额	实际比计划升降率（%）
1. 可比产品	125 000	121 600	－3 400	－2.72
其中：甲	95 000	92 000	－3 000	－3.16
乙	30 000	29 600	－400	－1.33
2. 不可比产品	36 000	38 100	＋2 100	＋5.83
其中：丙	24 000	26 400	＋2 400	＋10
丁	12 000	11 700	－300	－2.5
合计	161 000	159 700	－1 300	－0.81

表 10—9 中数字计算如下：

$$\begin{aligned}\text{本年累计全部产品成本实际比计划升降额} &= \text{实际总成本}-\text{计划总成本}\\ &= 159\,700-161\,000\\ &= -1\,300(\text{元})\end{aligned}$$

$$\begin{aligned}\begin{array}{l}\text{本年累计全部产品}\\\text{成本计划完成率}\end{array} &= \frac{\sum(\text{各种产品实际单位成本}\times\text{实际产量})}{\sum(\text{各种产品计划单位成本}\times\text{实际产量})}\times 100\%\\ &= \frac{159\,700}{161\,000}\times 100\% = 99.19\%\end{aligned}$$

$$\text{成本升降率}=99.19\%-100\%=-0.81\%$$

以上计算表明，本年全部产品累计实际总成本比计划降低了 1 300 元，降低了 0.81%。其中，可比产品成本实际比计划降低了 3 400 元，且甲、乙产品的成本实际比计划均为降低；不可比产品成本实际比计划升高了 2 100 元，这是由于丙产品成本实际比计划超支造成的。值得注意的是，从表 10—1 可知，本月（12 月）全部产品总成本实际比计划降低了 450 元（16 800－17 250），降低了 2.61%，各种产品的本月单位成本比全年累计实际平均单位成本都有所降低，说明本月成本管理工作做得较好。

2. 按成本项目分析全部商品产品成本计划完成情况

按成本项目对全部商品产品成本计划完成情况进行分析，可根据前述的全部产品生产成本表（按成本项目反映）所提供的资料以及其他有关计划、核算资料，采用比较分析法、构成比率分析法等方法进行。

例 10—2 的全部产品生产成本表（按成本项目反映）是 12 月份编制的，因而其本年累计实际数和本年计划数都是整个年度的生产费用和产品成本。分析时可采用比较分析法，将产品成本合计数、生产费用合计数及各个成本项目费用的本年累计实际数与本年计划数进行对比分析，揭示差异，以便为进一步分析指明方向。

就表 10—2 中的产品成本合计数来看，本年累计实际数低于本年计划数 4 300 元(159 700－164 000)。其原因是多方面的：可能是由于产品单位成本的降低；也可能是由于产品产量和产品品种构成的变动引起的，因为各种产品单位成本降低、升高的幅度不同。进一步分析应结合有关的明细资料查明影响产品总成本变动的主要因素和因素变动的主要原因，对产品总成本的升高是否合理做出评价。

就表 10—2 中的生产费用合计数来看，本年累计实际数低于本年计划数 3 300 元（157 700－161 000），与上述产品总成本情况基本相同。当然也可能不一致，因为这其中尚有期初、期末在产品和自制半成品余额的变动影响。

就表 10—2 中各个成本项目来看，直接材料、直接人工和制造费用的本年累计实际数与本年计划数相比，升降的情况和升降的幅度各不相同。分析时也不能停留在指标对比上，还应进一步查明影响指标变动的因素和原因。但由于影响各成本项目变动的因素和原因很多，因而分析的难度大，工作量也大。如果表中列有本月计划数字，还可以进行本月实际数与计划数的对比分析。

对于各成本项目的费用，还可计算构成比率，并在本年累计实际数、本月实际数和本年计划数之间进行对比分析。表 10—2 中各项指标计算如下：

（1）本年计划数构成比率。

$$\text{直接材料费用比率}=\frac{108\ 000}{161\ 000}\times 100\%=67\%$$

$$\text{直接人工费用比率}=\frac{31\ 000}{161\ 000}\times 100\%=19\%$$

$$\text{制造费用比率}=\frac{22\ 000}{161\ 000}\times 100\%=14\%$$

（2）本月实际数构成比率。

$$\text{直接材料费用比率}=\frac{10\ 400}{15\ 800}\times 100\%=66\%$$

$$\text{直接人工费用比率}=\frac{2\ 900}{15\ 800}\times 100\%=18\%$$

$$\text{制造费用比率}=\frac{2\ 500}{15\ 800}\times 100\%=16\%$$

（3）本年累计实际数构成比率。

$$\text{直接材料费用比率}=\frac{105\ 600}{157\ 700}\times 100\%=67\%$$

$$直接人工费用比率=\frac{32\ 000}{157\ 700}\times 100\%=20\%$$

$$制造费用比率=\frac{20\ 100}{157\ 700}\times 100\%=13\%$$

以本年累计实际数与本年计划数相比，生产费用中直接材料费用持平，直接人工费用的比重有所上升，而制造费用下降；以本月实际数与本年累计实际数相比，直接材料费用比重和直接人工费用比重都有所下降，而制造费用比重有所上升。通过指标对比，只能了解指标变动的一般情况，由于各项指标变动受多种因素影响，因此分析时还应结合调查了解的情况和明细核算资料进一步查明原因，以便对其变动的合理性做出判断。

10.3.3 可比产品成本降低计划完成情况分析

要进行可比产品成本降低计划完成情况分析，就必须取得可比产品成本降低计划指标和计划完成情况的资料。前者反映在企业的成本计划之中，后者可以从前述的产品生产成本表（按产品种类反映）中取得。

【例 10—11】 假定例 10—1 中企业本年可比产品成本降低计划如表 10—10 所示。

表 10—10 可比产品成本降低计划表 单位：元

可比产品	全年计划产量（件）	单位成本		总成本		计划降低指标	
		上年实际平均	本年计划	按上年实际平均单位成本计算	按本年计划单位成本计算	降低额	降低率（%）
甲	1 200	100	95	120 000	114 000	6 000	5
乙	300	80	75	24 000	22 500	1 500	6.25
合计	—	—	—	144 000	136 500	7 500	5.208 33

可比产品成本计划降低额=144 000−136 500=7 500(元)

$$可比产品成本计划降低率=\frac{7\ 500}{144\ 000}\times 100\%=5.208\ 33\%$$

可比产品成本降低计划的完成情况详见根据表 10—1 编制的分析表（见表 10—11）。

表 10—11 可比产品成本降低计划完成情况分析表 单位：元

可比产品	总成本		计划完成情况	
	按上年实际平均单位成本计算	本期实际	降低额	降低率（%）
甲	100 000	92 000	8 000	8
乙	32 000	29 600	2 400	7.5
合计	132 000	121 600	10 400	7.878 79

在取得以上资料的基础上，就可以按照下面的步骤来进行分析。

(1) 分析可比产品成本降低计划的完成情况，首先应确定分析的对象，即以可比产品成本实际降低额、降低率指标与计划降低额、降低率指标进行对比，确定实际脱离计划的差异。

计划降低额 7 500 元　　　　计划降低率 5.208 33%
实际降低额 10 400 元　　　实际降低率 7.878 79%

实际脱离计划差异：

降低额=10 400−7 500=2 900(元)
降低率=7.878 79%−5.208 33%=2.670 46%

从以上计算中可以看出，可比产品成本降低计划全面完成，实际比计划多降低 2 900 元，或 2.670 46%。

(2) 确定影响可比产品成本降低计划完成情况的因素和各因素的影响程度。影响可比产品成本降低计划完成情况的因素概括起来有三个。

一是产品产量。成本降低计划是根据计划产量制定的（本例中甲产品计划产量 1 200 件，乙产品计划产量 300 件），实际降低额和降低率都是根据实际产量计算的。因此，产量的增减必然会影响可比产品成本降低计划的完成情况。但是产量变动的影响有其特点：假定其他条件不变，即产品品种构成和产品单位成本不变，单纯产量变动只影响成本降低额，而不影响成本降低率。

【例 10—12】 假定例 10—11 中本期产品实际产量比计划提高 20%，而产品品种构成和单位成本不变，即假定甲、乙产品的实际产量都比计划提高 20%，其成本降低额和降低率详见表 10—12。

表 10—12　　**单纯产量变动影响计算表**　　单位：元

可比产品	总成本		产量变动影响	
	按上年实际平均单位成本计算	本期实际	降低额	降低率(%)
甲	120 000×120%=144 000	114 000×120%=136 800	7 200	5
乙	24 000×120%=28 800	22 500×120%=27 000	1 800	6.25
合计	172 800	163 800	9 000	5.208 33

表 10—12 中的计算表明，单纯产量变动使成本降低额由计划的 7 500 元增加到 9 000 元，而降低率不变，仍是 5.208 33%，与计划相同。反过来，可以据此推算出单纯产量变动对成本降低额的影响，即

$$\text{按上年实际平均单位成本计算的总成本}\times\text{计划降低率}=\text{单纯产量变动下的成本降低额}$$

172 800×5.208 33%=9 000(元)

二是产品品种构成。由于各种产品的成本降低程度不同，因而当产品品种构成发生变动时，就会使可比产品成本降低额和降低率升高或降低。在分析中之所以要

单独计量产品品种构成变动影响，目的在于揭示企业取得降低产品成本真实成果的具体途径，从而对企业成本管理工作作出正确评价。

三是产品单位成本。可比产品成本计划降低额是本年度计划成本比上年度（或以前年度）实际成本的降低数，而实际降低额则是本年度实际成本比上年度（或以前年度）实际成本的降低数。因此，当本年度可比产品实际单位成本比计划单位成本降低或升高时，必然会引起成本降低额和降低率的变动。产品单位成本的降低意味着生产中活劳动和物化劳动消耗的节约，分析时应特别注意这一因素的变动影响。

根据表 10—1 的资料，确定各因素变动的影响程度。按照连环替代法的计算程序，在确定各因素变动对成本降低计划完成情况的影响程度时，应以在计划产量、计划品种构成和计划单位成本情况下的成本降低计划为基础，然后用各个因素的实际数逐次替换计划数。

第一，产品产量变动的影响。为了确定产量变动的影响程度，首先必须求得在实际产量、计划品种构成情况下，以本年计划单位成本计算的总成本与按上年实际平均单位成本计算的总成本相比较的成本降低额和成本降低率，然后再以此与计划降低额和计划降低率相比较。

例 10—12 中已说明，在其他因素不变的条件下，单纯产量变动只影响成本降低额，而不影响成本降低率。所以，在实际产量、计划品种构成、计划单位成本情况下的降低率与计划降低率相同，即为 5.208 33%。也就是说，每生产按上年实际平均单位成本计算的产品 100 元，即可取得 5.208 33 元的降低额。因此，以计划降低率乘以表 10—1 中按实际产量、上年实际平均单位成本计算的总成本，即可求得在实际产量、计划品种构成和计划单位成本下的成本降低额。计算公式为：

$$132\,000\times 5.208\,33\%=6\,875(\text{元})$$

以上述计算求得的 6 875 元和 5.208 33%与计划降低额 7 500 元和计划降低率 5.208 33%相比较，即可求得由于产量变动对成本降低计划完成情况的影响程度。

$$\text{降低额}=6\,875-7\,500=-625(\text{元})$$
$$\text{降低率}=5.208\,33\%-5.208\,33\%=0$$

第二，产品品种构成变动的影响。为了确定产品品种构成变动的影响，必须求得在实际产量、实际品种构成情况下，以本年计划单位成本计算的总成本与按上年实际平均单位成本计算的总成本相比较的降低额和降低率。根据表 10—1 资料计算如下：

$$\text{降低额}=132\,000-125\,000=7\,000(\text{元})$$
$$\text{降低率}=\frac{7\,000}{132\,000}\times 100\%=5.303\,03\%$$

以上述计算结果与在实际产量、计划品种构成和计划单位成本情况下的降低额和降低率相比较，即可求得由于产品品种构成变动对成本降低计划完成情况的影响程度。

降低额＝7 000－6 875＝125(元)

降低率＝5.303 03%－5.208 33%＝－0.094 7%

第三，产品单位成本变动的影响。为了确定产品单位成本变动的影响，必须求得在实际产量、实际品种构成情况下，以本期实际总成本与按上年实际平均单位成本计算的总成本相比较的降低额和降低率。根据表 10—1 资料计算如下：

降低额＝132 000－121 600＝10 400(元)

$$降低率＝\frac{10\ 400}{13\ 200}\times 100\%＝7.878\ 79\%$$

以上述计算结果与在实际产量、实际品种构成和计划单位成本下的降低额和降低率相比较，即可求得由于产品单位成本变动对成本降低计划完成情况的影响程度。

降低额＝10 400－7 000＝3 400(元)

降低率＝7.878 79%－5.303 03%＝2.575 76%

以上计算程序和计算结果详见表 10—13。

表 10—13

指标	降低额（元）	降低率（%）
①在计划产量、计划品种构成和计划单位成本情况下的成本降低数	7 500	5.208 33
②在实际产量、计划品种构成和计划单位成本情况下的成本降低数	132 000×5.208 33 ＝6 875	5.208 33
②－①产量变动的影响	－625	0
③在实际产量、实际品种构成和计划单位成本情况下的成本降低数	132 000－125 000 ＝7 000	5.303 03
③－②产品品种构成变动的影响	125	0.094 7
④在实际产量、实际品种构成和实际单位成本情况下的成本降低数	132 000－121 600 ＝10 400	7.878 79
④－③产品单位成本变动的影响	3 400	2.575 76
可比产品成本降低计划执行结果（各因素影响的代数和）	2 900	－2.670 46

以上方法还可简化为：根据表 10—1 先计算出由于产品单位成本变动使可比产品未完成成本降低额计划，降低了 3 400 元（125 000－121 600），约合降低率为 2.575 76%（3 400/132 000×100%）。

由于在其他因素不变的条件下，单纯产量变动只影响降低额，而不影响降低率，因而成本降低率比计划降低了 2.670 46%，只受产品品种构成和产品单位成本两个因素变动的影响。已知产品单位成本变动影响成本降低率少降低 2.575 76%，因此产品品种构成变动对成本降低率的影响应为：

2.670 46%－2.575 76%＝0.094 7%

据此可求得产品品种构成变动对成本降低额的影响程度：

132 000×0.094 7%＝125(元)

利用余额计算法，从实际脱离计划的总差异额中减去以上两个因素变动的影响数额，即可求得产品产量变动对成本降低额的影响程度：

2 900－3 400－125＝－625(元)

根据以上计算分析结果，可以对可比产品成本降低计划完成情况做出以下总括评价：总的来说，企业完成了可比产品成本降低计划，实际比计划多降低了 290 元，或为降低率 2.670 46%。这主要是由产品单位成本的降低带来的，即产品单位成本的降低使得实际比计划多降低了 3 400 元，或为降低率 2.670 46%。就可比产品的单位成本来看，本年度的甲、乙两种可比产品的累计实际平均单位成本不仅均低于上年数，而且均低于计划数，并且本月（12 月）的实际单位成本均低于全年的累计平均数。

另外，产品品种构成变动也使得成本降低额增加了 125 元，或为降低率 0.094 7%，但产量变动使得实际比计划少降低了 625 元。对于这一情况应结合企业的实际情况和市场情况，做出进一步的评价。

在上述总括评价的基础上，应结合其他有关资料，深入实际查明原因，才能明确企业成本管理工作中的成绩和问题，从而对可比产品成本降低计划的完成情况做出确切评价和提出今后努力的方向。

10.3.4 主要产品单位成本分析

分析主要产品单位成本的意义在于，揭示各种产品单位成本及其各个成本项目的变动情况，尤其是各项消耗定额的执行情况；确定产品结构、工艺和操作方法的改变，以及有关技术经济指标变动对产品单位成本的影响，查明产品单位成本变动的具体原因。

分析主要依据主要产品单位成本表、成本计划和各项消耗定额资料，以及反映各项技术经济指标的业务技术资料等。分析的程序一般是先检查本月（或本季度、本年度等）各种产品单位成本实际比计划、上年实际、历史最好水平的升降情况；然后按成本项目分析其增减变动，查明造成单位成本升降的具体原因。为了在更大的范围内找差距、挖潜力，在可能的条件下，还可以组织厂际同类产品单位成本的对比分析。

根据前述的主要产品单位成本表（表 10—3）的有关数据，可编制 12 月份乙产品单位成本分析表，详见表 10—14。

表 10—14　　乙产品单位成本分析表
20××年 12 月　　单位：元

成本项目	历史最好水平	上年实际平均	本年计划	本年累计实际平均	本月实际	差异			
						比历史最好水平	比上年平均	比计划	比本年平均
直接材料	470	480	480	482	475	+5	−5	−5	−7
直接燃料和动力	37	52	48	53	40	+3	−12	−8	−13
直接人工	81	86	82	78	75	−6	−11	−7	−3
制造费用	140	142	140	150	145	+5	+3	+5	−5
产品单位成本	728	760	750	763	735	+7	−25	−15	−28

1. 主要产品单位成本变动情况分析

从表 10—14 可知，乙产品本月实际单位成本比本年计划、上年实际平均、全年累计实际平均都降低了，虽然还未达到历史最好水平，但总的情况是好的。从成本项目对比中可以看出，产品单位成本的降低主要是由于直接材料、直接燃料和动力、直接人工的节约，说明企业在降低乙产品直接材料、直接燃料和动力消耗方面，在改进乙产品的生产组织和劳动组织、提高劳动生产率方面采取了措施，取得了成绩。但是，也要看到制造费用本月实际比本年计划、上年实际平均都超支了，说明还存在薄弱环节。为了查明产品单位成本及其成本项目变动的原因，还应进一步对各个成本项目特别是重点项目，即变动影响大的项目做具体分析。

2. 主要成本项目分析

一定时期产品单位成本的高低，是与企业该时期的生产技术、生产组织的状况和经营管理水平，以及采取的技术组织措施效果相联系的。因此，紧密结合企业技术经济方面的资料，查明成本升降的具体原因，是进行产品单位成本各个成本项目分析的要点。

下面以直接材料、直接人工和制造费用几个主要成本项目为例，说明分析的一般方法。

（1）直接材料费用的分析。直接材料费用的变动主要受单位产品原材料消耗数量和原材料价格两个因素的变动影响。其变动影响可用差额计算法计算如下：

$$\text{原材料消耗数量变动的影响}=\left(\text{实际单位耗用量}-\text{计划单位耗用量}\right)\times\text{原材料计划单价}$$

$$\text{原材料价格变动的影响}=\left(\text{原材料实际单价}-\text{原材料计划单价}\right)\times\text{单位产品原材料实际耗用量}$$

【例 10—13】　假定有关资料如表 10—15 所示。

表 10—15　　乙产品直接材料费用分析表

原材料名称	计量单位	耗用量		单价		直接材料费用		差异	
		计划	实际	计划	实际	计划	实际	数量	金额
A	千克	20	18	13.50	14	270	252	−2	−18
B	千克	32	30	8.75	9	280	270	−2	−10
合计						550	522		−28
减：废料回收价值	元					70	47		−23
合计						480	475		−5

乙产品直接材料费用实际比计划降低 28 元，其中：

第一，由于耗用量变动。

A 材料　　(−2)×13.50＝−27(元)
B 材料　　(−2)×8.75＝−17.50(元)
合计　　−44.50 元

第二，由于价格变动。

A 材料　　(14−13.50) ×18＝9(元)
B 材料　　(9−8.75) ×30＝7.50(元)
合计　　16.50 元

两因素变动共使乙产品直接材料费用降低 28 元（−44.50＋16.50）。

在上述两因素中，原材料价格变动多属外界因素，需结合市场供求和材料价格变动情况具体分析。这里重点分析原材料消耗数量的变动情况和变动原因。例 10—13 的计算表明，原材料消耗数量变动使乙产品单位产品直接材料费用降低 44.5 元。影响单位产品原材料消耗数量变动的原因很多，归纳起来主要有以下几点：

第一，产品或产品零部件结构的变化。在保证产品质量的前提下，改进产品设计，使产品结构合理、体积缩小、重量减轻，就能减少原材料消耗，降低直接材料费用。

由于改进产品设计，减轻产品重量对单位产品直接材料费用的影响，可按下式计算：

$$\text{产品重量变动对单位产品直接材料费用的影响}=\left(1-\frac{\text{变动后产品重量}}{\text{变动前产品重量}}\right)\times\text{变动前单位产品直接材料费用}$$

【例 10—14】 假定企业用钢材制造某种产品，产品原净重 30 千克，耗用钢材的成本为 1 000 元。改进产品设计后，产品结构更加合理，产品净重缩减为 27 千克。这项措施使产品单位成本下降的金额为：

$$\left(1-\frac{27}{30}\right)\times 1\,000=100(\text{元})$$

第二，原材料加工方法的改变。改进工艺和加工方法或采取合理的套裁下料措施，减少毛坯的切削余量和工艺损耗，就能提高原材料利用率，节约原材料消耗，降低产品成本。

原材料利用率是反映原材料有效利用程度的指标，其计算公式为：

$$原材料利用率=\frac{产品有效重量}{投入生产的原材料重量}\times 100\%$$

原材料利用率变动对单位产品直接材料费用的影响，可按下列公式计算：

$$\begin{matrix}原材料利用率\\变动对单位产品\\直接材料费用的影响\end{matrix}=\left(1-\frac{变动前的原材料利用率}{变动后的原材料利用率}\right)\times\begin{matrix}变动前单位\\产品直接\\材料费用\end{matrix}$$

【例 10—15】 假定某种产品改进原材料加工方法前后的有关资料如表 10—16 所示。

表 10—16 **原材料利用率分析表** 产量：50 件

项目	单位	改进前	改进后
原材料消耗总量	千克	12 500	11 800
原材料平均单价	元/千克	20	20
原材料总成本	元	250 000	236 000
加工后产品净重	千克	11 250	10 856
每件净重	千克	225	217.12
单位产品原材料成本	元	5 000	4 720

由表 10—16 可知，该产品单位直接材料成本降低 280 元（5 000－4 720），是由于产品重量减轻和原材料利用率提高两个因素引起的。现假定我们先计算分析原材料利用率提高对单位产品的直接原材料成本影响，在此基础上，再分析产品重量减轻对单位产品直接材料成本的影响。有关计算分析如下：

1）原材料利用率提高对单位产品直接材料成本的影响：

$$改进前原材料利用率=\frac{11\,250}{12\,500}\times 100\%=90\%$$

$$改进后原材料利用率=\frac{10\,856}{11\,800}\times 100\%=92\%$$

$$\begin{matrix}原材料利用率变动\\对产品单位成本的影响\end{matrix}=\left(1-\frac{90\%}{92\%}\right)\times 5\,000=108.70(元)(降低)$$

2）产品重量减轻对单位产品直接材料成本的影响：

$$\begin{matrix}产品重量减轻对单位\\产品直接材料成本的影响\end{matrix}=\left(1-\frac{217.12}{225}\right)\times(5\,000-108.7)$$

$$=171.3(元)(降低)$$

第三，材料质量的变化。实际耗用的原材料质量如高于计划规定，可能会提高产品质量，或者节约材料消耗，但材料费用会增加；反之，如果质量低于计划要求，价格虽低，但会增大材料消耗量，增加生产操作时间，或者降低产品质量。

第四，原材料代用或配料比例的变化。在保证产品质量的前提下，采用廉价的代用材料，选用经济合理的技术配方，就会节约原材料消耗或降低原材料费用。计算方法如下：

$$\text{由于原材料代用而形成的节约（或超支）}=\text{原使用的原材料消耗量}\times\text{该材料的计划单价}-\text{代用的原材料消耗量}\times\text{该材料的计划单价}$$

$$\text{原材料配料比例变动对单位产品直接材料费用的影响}=\text{单位产品实际耗用配料总量}\times\left(\text{按实际配方计算的平均单价}-\text{按计划配方计算的平均单价}\right)$$

【例 10—16】 假定生产某种产品所消耗的各种原材料的单价不变，原材料消耗总量也不变，只是各种材料的配料比例发生变化，其对产品单位成本的影响分析计算详见表 10—17。

表 10—17 **配料比例变动分析表**

原材料名称	材料单价（元）	原配方		改进后配方	
		用量（千克）	金额（元）	用量（千克）	金额（元）
A	6	100	600	120	720
B	12	100	1 200	90	1 080
C	15	100	1 500	90	1 350
合计	—	300	3 300	300	3 150
平均单价			11		10.50

$$\text{配料比例变动对单位成本的影响}=300\times(10.5-11)=-150(\text{元})(\text{降低})$$

如果各种原材料配料比例的变动是在原材料单价和原材料消耗总量同时变化的情况下发生的，三个因素变动对产品单位成本影响的计算公式如下：

1）原材料消耗总量变动的影响。

$$\text{原材料消耗总量变动的影响}=\left(\text{实际消耗总量}-\text{计划消耗总量}\right)\times\text{计划配方的计划平均单价}$$

2）配料比例变动的影响。

$$\text{配料比例变动的影响}=\text{实际消耗总量}\times\left(\text{实际配方的计划平均单价}-\text{计划配方的计划平均单价}\right)$$

上式中的实际配方的计划平均单价按下列公式计算：

$$\text{实际配方的计划平均单价}=\frac{\sum(\text{原材料实际消耗量}\times\text{该材料计划单价})}{\text{实际消耗总量}}$$

3）原材料价格变动的影响。

$$\text{原材料价格变动的影响}=\text{实际消耗总量}\times\left(\text{实际配方的实际平均单价}-\text{实际配方的计划平均单价}\right)$$

第五，原材料综合利用。有些工业企业在利用原材料生产主产品的同时，还生产副产品，开展原材料的综合利用。这样就可以将同样多的直接材料费用分配到更多品种和数量的产品，从而降低主产品的直接材料费用。具体计算可参阅第 7 章中副产品成本的计算。

第六，生产中产生废料数量和废料回收利用情况的变化。

此外，生产工人的劳动态度、技术操作水平、机器设备性能以及材料节约奖励制度的实施等，都会影响原材料消耗数量的增减。

假定根据乙产品的有关业务技术报告资料得知，A，B 两种原材料耗用量的减少是由改进产品设计、简化产品结构、重量变轻所致，显然这是企业工作的成绩，应予以充分肯定。

表 10—15 中，废料回收价值的减少使原材料费用增加 23 元。引起废料回收价值减少的原因有两个：一是加工中废料减少，因而废料回收价值减少了；二是加工中废料并未减少，但由于废料回收工作组织得不好而造成废料回收价值的减少。显然，只有前一种情况才能使单位产品直接材料费用降低。本例如属前一种情况，就应给予肯定。

（2）直接人工费用的分析。分析产品单位成本中的工资费用，必须按照不同的工资制度和直接人工费用计入成本的方法来进行。

在计件工资制度下，计件单价不变，单位成本中的直接人工费用一般不变，即一般来说，劳动生产率的变化不会对单位成本中的直接人工费用产生影响。但是，在实际工作中出现的某些复杂情况，也会引起单位成本中直接人工费用的变动，例如，生产条件出现了问题，如材料（半成品）质量不符合要求或供应不及时，加工工具出现问题等；生产组织、劳动调配上出现了问题，如让高级工干低级工的活等，在这些情况下，就需要额外支付工资，从而使单位成本中的工资费用增加。因此，在进行计件工资分析时，应特别注意结合生产技术、工艺过程、生产组织和劳动调配等方面可能出现的情况来分析差异形成的具体原因。

在计时工资制度下，如果企业生产多种产品，产品成本中的直接人工费用一般是按照产品生产工时（实用工时或定额工时）比例分配计入的。因此，单位产品成本中的直接人工费用的多少，直接取决于单位产品的工时消耗和小时工资率（每小时直接人工费用）两个因素的影响，其中，小时工资率是以直接人工费用总额除以生产工时总数计算求得的。因此，对于单位产品成本中的直接人工费用分析可以从单位产品工时消耗、直接人工费用总额和生产工时总数三个因素出发进行计算分析，在此基础上结合生产经营的实际情况进行深入分析。

单位产品工时消耗的多少，是产品劳动生产率的体现。单位产品所耗工时的减少，一般是生产工人提高了劳动熟练程度，从而提高了劳动生产率；但也有可能是偷工减料造成的。因此，在分析时还应查明工时消耗的降低是否影响了产品的质量。

为了降低单位产品成本中的直接人工费用，应努力控制计时的直接人工费用总额，使之不超过计划。需要指出的是，在计时工资制度下，企业往往有相应的奖励制度，如超产奖、节约奖、安全奖等，向产品生产工人发放奖金，会提高产品单位成本中的直接人工费用，但是，只要奖金数额不超过由于改善某项工作指标所获得的节约额，仍可以保证产品成本的降低。因此，在分析时可以用所获得的节约额与支付的奖金数相比较，确定奖励的经济效果，评价奖金支付的合理性。

在单位产品工时消耗一定的前提下，生产总工时的增加意味着产品产量的增加，如果计时的直接人工费用总额不变，则单位产品成本中的直接人工费用就会降低。因此，充分利用现有的生产条件，使生产工时总数不低于计划也是降低单位产品成本中直接人工费用的重要途径。

基于上述情况，对于单位成本中直接人工费用的分析，应将上述三个因素结合起来进行，并以此为线索，查明影响这三个因素变动的深层次的、具体的原因。

【例 10—17】 假定乙产品每件所耗工时数和每小时工资的计划数和实际数如表 10—18 所示。

表 10—18　　乙产品直接人工费用分析表

项目	单位产品所耗工时	每小时工资（元）	单位产品成本中的直接人工费用（元）
本年计划	2	41	82
本月实际	1.5	50	75
直接人工费用差异	−0.5	+9	−7

以实际与计划对比，乙产品单位成本中直接人工费用本月实际数比本年计划数降低 7 元。采用差额计算法分析各因素影响程度如下：

单位产品所耗工时变动影响＝−0.5×41＝−20.5(元)
每小时工资变动影响　　＝+9×1.5＝+13.5(元)

两因素影响程度合计　　−7 元

以上分析计算表明，乙产品单位成本中直接人工费用节约 7 元，完全是工时消耗大幅节约的结果，而每小时工资则是超支的。单位产品所耗工时的节约，可能是由于改进了生产技术或工人提高了劳动熟练程度，从而提高了劳动生产率的结果；每小时工资的提高，由于它受计时工资总额和生产工时总数两个因素的变动影响，因而应结合这两个因素的分析查明原因。

(3) 制造费用的分析。制造费用在生产两种以上产品的企业是间接计入费用，与生产工人计时工资一样，一般是根据生产工时等分配标准分配计入产品成本的。因此产品单位成本中制造费用的分析与计时工资制度下的直接人工费用分析类似，先分析单位产品所耗工时和每小时制造费用两个因素变动的影响，然后查明这两个因素变动的原因。

【例 10—18】　假定乙产品每件所耗工时数和每小时制造费用的计划数和实际数如表 10—19 所示。

表 10—19　　**乙产品制造费用分析表**

项目	单位产品所耗工时	每小时制造费用（元）	单位产品制造费用（元）
本年计划	2	70	140
本月实际	1.5	96.67	145
差　异	−0.5	+26.67	+5

根据表 10—19 中的资料，采用差额计算法分析各因素影响程度如下：

单位产品所耗工时变动影响＝−0.5×70＝−35(元)
每小时制造费用变动影响 ＝26.67×1.5＝+40(元)

两因素影响程度合计　　+5 元

在进行上述产品成本计划完成情况的分析时，还要注意以下问题：

(1) 成本计划本身的正确性。计划如果不正确、不科学，就难以作为衡量的标准和考核的依据，尤其是不可比产品，因为过去没有正式生产过，缺乏完整可靠的成本资料作为制定计划的依据。

(2) 成本核算资料的真实性。如果成本计划是正确的，而成本核算资料不真实，也难以正确评价企业成本计划的完成程度和生产耗费的经济效益。检查成本核算资料是否真实，关键要看生产费用的归集和分配是否严格遵守了规定的成本开支范围，是否正确划分了各个月份、各种产品以及完工产品与在产品之间的费用界限，有无乱挤成本、少计成本等任意调剂成本的现象。

(3) 为了分清企业或车间在降低成本方面的主观努力和客观因素影响，划清经济责任，在评价企业成本工作时，应从实际成本中剔除客观因素和相关车间、部门工作的影响。

10.3.5　制造费用和各项期间费用的分析

制造费用、销售费用、管理费用和财务费用，虽然有的是作为生产费用计入产品成本，有的是作为期间费用直接计入当期损益，各自的经济用途不同，但是它们都是由具有不同经济性质和不同经济用途的费用组成的，这些费用支出的节约或浪费往往与公司（总厂）的行政管理部门、销售部门和生产车间工作的质量和有关责任制度、节约制度的贯彻执行情况密切相关。因此，向企业领导层和各有关部门、车间编报上述报表，分析这些费用的支出情况，不仅是促进节约各项费用支出、杜绝一切铺张浪费、不断降低成本和增加盈利的重要途径，也是推动企业改进生产经营管理工作、提高工作效率的重要措施。

由于上述各种费用都是按整个公司（总厂）或分厂、车间、部门编制计划加以控制的，因而分析各种费用计划的执行情况，查明各种费用实际脱离计划的原因，也只能按整个公司（总厂）或分厂、车间、部门来进行。

对上述各种费用进行分析，首先应根据各费用明细表中资料将本年实际数与本年计划数相比较，确定实际脱离计划差异，然后分析差异的原因。由于各种费用所包括的费用项目具有不同的经济性质和用途，各项费用的变动又分别受不同因素变动影响，因此，在确定费用实际支出脱离计划差异时，应按各种费用组成项目分别进行，而不能只检查各种费用总额计划的完成情况，不能用其中一些费用项目的节约来抵补其他费用项目的超支。

在按费用组成项目进行分析时，由于费用项目多，因此每次分析只能抓住重点，对其中费用支出占总支出比重较大或与计划相比发生较大偏差的项目进行分析。特别应注意那些非生产性的损失项目，如材料、在产品和产成品等存货的盘亏和毁损，因为这些费用的发生与企业管理不善直接相关。

下面以管理费用的年度分析为例，说明各项费用分析的一般方法。

【例 10—19】 以前述的管理费用明细表的资料，编制管理费用分析表，如表 10—20 所示。

表 10—20 **管理费用分析表**

20××年度

单位：元

项目	本年计划	本年实际	差异	比较超支（或节约）%
职工薪酬	420 000	450 000	+30 000	+7.14%
物料消耗	36 000	48 000	+12 000	+33.33%
办公费	110 000	114 000	+4 000	+3.64%
差旅费	40 000	37 000	−3 000	−7.5%
会议费	60 000	48 000	−12 000	−20%
中介机构费	50 000	50 000	0	0
业务招待费	40 000	60 000	+20 000	+50%
研究费	120 000	125 000	+5 000	+4.17%
修理费	80 000	78 000	−2 000	−2.5%
折旧费	45 000	44 000	−1 000	−2.22%
低值易耗品摊销	24 000	23 000	−1 000	−4.17%
技术转让费	36 000	36 000	0	0
其他	45 000	44 000	−1 000	−2.22%
合计	1 106 000	1 157 000	+51 000	+4.6%

通过管理费用分析表（表 10—20）可以看出，本年度职工薪酬、物料消耗，尤其是业务招待费超支较多，应作为重点项目深入分析。

需要指出的是，在分析各费用项目的差异时，要注意不同费用项目支出的特点，不能简单地把任何超过计划的费用支出都看做是不合理的；同样，对某些费用项目支出的减少也要做具体分析：有的可能是企业工作成绩，有的则可能是企业工作中的问题。例如，制造费用中的劳动保护费，管理费用中的研究费、修理费等费用的减少，并不一定是由于工作的改进。相反，不按计划进行上述活动或采取必要的措施，有可能造成劳动生产率下降和产品质量下降，甚至影响安全生产。而在超额完成产量计划、增加开工班次的情况下，相应地增加机物料消耗和设备维护费、修理费、运输费也是合理的。总之，不能孤立地看费用是超支还是节约，而应结合其他有关情况，结合各项技术组织措施效果来分析，结合各项费用支出的经济效益进行评价。

分析时除将本年实际数与本年计划数相比检查计划完成情况外，为了从动态上观察、比较各项费用的变动情况和变动趋势，还应将本月实际数与上年同期实际数进行对比，以了解企业工作的改进情况，并将这一分析与推行经济责任制结合，与检查各项管理制度的执行情况结合，以推动企业改进经营管理，提高工作效率，降低各项费用支出。

为了深入地研究制造费用、销售费用、管理费用和财务费用变动的原因，评价费用支出的合理性，寻求降低各种费用支出的途径和方法，也可按费用的用途及影响费用变动的因素，将上述费用包括的各种费用项目按以下分类方法归类进行研究。

(1) 生产性费用。如制造费用中的折旧费、机物料消耗等，这些费用的变动与企业生产规模、生产组织、设备利用程度等有直接联系。这些费用的特点，既不同于与产量增减成正比例变动的变动费用，又不同于固定费用，即在业务量一定的范围内相对固定，超出这个范围就可能上升。分析时应根据这些费用的特点，联系有关因素的变动评价其变动的合理性。

(2) 管理性费用。如行政管理部门人员的工资、办公费、业务招待费等。管理性费用的多少主要取决于企业行政管理系统的设置和运行情况以及各项开支标准的执行情况。分析时除按明细项目与限额指标相比分析其变动的原因外，还应从紧缩开支、提高工作效率的要求出发，检查企业对有关精简机构、减少层次、合并职能、压缩人员等措施的执行情况。

(3) 发展性费用。如职工教育经费、设计制图费、试验检验费、研究开发费等。这些费用与企业的发展相关，实际上是对企业未来的投资，但是，这些费用应当建立在规划的合理、经济、可行的基础上，而不是盲目地进行研究开发或职工培训，应将费用的支出与取得的效果联系起来进行分析评价。

(4) 防护性费用。如劳动保护费、保险费等。这类费用的变动直接与劳动条件的改善、安全生产等相关。显然，对这类费用的分析就不能认为支出越少越好，而应结合劳动保护工作的开展情况，分析费用支出的效果。

(5) 非生产性费用。主要指材料、在产品、产成品的盘亏和毁损。分析这类费用发生的原因，必须从检查企业生产工作质量、管理制度是否健全以及库存材料、在产品和产成品的保管情况入手，并把分析与推行和加强经济责任制结合起来。

10.3.6 成本效益分析

在企业生产经营中，成本费用与企业的经济效益有着密切、直接的联系。节约劳动耗费、降低产品成本是提高企业经济效益的重要途径。因此，要全面评价企业的成本管理工作，就不能局限于成本费用指标的变动分析，还应将成本费用指标与反映企业经济效益方面的指标联系起来，以全面地分析、评价企业劳动耗费的经济效益，即要进行成本效益分析。

反映企业成本效益的指标很多，最为常用的有产值成本率、主营业务成本费用率和成本费用利润率等指标。下面我们介绍这些指标的分析方法。

1. 产值成本率分析

产值成本率是企业全部商品生产成本与商品产值的比率，它也可以用每百元商品产值所消耗的生产成本来表示。其计算公式如下：

$$\text{产值成本率}=\frac{\text{全部商品产品生产成本}}{\text{商品产值}}\times 100\%$$

或

$$\text{产值成本率(元/百元)}=\frac{\text{全部商品产品生产成本}}{\text{商品产值}}\times 100$$

产值成本率可以反映产品的劳动耗费与生产成本之间的关系；产值成本率越低，表明产品劳动耗费的经济效益越高，反之经济效益越低。

分析产值成本率，一般是先运用比较法，将本期实际数与计划、上期实际、上年实际平均或同类企业实际数对比，检查其计划的完成程度，分析其发展变化趋势和与同类企业的差距，在此基础上进一步分析和研究影响产值成本率变动的各个因素，确定各因素的影响程度。

影响产值成本率指标变动的因素，归纳起来主要有：

（1）产品品种构成的变动。

（2）产品单位成本的变动。

（3）在商品产值按现行价格计算时，还有价格变动的影响。

各因素影响程度的计算方法如下：

（1）以计划（或上年实际）产值成本率指标为基础。

$$\text{产值成本率}=\frac{\text{按计划产量、计划单位成本计算的总成本}}{\text{按计划产量、计划出厂价格计算的商品产值}}\times 100 \qquad (10—1)$$

（2）按实际产品品种构成、计划单位成本、计划出厂价格计算的每百元商品产值的产值成本率。

$$\text{产值成本率}=\frac{\text{按实际产量、计划单位成本计算的总成本}}{\text{按实际产量、计划出厂价格计算的商品产值}}\times 100 \qquad (10—2)$$

将式（10—2）与式（10—1）相比较，就可求得产品品种构成变动影响的数额。

(3) 按实际产品品种构成、实际单位成本、计划出厂价格计算的每百元商品产值的产值成本率。

$$产值成本率=\frac{按实际产量、实际单位成本计算的总成本}{按实际产量、计划出厂价格计算的商品产值}\times 100 \quad (10—3)$$

将式（10—3）与式（10—2）相比较，就可求得产品单位成本变动影响的数额。

(4) 按实际产品品种构成、实际单位成本、实际出厂价格计算的每百元商品产值的产值成本率。

$$产值成本率=\frac{按实际产量、实际单位成本计算的总成本}{按实际产量、实际出厂价格计算的商品产值}\times 100 \quad (10—4)$$

将式（10—4）与式（10—3）相比较，就可求得出厂价格变动影响的数额。

在上述各影响因素中，出厂价格的变动一般属于客观因素，而且如果采用不变价格，可以消除这个因素的影响。产品品种构成的变动，情况比较复杂，特别是在不同年度的动态分析中，应结合生产分析进行，以便准确评价这一因素变动的影响。在单位成本变动影响中，也要注意区分哪些是企业工作质量造成的，哪些属于客观原因，如材料价格的变动等。

除了分析商品产品全部成本的产值成本率指标外，还可以根据实际需要分别计算和比较某一成本项目的产值成本率指标，如每百元商品产值直接材料费用、每百元商品产值人工费用等。

【例 10—20】 某企业 20××年度生产和销售甲、乙两种产品。该年度这两种产品的产量、成本、价格及每百元产值成本的资料如表 10—21 所示。

表 10—21 单位：元

产品	产量（件）		单价		单位成本		产值		总成本		产值成本率(%)	
	计划	实际	计划	实际	计划	实际	计划	实际	计划	实际	计划	实际
甲	100	120	300	320	200	190	30 000	38 400	20 000	22 800	66.67	59.375
乙	200	190	400	390	300	280	80 000	74 100	60 000	53 200	75	71.8
合计	—	—	—	—	—	—	110 000	112 500	80 000	76 000	72.73	67.56

通过表 10—21 的资料，并进行比较可知，该企业 20××年度的产值成本率完成了计划，即计划为 72.23%，实际为 67.56%，产值成本率实际与计划的差异为−5.17%，且甲、乙两种产品均完成了计划。在总体分析的基础上，可进一步进行因素分析如下：

$$(1)\ 计划产值成本率=\frac{80\,000}{110\,000}\times 100\%=72.73\%$$

(2) 按实际产品品种结构、计划单位成本、计划出厂价格计算的产值成本率 $=\frac{200\times120+300\times190}{300\times120+400\times190}\times100\%=72.32\%$

产品品种结构变动影响的数额为 (2)－(1)，即

72.32%－72.73%＝－0.41%

(3) 按实际产品品种结构、实际单位成本、计划出厂价格计算的产值成本率 $=\frac{190\times120+280\times190}{300\times120+400\times190}\times100\%=67.86\%$

单位成本变动影响的数额为 (3)－(2)，即

67.86%－72.32%＝－4.47%

(4) 按实际品种结构、实际单位成本、实际出厂价格计算的产值成本率 $=\frac{190\times120+280\times190}{320\times120+390\times190}\times100\%=67.56\%$

出厂价格变动影响的数额为 (4)－(3)，即

67.56%－67.86%＝－0.3%

2. 主营业务成本费用率分析

主营业务成本费用率是本期的主营业务成本及期间费用等与主营业务收入的比率。它也可以用每百元主营业务收入所耗的成本费用来表示。其计算公式如下：

$$主营业务成本费用率=\frac{主营业务成本+期间费用}{主营业务收入}\times100\%$$

或

$$主营业务成本费用率(元/百元)=\frac{主营业务成本+期间费用}{主营业务收入}\times100$$

主营业务成本费用率指标反映主营业务收入耗用成本费用的水平，可以较为全面地反映企业生产经营过程中各种劳动耗费的经济效益。该指标越低，说明企业的经济效益越好。

【例 10—21】 假定某企业生产和销售 A，B 两种产品，期初无库存商品，本期生产的产品全部售出。本期计划的期间费用为 43 750 元，实际期间费用为 58 080 元。本期的其他有关资料如表 10—22 所示。

表 10—22 单位：元

产品	销售量（件）		单价		单位成本		成本		收入	
	计划	实际	计划	实际	计划	实际	计划	实际	计划	实际
A	1 500	1 200	150	160	100	110	150 000	132 000	225 000	192 000
B	1 000	1 200	300	310	200	180	200 000	216 000	300 000	372 000
合计	—	—	—	—	—	—	350 000	348 000	525 000	564 000

根据以上资料，可计算出本期计划和实际的主营业务成本费用率：

$$计划主营业务成本费用率=\frac{350\ 000+43\ 750}{525\ 000}\times100\%=75\%$$

$$实际主营业务成本费用率=\frac{348\ 000+58\ 080}{564\ 000}\times100\%=72\%$$

由以上计算结果可以看出，该企业本期实际的主营业务成本费用率比计划规定的低，完成了计划，其差异为－3%(即 72%－75%)。

为了进一步对主营业务成本费用率进行分析，可以将上述主营业务成本费用率的计算公式进行分解：

$$\begin{aligned}主营业务成本费用率&=\frac{主营业务成本+期间费用}{主营业务收入}\times100\%\\&=\left(\frac{主营业务成本}{主营业务收入}+\frac{期间费用}{主营业务收入}\right)\times100\%\\&=\frac{主营业务成本}{主营业务收入}\times100\%+\frac{期间费用}{主营业务收入}\times100\%\\&=主营业务成本率+主营业务费用率\end{aligned}$$

【例 10—22】　根据例 10—21 的资料和上述公式，我们可以对主营业务成本费用率这一指标进行分解分析，如表 10—23 所示。

表 10—23　　单位：元

指标	计划	实际	差异
主营业务成本率	$\frac{350\ 000}{525\ 000}\times100\%=66.67\%$	$\frac{348\ 000}{564\ 000}\times100\%=61.7\%$	－4.97%
主营业务费用率	$\frac{43\ 750}{525\ 000}\times100\%=8.33\%$	$\frac{58\ 080}{564\ 000}\times100\%=10.3\%$	+1.97%
主营业务成本费用率	$\frac{350\ 000+43\ 750}{525\ 000}\times100\%=75\%$	$\frac{348\ 000+58\ 080}{564\ 000}\times100\%=72\%$	－3%

在对主营业务成本费用率指标分解分析的基础上，可以对主营业务成本率指标和主营业务费用率指标分别进行进一步的分析。

影响主营业务成本率变动的因素与影响产值成本率指标的因素是类似的，主要有：销售产品的品种构成、产品单位成本以及销售单价。其分析方法与产值成本率的因素分析法相同。

各因素对主营业务成本率影响程度的计算方法如下：

(1) 以计划（或上年实际）主营业务成本率为基础。

$$主营业务成本率=\frac{按计划销售量、计划单位成本计算的总成本}{按计划销售量、计划价格计算的主营业务收入}\times100\%\quad(10—5)$$

(2) 按实际产品品种构成、计划单位成本、计划价格计算的主营业务成本率：

$$主营业务成本率=\frac{按实际销售量、计划单位成本计算的总成本}{按实际销售量、计划价格计算的主营业务收入}\times100\%\quad(10—6)$$

将式（10—6）与式（10—5）相比较，就可以求得产品品种构成变动影响的数额。

（3）按实际产品品种构成、实际单位成本、计划价格计算的主营业务成本率。

$$\text{主营业务成本率}=\frac{\text{按实际销售量、实际单位成本计算的总成本}}{\text{按实际销售量、计划价格计算的主营业务收入}}\times 100\% \quad (10—7)$$

将式（10—7）与式（10—6）相比较，就可以求得产品单位成本变动影响的数额。

（4）计划按实际产品品种构成、实际单位成本、实际价格计算的主营业务成本率。

$$\text{主营业务成本率}=\frac{\text{按实际销售量、实际单位成本计算的总成本}}{\text{按实际产量、实际价格计算的主营业务收入}}\times 100\% \quad (10—8)$$

将式（10—8）与式（10—7）相比较，就可以求得价格变动影响的数额。

【例 10—23】 仍使用例 10—21 和例 10—22 中的资料，可对该企业本期主营业务成本率变动进行因素分析如下：

$$(1)\ \text{计划主营业务成本率}=\frac{100\times 1\,500+200\times 1\,000}{150\times 1\,500+300\times 1\,000}\times 100\%=66.67\%$$

$$(2)\ \text{按实际产品品种构成、计划单位成本、计划价格计算的主营业务成本率}=\frac{100\times 1\,200+200\times 1\,200}{150\times 1\,200+300\times 1\,200}\times 100\%=66.67\%$$

产品品种构成变动影响的数额为（2）－（1），即

$$66.67\%-66.67\%=0$$

$$(3)\ \text{按实际产品品种构成、实际单位成本、计划价格计算的主营业务成本率}=\frac{110\times 1\,200+180\times 1\,200}{150\times 1\,200+300\times 1\,200}\times 100\%=64.44\%$$

单位成本变动影响的数额为（3）－（2），即

$$64.44\%-66.67\%=-2.23\%$$

$$(4)\ \text{按实际产品品种构成、实际单位成本、实际价格计算的主营业务成本率}=\frac{110\times 1\,200+180\times 1\,200}{160\times 1\,200+310\times 1\,200}\times 100\%=61.7\%$$

价格变动影响的数额为（4）－（3），即

$$61.7\%-64.44\%=-2.74\%$$

需要指出的是，在本期销售的产品中可能包括部分期初存货，其成本水平与本期生产并在本期销售的产品的成本水平很可能是有差异的，对此在分析评价时应予注意。另外，在上述举例中，品种构成变动对销售成本率实际脱离计划的影响数额

为 0（即没有影响），是因为 A，B 两种产品计划的主营业务成本率是一样的（均为 66.67%）。可见，各种产品计划的主营业务成本率的差别，是品种构成变动对主营业务成本率产生影响的原因。

影响主营业务费用率变动的因素主要有：销售量、期间费用以及价格。对主营业务费用率变动进行因素分析时，可采用以下方法：

$$(1)\ \text{销售量变动的影响}=\left(\frac{\text{计划的期间费用}}{\sum(\text{产品计划价格}\times\text{该产品实际销售量})}-\frac{\text{计划期间费用}}{\text{计划销售收入}}\right)\times 100\%$$

$$(2)\ \text{期间费用变动的影响}=\frac{\text{实际期间费用}-\text{计划期间费用}}{\sum(\text{产品计划价格}\times\text{该产品实际销售量})}\times 100\%$$

$$(3)\ \text{价格变动的影响}=\left(\frac{\text{实际期间费用}}{\text{实际销售收入}}-\frac{\text{实际期间费用}}{\sum(\text{产品计划价格}\times\text{该产品实际销售量})}\right)\times 100\%$$

【例 10—24】　仍使用例 10—21 和例 10—22 的资料，可以对该企业本期的主营业务费用率的变动进行因素分析如下：

$$(1)\ \text{销售量变动的影响}=\left(\frac{43\,750}{150\times1\,200+300\times1\,200}-\frac{43\,750}{525\,000}\right)\times100\%=-0.23\%$$

$$(2)\ \text{期间费用变动的影响}=\frac{58\,080-43\,750}{150\times1\,200+300\times1\,200}\times100\%=2.654\%$$

$$(3)\ \text{价格变动的影响}=\left(\frac{58\,080}{160\times1\,200+310\times1\,200}-\frac{58\,080}{150\times1\,200+300\times1\,200}\right)\times100\%=-0.457\%$$

3. 成本费用利润率分析

成本费用利润率是企业一定期间的利润总额与成本、费用总额的比率。其计算公式如下：

$$\text{成本费用利润率}=\frac{\text{利润总额}}{\text{成本费用总额}}\times100\%$$

成本费用利润指标反映每一元成本费用可获得的利润，体现企业生产经营耗费与财务成本之间的关系，因此，它是一个综合反映企业成本效益优劣的重要指标。该指标越高说明企业经济效益越好，越低说明企业经济效益越差。

分析成本费用利润率一般运用比较法，通过该项指标的本年实际数与本年计划数对比，或与上年实际数对比，按指标形成的各项因素，查明其变动原因及其对指标升降的影响，为加强成本管理、制定控制成本费用的措施提供有用的信息。

需要指出的是，由于企业的利润指标可以有多种形式，如营业利润、利润总额、净利润等，成本费用也可以分为主营业务成本和各项期间费用等（上述资料有的可以从利润表中直接获取，有的则需要从企业的有关核算资料中取得），不同利润值与相应的成本费用指标之间的比率说明不同的问题。因此，成本费用利润率的分析，应根据企业的实际情况和成本管理的实际需要来进行；在分析时，必须注意计算这类指标时所采用的有关“利润”与“成本费用”之间的相关性，以使分析的结果更具说服力和有用性。

例如，由于利润总额中包括投资收益、营业外收入和营业外支出，而这三个项目与成本费用没有内在联系，对比结果不利于深入的分析，因此分析时，应扣除这三个项目，将成本费用与营业利润对比，计算成本费用营业利润指标。其计算公式如下：

$$\text{成本费用营业利润率}=\frac{\text{营业利润额}}{\text{成本费用总额}}\times 100\%$$

又如，企业的主营业务是企业利润主要的经常性来源，其成本投入的经济效益对企业经济效益的优劣有决定性影响。因此，在进行成本效益分析时，应予以重点关注。为此，可以计算和分析主营业务成本毛利率指标。其计算公式如下：

$$\text{主营业务成本毛利率}=\frac{\text{主营业务收入}-\text{主营业务成本}}{\text{主营业务成本}}\times 100\%$$

$$=\frac{\text{主营业务毛利}}{\text{主营业务成本}}\times 100\%$$

【例 10—25】 某企业 2007 年度和 2008 年度的有关资料如表 10—24 所示。

表 10—24 单位：元

项目	2007 年度	2008 年度
主营业务成本	150 000	200 000
期间费用	30 000	42 000
主营业务毛利	31 500	40 000
营业利润	37 800	48 400
利润总额	34 200	50 820

根据表 10—24 的资料，可计算出该企业 2007 年度与 2008 年度有关利润率指标，如表 10—25 所示。

表 10—25

指标	2007 年度	2008 年度	差异
成本费用利润率	$\frac{34\,200}{150\,000+30\,000}\times 100\%=19\%$	$\frac{50\,820}{200\,000+42\,000}\times 100\%=21\%$	+2%
主营业务成本毛利率	$\frac{31\,500}{150\,000}\times 100\%=21\%$	$\frac{40\,000}{200\,000}\times 100\%=20\%$	−1%
成本费用营业利润率	$\frac{37\,800}{150\,000+30\,000}\times 100\%=21\%$	$\frac{48\,400}{200\,000+42\,000}\times 100\%=20\%$	−1%

由表 10—25 的计算分析资料可以看出，尽管 2008 年度比 2007 年度成本费用

利润率有所提高，但主营业务成本毛利率和成本费用营业利润率均有所降低。因此，应结合企业生产经营的其他有关资料和部分情况进行深入分析。

10.3.7　技术经济指标变动对产品成本影响的分析

技术经济指标是指那些与企业生产技术特点具有内在联系的经济指标。由于各类工业企业生产技术特点不同，因而用来考核企业经济活动的技术经济指标也不一样。企业的技术经济指标从不同的角度反映企业生产经营活动的效果，其完成的好坏必然会直接或间接地影响产品成本水平。因此，分别向主管各项技术经济指标的部门编报主要技术经济指标变动对产品成本影响的分析表具有十分重要的意义，其内容包括：

(1) 可以使成本分析深入到生产技术领域，使经济分析与技术分析相结合，具体查明成本升降的原因。

(2) 可以将企业降低产品成本的目标与车间生产工人技术操作质量和效果联系起来，从而使广大职工关心成本，变少数人算账为多数人算账，并从提高经济效益的角度促进各项技术经济指标的完成。

(3) 可以把成本分析工作与日常的生产技术和经营管理工作结合起来，变定期分析为经常分析，更好地发挥成本分析及时指导和调节生产实践的能动作用。

技术经济指标变动对产品成本的影响主要表现在对产品单位成本的影响上。需要指出的是，各项技术经济指标变动对产品单位成本影响的途径是不同的，因而分析其变动影响的方法也不一样。一种产品单位成本的高低取决于该种产品的总成本和总产量的高低，其计算公式为：

$$\text{产品单位成本}=\frac{\text{总成本（料、工、费）}}{\text{总产量}}$$

从各项技术经济指标同产品单位成本的关系看，概括起来主要有三种情况：

(1) 一些技术经济指标，如冶金生产的焦比，每吨电炉钢耗电量，造纸生产的每吨纸耗用标准煤量等，它们的变动直接影响产品总成本中燃料和动力费用水平。

(2) 一些技术经济指标，如机械生产的设备利用率指标等，它们的变动并不直接影响产品总成本，但却直接影响产品产量，并通过产量间接地影响产品单位成本。

(3) 一些技术经济指标，如铸造、轧钢生产的成品率指标，它们的变动不仅直接影响总成本中原材料和燃料消耗，而且通过影响产量变动间接影响产品单位成本。

下面分别举例说明各类技术经济指标变动对产品单位成本影响的分析方法。

(1) 以冶金生产的焦比指标为例，说明有些技术经济指标的变动会直接影响产品总成本。在炼铁生产中焦比是反映焦炭消耗量与生铁合格品产量之间对比关系的技术经济指标。其计算公式如下：

$$焦比（千克/吨）=\frac{入炉综合干焦量①（千克）}{生铁产量（吨）}$$

降低焦比意味着炼制每吨生铁所耗焦炭量的减少。焦比变动对生铁单位成本的影响，就是根据焦炭实际消耗量同计划消耗量对比的节约或超支来确定的。

【例 10—26】 假定某铁厂有关生铁成本的资料如表 10—26 所示。

表 10—26

项目	单位	单价（元）	计划数		实际数	
			数量	金额（元）	数量	金额（元）
入炉干焦量	千克	0.9	360 000	324 000	410 400	369 360
合格生铁	吨		1 000	1 800 000	1 200	2 160 000
焦比	千克/吨		360	324	342	307.8

焦比实际比计划降低了 18 千克/吨（342—360），即降低了 5%。对生铁单位成本的影响为：

(342—360)×0.9=—16.2(节约)

（2）以机械生产的设备利用率指标为例，说明有些技术经济指标的变动并不直接影响产品总成本，而是通过产量变动来影响产品单位成本。

设备利用率指标与产量之间的关系是，若其他条件不变，设备利用率指标的变动会使产量同方向、同比例变动。由于在产品全部成本中包括了一部分相对固定的费用，产量在相关范围内变化时这部分固定费用相对不变，从而使单位产品所分摊的固定费用随着产量的增加或减少而相应地减少或增加。因此设备利用率的变化，会通过产量的增加或减少，使单位产品中所分摊的固定费用相应地减少或增加。

【例 10—27】 假定某企业 6 月份设备利用率实际比计划增加了 25%，其他情况不变，产品产量也相应增加了 25%，其他有关情况参见表 10—27。

表 10—27 **产品单位成本分析表** 金额单位：元

项目	计划			实际			计划完成率（%）		
	产量（件）	总成本	单位成本	产量（件）	总成本	单位成本	产量（件）	总成本	单位成本
变动费用		80 000	400		100 000	400		125	100
固定费用		20 000	100		20 000	80		100	80
合计	200	100 000	500	250	120 000	480	250	120	96

从表 10—27 可以看出，在其他条件不变的情况下，设备利用率提高 25%，产量会相应增加 25%，即由 200 件增加到 250 件；同时，变动费用也相应增加 25%，即由 80 000 元增加到 100 000 元，固定费用保持不变，仍为 20 000 元。这时，总成

① 干焦量指扣除水分后的干焦数量。入炉综合干焦量等于入炉干焦量加上各种高炉喷吹燃料按发热量折合成干焦的数量。

本为 120 000 元，单位成本为 480 元，单位成本比计划降低了 20 元（480－500），降低率为 4%（即 20/500）。

产量变动对产品单位成本的影响，也可以采用以下公式计算：

$$\begin{matrix}\text{产量变动影响}\\\text{产品单位成本降低}\\\text{（或升高）百分比}\end{matrix}=\left(\begin{matrix}\text{单位成本中}\\\text{变动费用}\\\text{所占百分比}\end{matrix}+\frac{\begin{matrix}\text{计划单位成本中固定}\\\text{费用所占百分比}\end{matrix}}{\begin{matrix}\text{产量计划完成}\\\text{百分比}\end{matrix}}\times 100\%\right)-1$$

根据例 10—27 中的资料计算如下：

$$\begin{matrix}\text{产量变动影响}\\\text{产品单位成本降低}\\\text{（或升高）百分比}\end{matrix}=\left(\frac{400}{500}\times 100\%+\frac{\frac{100}{500}\times 100\%}{125\%}\right)-1$$

$$=-4\%$$

（3）以铸造或轧钢生产的成品率为例，说明有些技术经济指标的变动不仅直接影响产品总成本，而且通过产量变动间接影响产品单位成本。

成品率是反映原材料投入量与制成合格品数量之间比例关系的一项技术经济指标。成品率的提高意味着同样数量的原材料可以生产出更多的合格品，既降低了单位产品的原材料消耗，又增加了产量。而产量的增加又会降低产品单位成本中的固定费用。因此，成品率指标变动对产品单位成本的影响，应从对单位产品原材料消耗的影响和对产量的影响两个方面进行。

下面举例说明在原材料投入量不变的情况下，成品率变动对单位成本的影响程度的分析方法。

【例 10—28】　假定某企业有关产品成品率指标变动情况如表 10—28 所示。

表 10—28　　**成品率变动情况分析表**

项目	单位	计划	实际	差异
原材料投入量	吨	500	500	—
产品产量	吨	400	450	＋50
成品率	%	80	90	＋10
单位产品耗用原材料数量	吨	1.25	1.11	－0.14
单位产品废料回收数量	吨	0.25	0.11	－0.14

其他费用项目支出如下：

1）单位产品计件工资单价为 40 元。

2）其他直接费用（原材料费用和生产工人工资以外的直接费用）与加工原材料数量成正比，每加工 1 吨原材料的其他直接费用为 50 元。

3）制造费用计划数为 36 000 元。

下面从两个方面分析成品率指标变动对产品单位成本的影响。

第一，成品率指标提高使单位产品原材料消耗降低，从而降低了产品单位成本。

为了确定原材料消耗量降低对单位成本的影响，需要计算产品所消耗的原材料净值，即必须从全部原材料费用中扣除废料回收价值。假定每吨原材料价值为 900 元，回收废料每吨估价 100 元，则每吨产品消耗的原材料净值为：

计划原材料费用净值＝(1.25×900)－(0.25×100)＝1 100(元)
实际原材料费用净值＝(1.11×900)－(0.11×100)＝988(元)

实际比计划降低 112 元

其他直接费用：每加工 1 吨原材料的其他直接费用为 50 元。

计划：1.25×50＝62.5(元)
实际：1.11×50＝55.5(元)

实际比计划降低 7 元

由以上计算可知，由于成品率提高使单位产品原材料消耗降低以及由于单位产品原材料消耗降低使单位产品的直接加工费用减少，共使产品单位成本降低了 119 元（112＋7）。

第二，成品率提高使产量增加，从而降低了产品单位成本中的固定费用。

为了简化起见，现假定制造费用全部为固定费用。由于产量增加，平均每吨产品应分摊的制造费用由每吨 90 元（36 000/400）下降到 80 元（36 000/450），下降了 10 元。

综合以上计算，成品率提高对产品单位成本的影响如表 10—29 所示。

表 10—29 产品单位成本分析表 单位：元

成本项目	计划	实际	差异	
			金额	差异率（%）
1. 原材料价值	1 125	999	－126	
减：废料回收价值	25	11	－14	
原材料净值	1 100	988	－112	
2. 直接人工费用	40	40	—	
3. 其他直接费用	90	80	－10	
4. 制造费用				
产品单位成本	1 230	1 108	122	9.92%

以上我们举例对原材料投入量不变的情况下成品率指标变动对产品单位成本的影响进行了分析。实际上，在多数情况下，原材料投入量和成品率指标是同时变动的。在这种情况下，就需要将二者的变动结合起来加以分析，并分别计算出对产品单位成本的影响程度。

对于各项技术经济指标的分析过程及其计算结果，可以将其作为工作绩效或工作中的差距，向有关车间、部门报告，也可以以预报分析的形式，向有关车间、部门报告，说明各项技术经济指标在挖潜和提高经济效益方面的重要性以及所存在的差距。

□ 练习题

一、单项选择题

1. 企业编制成本报表的主要目的是（　　）。

A. 向投资者提供企业详细的成本信息

B. 向债权人提供企业详细的成本信息

C. 向国家有关部门提供企业详细的成本信息

D. 向企业的成本管理工作提供有用的成本信息

2. 主要产品单位成本表的单位成本部分是按（　　）反映的。

A. 消耗定额　　B. 费用定额

C. 生产费用要素　　D. 成本项目

3. 只影响可比产品成本降低额而不影响降低率的因素是（　　）。

A. 产品产量　　B. 产品单位成本

C. 产品的品种构成　　D. 产品售价

4. 可比产品成本降低额，是指可比产品的累计实际总成本比按（　　）计算的累计总成本降低的数额。

A. 本年计划单位成本　　B. 上年实际平均单位成本

C. 上年计划单位成本　　D. 国内同类产品实际平均单位成本

5. 将两个性质不同但又相关的指标对比求出的比率，称为（　　）。

A. 构成比率　　B. 相关指标比率

C. 动态比率　　D. 效益比率

6. 企业成本报表（　　）。

A. 是对外报送的报表

B. 是对内编报的报表

C. 既是对内报表，也是对外报表

D. 可根据债权人和投资人的要求，确定哪些指标对外公布，哪些指标不对外公布

7. 影响可比产品成本降低率的因素有（　　）。

A. 产品产量　　B. 产品单位成本

C. 产品的种类和规格　　D. 产品数量

8. 下列报表中，不包括在成本报表中的有（　　）。

A. 产品生产成本表　　B. 管理费用明细表

C. 制造费用明细表　　D. 利润表

二、核算与计算题

习题一

［目的］ 练习可比产品成本降低计划完成情况分析。

［资料］

(1) 可比产品成本计划降低额为650元，计划降低率为6.5%。

(2) 全部产品生产成本表（按产品种类反映）有关可比产品部分见表10—30。

表10—30 全部产品生产成本表（按产品种类反映） 单位：元

可比产品	产量（件）		单位成本			总成本		
	计划	实际	上年实际平均	本年计划	本期实际	按上年实际平均成本计算	按本年计划成本计算	本期实际
甲	15	25	400	370	350			
乙	20	18	200	190	195			
合计								

(3) 本期材料涨价使可比产品成本实际比计划提高1 400元。

［要求］

(1) 计算并填列全部产品生产成本表中总成本各栏数字。

(2) 计算可比产品成本实际降低率和实际降低额。

(3) 检查可比产品成本降低率计划完成情况，分析其升降原因，并作出简要评价。

习题二

［目的］ 练习主要产品单位成本表分析。

［资料］ 甲产品单位成本表见表10—31。

表10—31 主要产品单位成本表

产品名称：甲 单位：元

成本项目	上年实际平均	本年计划	本期实际
直接材料	1 862	1 890	2 047
直接人工	150	168	164
制造费用	248	212	209
合计	2 260	2 270	2 420
主要技术经济指标	用量	用量	用量
原材料消耗量（千克）	950	900	890
原材料单价	1.96	2.1	2.3

［要求］

(1) 分析甲产品单位成本变动情况。

(2) 分析影响原材料费用变动的因素和各因素变动的影响程度。

习题三

[目的]　练习产品单位成本的直接人工项目分析。

[资料]　甲产品单位成本直接人工项目为：计划 160 元，实际 210 元。经查，单位产品工时消耗为：计划 40 小时，实际 35 小时；小时工资率为：计划 4 元，实际 6 元。

[要求]　采用差额计算法，计算工时消耗数量和小时工资率变动对产品单位成本直接人工项目变动的影响程度。

三、案例题

[资料]　大方公司生产和销售甲产品，本年度的有关资料如下：

1. 产品的定额、有关费用计划、产量计划的资料：

(1) 有关甲产品的定额资料：

1) 直接材料费用定额：350 元/件；

2) 工时消耗定额：10 小时/件；

3) 直接人工费用率：15 元/小时，直接人工费用定额：150 元/件；

4) 制造费用率：20 元/小时，制造费用定额 200 元/件；

5) 单位产品定额成本 700 元/件。

(2) 期间费用计划资料：

本年度期间费用计划总额 400 000 元，其中销售费用 160 000 元。

(3) 有关甲产品的产销量、销售单价等资料：

1) 本年计划产量 5 000 件，本年计划销售量 5 000 件；

2) 计划销售单价 800 元/件，计划销售收入 4 000 000 元；

2. 本年度的有关实际资料和有关情况如下：

(1) 实际消耗材料费用 1 768 000 元，实际消耗工时 59 800 小时，实际发生直接人工费用 956 800 元，实际发生制造费用 1 255 800 元，实际生产甲产品 5 200 件。

(2) 实际平均销售单价 800 元/件，实际销售数量 5 200 件，实际销售收入 4 160 000 元。

(3) 实际发生期间费用 450 000 元，其中销售费用 230 000 元。

(4) 本年度企业采取了一些增产和促销措施，使得产量和销售量以及销售收入都有所增加，但所实现的利润却没有达到计划的要求。

[要求]　根据所给资料，分析以下问题：

1. 对企业在产品生产方面的成本费用控制情况进行计算分析。

2. 对企业在经营管理和销售方面的费用控制情况进行计算分析。

3. 根据上述计算分析的结果并结合案例的其他资料，对企业本年度没有完成利润计划的原因做出分析。

成本会计实训一 制造费用的归集与分配

一、公司简介

天一洗衣机有限公司是一家专业的洗衣机制造公司。该公司设有三个基本生产车间和两个辅助生产车间，大量生产普通洗衣机和全自动洗衣机两种产品。三个基本生产车间的职能分别为：毛坯车间负责生产机体的毛坯配件；彩涂车间负责对毛坯配件进行彩涂处理；装配车间负责将经彩涂处理后的各配件组装成完整的洗衣机。公司生产的半成品均不对外销售。两个辅助生产车间的职能分别为：供水车间负责为其他部门供水；供电车间负责为其他部门供电。

管理上要求提供直接按原始成本项目反映的产成品成本资料。该公司的所有存货均采用实际成本进行计价，发出存货的计价方法均采用全月一次加权平均法进行核算。车间机器设备的折旧费、修理费虽然直接用于产品生产，但管理上不要求单独核算，也不专设成本项目。直接人工及制造费用按定额工时在普通洗衣机和全自动洗衣机间进行分配。辅助生产成本的分配采用交互分配法，辅助生产车间的制造费用不通过“制造费用”科目核算。固定资产按直线法折旧，本月新增固定资产不提折旧，本月内处置的固定资产照提折旧。

二、初始资料

天一洗衣机有限公司201×年4月1日的有关资料如下：

（一）各产品的定额工时资料如表1所示。

表1 **各产品的定额工时** 单位：小时

产品	毛坯车间	彩涂车间	装配车间
全自动洗衣机	2 400	1 200	1 800
普通洗衣机	600	600	600
合计	3 000	1 800	2 400

（二）材料存量与金额资料如表 2 所示。

表 2　　材料存量与金额资料　　单位：元

材料	数量	单价	金额
钢板	2 000	20	40 000
油漆	2 500	6	15 000
电机	1 800	50	90 000
劳保用品	200	50	10 000

三、201×年 4 月业务资料

（一）本月各部门领用材料情况如表 3 至表 13 所示。所领用原材料的数量为原材料的实际消耗量，即期初、期末车间无余料。

表 3

领 料 单

领料单位：毛坯车间　　201×年 4 月 5 日　　发料仓库：材料库

货号	材料名称	规格	计量单位	数量		单价（元）	金额（元）
				请领	实发		
1001	钢板		米	1 560	1 560	20	31 200
用途	生产全自动洗衣机			备注			

记账：　部门主管：　保管员：黄河　领料人：陈博言　审核人：王江

表 4

领 料 单

领料单位：彩涂车间　　201×年 4 月 5 日　　发料仓库：材料库

货号	材料名称	规格	计量单位	数量		单价（元）	金额（元）
				请领	实发		
1002	油漆		千克	1 440	1 440	6	8 640
用途	生产全自动洗衣机			备注			

记账：　部门主管：　保管员：黄河　领料人：章文　审核人：刘玲

表 5

领 料 单

领料单位：装配车间　　201×年 4 月 5 日　　发料仓库：材料库

货号	材料名称	规格	计量单位	数量		单价（元）	金额（元）
				请领	实发		
1003	电机		套	1 440	1 440	50	72 000
用途	生产全自动洗衣机			备注			

记账：　部门主管：　保管员：黄河　领料人：白波　审核人：刘晓春

表 6

领 料 单

领料单位：毛坯车间　　201×年 4 月 6 日　　发料仓库：材料库

货号	材料名称	规格	计量单位	数量		单价（元）	金额（元）
				请领	实发		
1001	钢板		米	240	240	20	4 800
用途	生产普通洗衣机			备注			

记账：　部门主管：　保管员：黄河　领料人：常江　审核人：刘玲

表 7

领 料 单

领料单位：彩涂车间　　201×年 4 月 6 日　　发料仓库：材料库

货号	材料名称	规格	计量单位	数量		单价（元）	金额（元）
				请领	实发		
1002	油漆		千克	960	960	6	5 760
用途	生产普通洗衣机			备注			

记账：　部门主管：　保管员：黄河　领料人：章文　审核人：刘玲

表 8

领 料 单

领料单位：装配车间　　201×年 4 月 6 日　　发料仓库：材料库

货号	材料名称	规格	计量单位	数量		单价（元）	金额（元）
				请领	实发		
1003	电机		套	600	600	50	30 000
用途	生产普通洗衣机			备注			

记账：　部门主管：　保管员：黄河　领料人：秦健　审核人：刘玲

表 9

领 料 单

领料单位：供水车间　　201×年 4 月 6 日　　发料仓库：材料库

货号	材料名称	规格	计量单位	数量		单价（元）	金额（元）
				请领	实发		
1004	劳保用品		套	60	60	50	3 000
用途	劳动保护			备注			

记账：　部门主管：　保管员：黄河　领料人：陈方　审核人：刘晓春

表 10

领 料 单

领料单位：供电车间　　201×年 4 月 10 日　　发料仓库：材料库

货号	材料名称	规格	计量单位	数量		单价（元）	金额（元）
				请领	实发		
1004	劳保用品		套	24	24	50	1 200
用途	劳动保护			备注			

记账：　部门主管：　保管员：黄河　领料人：陈方　审核人：刘晓春

表 11

领 料 单

领料单位：毛坯车间　　201×年 4 月 20 日　　发料仓库：材料库

货号	材料名称	规格	计量单位	数量		单价（元）	金额（元）
				请领	实发		
1002	油漆		千克	120	120	6	720
用途	车间一般耗用			备注			

记账：　部门主管：　保管员：黄河　领料人：章申　审核人：胡丽

表 12

领 料 单

领料单位：彩涂车间　　201×年 4 月 20 日　　发料仓库：材料库

货号	材料名称	规格	计量单位	数量		单价（元）	金额（元）
				请领	实发		
1002	油漆		千克	60	60	6	360
用途	车间一般耗用			备注			

记账：　部门主管：　保管员：黄河　领料人：潘盛富　审核人：邓华

表 13

领 料 单

领料单位：装配车间　　201×年 4 月 20 日　　发料仓库：材料库

货号	材料名称	规格	计量单位	数量		单价（元）	金额（元）
				请领	实发		
1002	油漆		千克	180	180	6	1 080
用途	车间一般耗用			备注			

记账：　部门主管：　保管员：黄河　领料人：陈玖　审核人：刘晓春

（二）本月毛坯车间发生车间办公用品费 2 000 元，增值税税率 17%，款项已经通过银行转账支票付讫。相关票据如图 1 和图 2 所示。

全国统一发票监制章 北京市 税务局监制

北京市增值税专用发票

No：11851350

开票日期：201×年4月4日

购货单位	名称： 纳税人识别号： 地址、电话： 开户行及账号：	天一洗衣机有限公司 1013569403 中关村南路101号 交通银行中关村支行49202949				密码区	%&*#%^573@&&	
货物及应税劳务名称		规格型号	单位	数量	单价	金额	税率	税额
办公用品						2 000	17%	340
合计								340
价税合计（大写）		贰仟叁佰肆拾元整						
销货单位	名称： 纳税人识别号： 地址、电话： 开户行及账号：	北京物储有限公司 1012910330 八角路200号 交通银行石景山支行30393823				备注	北京物储有限公司 财务专用	

收款人： 复核： 开票人：陈颖 销货单位（章）：

第三联 发票联 购货方记账凭证

图1

中国交通银行
转账支票存根
No 502920
科目：
对方科目
签发日期 201×年4月5日

收款人：北京物储有限公司
金额：￥2 340.00
用途：办公用品
备注：

单位主管 会计
复核 记账

图2

（三）本月彩涂车间发生车间办公用品费500元，增值税税率17%，款项已经通过银行转账支票付讫。相关票据如图3和图4所示。

北京市增值税专用发票

（全国统一发票监制章　北京市　税务局监制）

No: 11851364

开票日期：201×年 4 月 7 日

<table>
<tr><td rowspan="4">购货单位</td><td>名　　称：</td><td colspan="3">天一洗衣机有限公司</td><td rowspan="4">密码区</td><td colspan="4" rowspan="4">%&*#%^573@&&</td></tr>
<tr><td>纳税人识别号：</td><td colspan="3">1013569403</td></tr>
<tr><td>地 址、电 话：</td><td colspan="3">中关村南路 101 号</td></tr>
<tr><td>开户行及账号：</td><td colspan="3">交通银行中关村支行 49202949</td></tr>
<tr><td colspan="2">货物及应税劳务名称</td><td>规格型号</td><td>单位</td><td>数量</td><td colspan="2">单价</td><td>金额</td><td>税率</td><td>税额</td></tr>
<tr><td colspan="2">办公用品</td><td></td><td></td><td></td><td colspan="2"></td><td>500</td><td>17%</td><td>85</td></tr>
<tr><td colspan="2">合计</td><td></td><td></td><td></td><td colspan="2"></td><td></td><td></td><td>85</td></tr>
<tr><td colspan="2">价税合计（大写）</td><td colspan="8">伍佰捌拾伍元整</td></tr>
<tr><td rowspan="4">销货单位</td><td>名　　称：</td><td colspan="3">北京物储有限公司</td><td rowspan="4">备注</td><td colspan="4" rowspan="4">（北京物储有限公司 财务专用）</td></tr>
<tr><td>纳税人识别号：</td><td colspan="3">1012910330</td></tr>
<tr><td>地 址、电 话：</td><td colspan="3">八角路 200 号</td></tr>
<tr><td>开户行及账号：</td><td colspan="3">交通银行石景山支行 30393823</td></tr>
</table>

第三联　发票联　购货方记账凭证

收款人：　　复核：　　开票人：陈颖　　销货单位（章）：

图 3

中国交通银行
转账支票存根
No 502931
科目：
对方科目
签发日期 201×年 4 月 8 日

收款人：北京物储有限公司
金额：¥585.00
用途：办公用品
备注：

单位主管　　会计
复核　　记账

图 4

（四）本月彩涂车间发生车间办公用品费 1 000 元，增值税税率 17%，款项未付。相关票据如图 5 所示。

北京市增值税专用发票

北京市

全国统一发票监制章

税务局监制

No：11851378

开票日期：201×年4月12日

购货单位	名称：天一洗衣机有限公司 纳税人识别号：1013569403 地址、电话：中关村南路101号 开户行及账号：交通银行中关村支行49202949			密码区	%&*#%^573@&&		
货物及应税劳务名称	规格型号	单位	数量	单价	金额	税率	税额
办公用品					1 000	17%	170
合计							170
价税合计（大写）	壹仟壹佰柒拾元整						
销货单位	名称：北京物储有限公司 纳税人识别号：1012910330 地址、电话：八角路200号 开户行及账号：交通银行石景山支行30393823			备注	北京物储有限公司 财务专用		

收款人：　　复核：　　开票人：陈颖　　销货单位（章）：

第三联 发票联 购货方记账凭证

图5

（五）本月各部门所用厂房增减变动情况如表14所示，月折旧率为3%。

表14

厂房原值变动表

201×年4月　　单位：元

原值	毛坯车间	彩涂车间	装配车间	供水车间	供电车间	厂部
4月初厂房原值	2 400 000	1 200 000	3 000 000	600 000	240 000	1 800 000
4月新增厂房原值	600 000	120 000	720 000			240 000
4月减少厂房原值	120 000		360 000	60 000		

（六）本月车间所用机器增减变动情况如表15所示，月折旧率为2%。

表15

机器设备原值变动表

201×年4月　　单位：元

原值	毛坯车间	彩涂车间	装配车间
4月初机器设备原值	600 000	300 000	750 000
4月新增机器设备原值	15 000	3 000	18 000
4月减少机器设备原值	3 000	50	9 000

（七）本月各部门职工薪酬汇总表如表 16 所示。

表 16

职工薪酬汇总表

201×年 4 月

单位：元

部门		应付职工薪酬
毛坯车间	生产工人	30 000
	管理人员	7 440
彩涂车间	生产工人	36 000
	管理人员	7 080
装配车间	生产工人	48 000
	管理人员	11 400
供水车间		2 400
供电车间		6 180
厂部		9 600
合计		159 120

（八）本月各辅助生产车间提供的劳务量情况如表 17 所示。采用交互分配法分配各辅助生产车间提供的劳务量。

表 17

本月各辅助生产车间提供的劳务量

201×年 4 月

辅助生产车间	单位	供水车间	供电车间	毛坯车间	彩涂车间	装配车间	厂部	合计
供水车间	吨		900	9 000	3 600	2 700	1 800	18 000
供电车间	度	5 400		7 200	10 800	3 600	5 400	32 400

四、实训要求（若有小数，四舍五入后保留小数点后两位）

（1）根据领料原始凭证，编制原材料费用分配表。

（2）根据厂房折旧资料，编制厂房折旧费用分配表。

（3）根据机器设备折旧资料，编制机器设备折旧分配表。

（4）根据职工薪酬汇总表，编制直接人工费用分配表。

（5）根据上述各项分配表，登记辅助生产车间成本明细账。

（6）根据辅助生产车间的资料，编制辅助生产费用分配表。

（7）根据上述资料，登记基本生产车间制造费用明细账。

（8）根据基本生产车间制造费用明细账，编制基本生产车间制造费用分配表。

五、实训用纸

原材料费用分配表

201×年4月

应借科目			钢板		油漆		电机		劳保用品		合计
			领用数量	实际成本	领用数量	实际成本	领用数量	实际成本	领用数量	实际成本	实际成本
基本生产成本	毛坯车间	全自动洗衣机									
		普通洗衣机									
	彩涂车间	全自动洗衣机									
		普通洗衣机									
	装配车间	全自动洗衣机									
		普通洗衣机									
制造费用	毛坯车间										
	彩涂车间										
	装配车间										
辅助生产成本	供水车间										
	供电车间										
管理费用											
合计											

厂房折旧费用分配表

201×年4月

应借科目		折旧	
		原值	折旧额
制造费用	毛坯车间		
	彩涂车间		
	装配车间		
辅助生产成本	供水车间		
	供电车间		
管理费用			
合计			

机器设备折旧费用分配表

201×年 4 月

应借科目		折旧	
		原值	折旧额
制造费用	毛坯车间		
	彩涂车间		
	装配车间		
合计			

直接人工费用分配表

201×年 4 月

应借科目			定额工时	职工薪酬费用	
				分配率	分配额
基本生产成本	毛坯车间	全自动洗衣机			
		普通洗衣机			
		合计			
	彩涂车间	全自动洗衣机			
		普通洗衣机			
		合计			
	装配车间	全自动洗衣机			
		普通洗衣机			
		合计			
制造费用	毛坯车间		—		
	彩涂车间		—		
	装配车间		—		
辅助生产成本	供水车间		—		
	供电车间		—		
管理费用					
合计	—				

辅助生产成本明细账

车间：供水车间　　　　单位：元

日期		凭证编号	摘要	原材料	职工薪酬	折旧费	合计	转出
月	日							

辅助生产成本明细账

车间：供电车间　　　　　　　　　　　　　　　　　　单位：元

日期		凭证编号	摘要	原材料	职工薪酬	折旧费	合计	转出
月	日							

辅助生产费用分配表

201×年4月

项目				交互分配			对外分配		
辅助车间名称				供水	供电	合计	供水	供电	合计
待分配辅助生产费用									
劳务供应数量									
费用分配率									
应借科目	辅助生产成本	供水车间	耗用数量						
			分配金额						
		供电车间	耗用数量						
			分配金额						
		毛坯车间	耗用数量						
			分配金额						
	基本生产成本	彩涂车间	耗用数量						
			分配金额						
		装配车间	耗用数量						
			分配金额						
	管理费用		耗用数量						
			分配金额						
金额合计									

注：若有小数，四舍五入后保留小数点后两位，尾差计入厂部管理费用。

制造费用明细账

车间：毛坯车间　　　　单位：元

日期		凭证编号	摘要	机物料	车间管理人员薪酬	车间厂房折旧费	机器设备折旧费	车间办公用品费	辅助费用	合计	转出
月	日										
			合计								

制造费用明细账

车间：彩涂车间　　　　单位：元

日期		凭证编号	摘要	机物料	车间管理人员薪酬	车间厂房折旧费	机器设备折旧费	车间办公用品费	辅助费用	合计	转出
月	日										
			合计								

制造费用明细账

车间：装配车间　　　　单位：元

日期		凭证编号	摘要	机物料	车间管理人员薪酬	车间厂房折旧费	机器设备折旧费	车间办公用品费	辅助费用	合计	转出
月	日										
			合计								

制造费用分配表

201×年4月

<table>
<tr><th colspan="3" rowspan="2">应借科目</th><th rowspan="2">定额工时</th><th colspan="2">费用</th></tr>
<tr><th>分配率</th><th>分配额</th></tr>
<tr><td rowspan="9">基本生产成本</td><td rowspan="3">毛坯车间</td><td>全自动洗衣机</td><td></td><td></td><td></td></tr>
<tr><td>普通洗衣机</td><td></td><td></td><td></td></tr>
<tr><td>合计</td><td></td><td></td><td></td></tr>
<tr><td rowspan="3">彩涂车间</td><td>全自动洗衣机</td><td></td><td></td><td></td></tr>
<tr><td>普通洗衣机</td><td></td><td></td><td></td></tr>
<tr><td>合计</td><td></td><td></td><td></td></tr>
<tr><td rowspan="3">装配车间</td><td>全自动洗衣机</td><td></td><td></td><td></td></tr>
<tr><td>普通洗衣机</td><td></td><td></td><td></td></tr>
<tr><td>合计</td><td></td><td></td><td></td></tr>
</table>

会计分录簿

凭证编号	摘要	总分类账	明细账	借方金额	贷方金额

成本会计实训二 平行结转分步法

一、公司简介

天一洗衣机有限公司的基本情况已经在实训一中介绍，此处不再赘述。由于管理上要求提供直接按原始成本项目反映的产成品成本资料，该公司采用平行结转分步法按生产步骤计算产品成本。该公司的所有存货均采用实际成本进行计价，发出存货的计价方法均采用全月一次加权平均法进行核算。各步骤生产费用在完工产品与在产品之间的分配采用约当产量法。各步骤所需的原材料都是一次性投入。直接人工与制造费用按定额工时在普通洗衣机和全自动洗衣机间进行分配。辅助生产成本的分配方法采用直接分配法，辅助生产车间的制造费用不通过“制造费用”科目核算。固定资产按直线法折旧，本月新增固定资产不提折旧，本月内处置的固定资产照提折旧。

二、初始资料

天一洗衣机有限公司201×年11月1日的有关资料如下：

（一）各步骤产量资料如表1所示。

表1 各步骤产品的产量资料 单位：件

产品	产品数量	毛坯车间	彩涂车间	装配车间
全自动洗衣机	月初在产品数量	80	100	20
	本月投产数量	420	400	400
	完工并转出产品数量	400	400	360
	月末在产品数量	100	100	60
	在产品完工程度	50%	50%	40%
普通洗衣机	月初在产品数量	50	150	50
	本月投产数量	300	250	300
	完工并转出产品数量	250	300	300
	月末在产品数量	100	100	50
	在产品完工程度	50%	60%	60%

（二）各产品的定额工时资料如表 2 所示。

表 2 **各产品的定额工时** 单位：小时

产品	毛坯车间	彩涂车间	装配车间
全自动洗衣机	2 000	1 000	1 500
普通洗衣机	500	500	500
合计	2 500	1 500	2 000

（三）各产品的期初在产品成本资料如表 3 所示。

表 3 **各产品的期初在产品成本资料** 单位：元

项目	毛坯车间		彩涂车间		装配车间	
	全自动	普通	全自动	普通	全自动	普通
直接材料	8 720	18 550	17 760	14 100	2 160	1 250
直接人工	7 930	5 000	6 790	1 890	4 560	1 880
制造费用	11 810	1 500	1 490	4 680	468	270
合计	28 460	25 050	26 040	20 670	7 188	3 400

（四）材料期初存量与金额资料如表 4 所示。

表 4 **材料期初存量与金额**

材料	数量	单价	金额（元）
钢板	2 000	15	30 000
油漆	500	6	3 000
电机	1500	40	60 000
劳保用品	200	50	10 000

三、201×年 11 月业务资料

（一）本月从北京物储有限公司购入 1 000 米钢板，单价 30 元/米，增值税税率为 17%，货款已经通过银行转账支票付讫，材料已验收入库。相关票据如表 5、图 1 和图 2 所示。

表 5

入 库 单

No. 11934739

交货部门：采购部 201×年 11 月 2 日 收料仓库：材料库

货号	材料名称	单位	数量		单价	金额
			应收	实收		
1001	钢板	米	1 000	1 000		

第三联 记账联

北京市增值税专用发票

全国统一发票监制 北京市 税务局监制

No：11851356

开票日期：201×年 11 月 1 日

购货单位	名　　称：	天一洗衣机有限公司	密码区	%&*#%^573@&&
	纳税人识别号：	1013569403		
	地 址、电 话：	中关村南路 101 号		
	开户行及账号：	交通银行中关村支行 49202949		

货物及应税劳务名称	规格型号	单位	数量	单价	金额	税率	税额
钢板		米	1 000	30	30 000	17%	5 100
合计							5 100
价税合计（大写）	叁万伍仟壹佰元整						

销货单位	名　　称：	北京物储有限公司	备注	北京物储有限公司 财务专用章
	纳税人识别号：	1012910330		
	地 址、电 话：	八角路 200 号		
	开户行及账号：	交通银行石景山支行 30393823		

收款人：　　复核：　　开票人：陈颖　　销货单位（章）：

第三联 发票联 购货方记账凭证

图 1

中国交通银行
转账支票存根
No 502928

科目：
对方科目
签发日期 201×年 11 月 2 日

收款人：北京物储有限公司
金额：￥35 100.00
用途：购材料
备注：

单位主管　　会计
复核　　记账

图 2

（二）本月从北京红光油漆有限公司购入 3 000 千克油漆，单价 6 元/千克，增值税税率为 17%，货款已经通过银行转账支票付讫，材料已验收入库。相关票据如表 6、图 3 和图 4 所示。

表 6

入 库 单

No. 11934740

交货部门：采购部　　201×年 11 月 2 日　　收料仓库：材料库

货号	材料名称	单位	数量		单价	金额
			应收	实收		
1002	油漆	千克	3 000	3 000		

第二联 记账联

北京市增值税专用发票

全国统一发票监制章 北京市 税务局监制

No：11038920

开票日期：201×年 11 月 1 日

购货单位	名称：	天一洗衣机有限公司	密码区	%&*#%^&#@@#333
	纳税人识别号：	1013569403		
	地址、电话：	中关村南路 101 号		
	开户行及账号：	交通银行中关村支行 49202949		

货物及应税劳务名称	规格型号	单位	数量	单价	金额	税率	税额
油漆		千克	3 000	6	18 000	17%	3 060
合计							3 060
价税合计（大写）	贰万壹仟零陆拾元整						

销货单位	名称：	北京红光油漆有限公司	备注	
	纳税人识别号：	1014930294		
	地址、电话：	新华大街 20 号		
	开户行及账号：	交通银行通州支行 59302022		

收款人：　　复核：　　开票人：张彩萍　　销货单位（章）：

北京红光油漆有限公司 财务专用章

第三联 发票联 购货方记账凭证

图 3

中国交通银行
转账支票存根
No 502928

科目：
对方科目
签发日期 201×年 11 月 2 日

收款人：北京红光油漆有限公司
金额：￥21 060.00
用途：购材料
备注：

单位主管　　会计
复核　　记账

图 4

（三）本月从北京新桥电机有限公司购入 1 000 套电机，单价 65 元/套，增值税税率为 17%，货款未付，材料已验收入库。相关票据如表 7 和图 5 所示。

表 7

入 库 单

No. 11934741

交货部门：采购部　　　　201×年 11 月 2 日　　　　收料仓库：材料库

货号	材料名称	单位	数量		单价	金额
			应收	实收		
1003	电机	套	1 000	1 000		

第三联　记账联

北京市增值税专用发票

全国统一发票监制章　北京市　税务局监制

No : 11940202

开票日期：201×年 11 月 1 日

购货单位	名　　称： 纳税人识别号： 地 址、电 话： 开户行及账号：	天一洗衣机有限公司 1013569403 中关村南路 101 号 交通银行中关村支行 49202949	密码区	%&*#%^&#@@#333			
货物及应税劳务名称	规格型号	单位	数量	单价	金额	税率	税额
电机		套	1 000	65	65 000	17%	11 050
合计							11 050
价税合计（大写）	柒万陆仟零伍拾元整						
销货单位	名　　称： 纳税人识别号： 地 址、电 话： 开户行及账号：	北京新桥电机有限公司 1019304722 黑龙潭路 110 号 交通银行密云支行 59784325	备注	北京新桥电机有限公司 财务专用章			

收款人：　　　　复核：　　　　开票人：陈红广　　　　销货单位（章）：

第三联　发票联　购货方记账凭证

图 5

（四）本月各部门领用材料情况如表 8 至表 21 所示。所领用原材料的数量为原材料的实际消耗量，即期初、期末车间无余料。

表 8

领 料 单

领料单位：毛坯车间　　201×年 11 月 5 日　　发料仓库：材料库

货号	材料名称	规格	计量单位	数量		单价（元）	金额（元）
				请领	实发		
1001	钢板		米	500	500		
用途	生产全自动洗衣机			备注			

记账：　部门主管：　保管员：黄河　领料人：陈博言　审核人：王江

表 9

领 料 单

领料单位：彩涂车间　　201×年 11 月 5 日　　发料仓库：材料库

货号	材料名称	规格	计量单位	数量		单价（元）	金额（元）
				请领	实发		
1002	油漆		千克	200	200		
用途	生产全自动洗衣机			备注			

记账：　部门主管：　保管员：黄河　领料人：章文　审核人：刘玲

表 10

领 料 单

领料单位：装配车间　　201×年 11 月 5 日　　发料仓库：材料库

货号	材料名称	规格	计量单位	数量		单价（元）	金额（元）
				请领	实发		
1003	电机		套	500	500		
用途	生产全自动洗衣机			备注			

记账：　部门主管：　保管员：黄河　领料人：白波　审核人：刘晓春

表 11

领 料 单

领料单位：毛坯车间　　201×年 11 月 6 日　　发料仓库：材料库

货号	材料名称	规格	计量单位	数量		单价（元）	金额（元）
				请领	实发		
1001	钢板		米	200	200		
用途	生产普通洗衣机			备注			

记账：　部门主管：　保管员：黄河　领料人：常江　审核人：刘玲

表 12

领 料 单

领料单位：彩涂车间　　201×年 11 月 6 日　　发料仓库：材料库

货号	材料名称	规格	计量单位	数量		单价（元）	金额（元）
				请领	实发		
1002	油漆		千克	800	800		
用途	生产普通洗衣机			备注			

记账：　部门主管：　保管员：黄河　领料人：章文　审核人：刘玲

表 13

领 料 单

领料单位：装配车间　　201×年 11 月 6 日　　发料仓库：材料库

货号	材料名称	规格	计量单位	数量		单价（元）	金额（元）
				请领	实发		
1003	电机		套	500	500		
用途	生产普通洗衣机			备注			

记账：　部门主管：　保管员：黄河　领料人：秦健　审核人：刘玲

表 14

领 料 单

领料单位：供水车间　　201×年 11 月 6 日　　发料仓库：材料库

货号	材料名称	规格	计量单位	数量		单价（元）	金额（元）
				请领	实发		
1004	劳保用品		套	50	50		
用途	劳动保护			备注			

记账：　部门主管：　保管员：黄河　领料人：陈方　审核人：刘晓春

表 15

领 料 单

领料单位：供电车间　　201×年 11 月 10 日　　发料仓库：材料库

货号	材料名称	规格	计量单位	数量		单价（元）	金额（元）
				请领	实发		
1004	劳保用品		套	20	20		
用途	劳动保护			备注			

记账：　部门主管：　保管员：黄河　领料人：陈方　审核人：刘晓春

表 16

领 料 单

领料单位：毛坯车间　　201×年 11 月 15 日　　发料仓库：材料库

货号	材料名称	规格	计量单位	数量		单价（元）	金额（元）
				请领	实发		
1001	钢板		米	800	800		
用途	生产全自动洗衣机			备注			

记账：　部门主管：　保管员：黄河　领料人：宋青　审核人：刘玲

表 17

领 料 单

领料单位：彩涂车间　　201×年 11 月 15 日　　发料仓库：材料库

货号	材料名称	规格	计量单位	数量		单价（元）	金额（元）
				请领	实发		
1002	油漆		千克	1 000	1 000		
用途	生产全自动洗衣机			备注			

记账：　部门主管：　保管员：黄河　领料人：赵武　审核人：王江

表 18

领 料 单

领料单位：装配车间　　201×年 11 月 15 日　　发料仓库：材料库

货号	材料名称	规格	计量单位	数量		单价（元）	金额（元）
				请领	实发		
1003	电机		套	700	700		
用途	生产全自动洗衣机			备注			

记账：　部门主管：　保管员：黄河　领料人：童新　审核人：刘晓春

表 19

领 料 单

领料单位：毛坯车间　　201×年 11 月 20 日　　发料仓库：材料库

货号	材料名称	规格	计量单位	数量		单价（元）	金额（元）
				请领	实发		
1002	油漆		千克	100	100		
用途	车间一般耗用			备注			

记账：　部门主管：　保管员：黄河　领料人：章申　审核人：胡丽

表 20

领 料 单

领料单位：彩涂车间　　201×年 11 月 20 日　　发料仓库：材料库

货号	材料名称	规格	计量单位	数量		单价（元）	金额（元）
				请领	实发		
1002	油漆		千克	50	50		
用途	车间一般耗用			备注			

记账：　部门主管：　保管员：黄河　领料人：潘盛富　审核人：邓华

表 21

领 料 单

领料单位：装配车间　　201×年 11 月 20 日　　发料仓库：材料库

货号	材料名称	规格	计量单位	数量		单价（元）	金额（元）
				请领	实发		
1002	油漆		千克	150	150		
用途	车间一般耗用			备注			

记账：　部门主管：　保管员：黄河　领料人：陈玖　审核人：刘晓春

（五）本月固定资产增减变动情况如表 22 所示，月折旧率为 3%。

表 22

固定资产原值变动表

201×年 11 月

单位：元

原值	毛坯车间	彩涂车间	装配车间	供水车间	供电车间	厂部
10 月初固定资产原值	2 000 000	1 000 000	2 500 000	500 000	200 000	1 500 000
10 月新增固定资产原值	500 000	100 000	600 000			200 000
10 月减少固定资产原值	100 000		300 000	50 000		

（六）本月各部门职工薪酬汇总表如表 23 所示。

表 23

职工薪酬汇总表

201×年 11 月

单位：元

部门		应付职工薪酬
毛坯车间	生产工人	25 000
	管理人员	6 200
彩涂车间	生产工人	30 000
	管理人员	5 900
装配车间	生产工人	40 000
	管理人员	9 500
供水车间		1 500
供电车间		5 000
厂部		8 000
合计		131 100

（七）本月各辅助生产车间提供的劳务量情况如表 24 所示。采用直接分配法分配各辅助生产车间提供的劳务量。

表 24

本月各辅助生产车间提供的劳务量

201×年 11 月

辅助生产车间	单位	供水车间	供电车间	毛坯车间	彩涂车间	装配车间	厂部	合计
供水车间	吨		500	5 000	2 000	1500	1 000	10 000
供电车间	度	3 000		4 000	6 000	2 000	3 000	18 000
合计		3 000	500	9 000	8 000	3 500	4 000	28 000

四、实训要求（若有小数，四舍五入后保留小数点后两位。如果记账凭证过多，可以只汇集填写会计分录簿）

（1）根据采购原始凭证，编制付款凭证。

（2）根据领料原始凭证，编制存货平均单价计算表及原材料费用分配表。

（3）根据固定资产折旧资料，编制固定资产折旧分配表。

（4）根据职工薪酬汇总表，编制直接人工费用分配表。

（5）根据上述各项分配表，登记辅助生产车间成本明细账、基本生产车间制造费用明细账。

（6）根据辅助生产车间的资料，编制辅助生产费用分配表。

（7）根据基本生产车间制造费用明细账，编制基本生产车间制造费用分配表。

（8）根据领料凭证汇总表、直接人工费用分配表和基本生产车间制造费用分配表，编制基本生产成本明细账。

（9）采用约当产量法，将各步骤的生产费用在完工产品和月末在产品之间分配，计算各步骤的生产费用中应计入产成品的份额。

（10）根据上一步的分配结果，编制基本生产成本明细账。

（11）根据基本生产成本明细账，编制产成品成本汇总表。

（12）在会计分录簿中填列本实训涉及的所有会计分录（各项费用分配表具有记账凭证功能，但为了从整体上系统反映会计业务，我们做此要求）。

五、实训用纸

付款凭证

贷方科目：　　　　　　　　　　年　月　日　　　　　　　　　　编号：

摘要	借方科目		金额											记账符号
	总账科目	明细科目	亿	仟	佰	拾	万	仟	佰	拾	元	角	分	
附单据　　张	合计													

会计主管：　　　　出纳：　　　　记账：　　　　稽核：　　　　制单：

付款凭证

贷方科目：　　　　　　　　年　月　日　　　　　　　　编号：

摘要	借方科目		金额											记账符号
	总账科目	明细科目	亿	仟	佰	拾	万	仟	佰	拾	元	角	分	
附单据　张	合计													

会计主管：　　出纳：　　记账：　　稽核：　　制单：

付款凭证

贷方科目：　　　　　　　　年　月　日　　　　　　　　编号：

摘要	借方科目		金额											记账符号
	总账科目	明细科目	亿	仟	佰	拾	万	仟	佰	拾	元	角	分	
附单据　张	合计													

会计主管：　　出纳：　　记账：　　稽核：　　制单：

存货平均单价计算表

201×年 11 月

存货名称	月初余额			本月购入			平均单价
	数量	单价	金额	数量	单价	金额	
钢板							
油漆							
电机							
劳保用品							

原材料费用分配表

201×年 11 月

应借科目			钢板		油漆		电机		劳保用品		合计
			领用数量	实际成本	领用数量	实际成本	领用数量	实际成本	领用数量	实际成本	实际成本
基本生产成本	毛坯车间	全自动洗衣机									
		普通洗衣机									
	彩涂车间	全自动洗衣机									
		普通洗衣机									
	装配车间	全自动洗衣机									
		普通洗衣机									
制造费用	毛坯车间										
	彩涂车间										
	装配车间										
辅助生产成本	供水车间										
	供电车间										
管理费用											
合计											

固定资产折旧费用分配表

201×年 11 月

应借科目		折旧	
		原值	折旧额
制造费用	毛坯车间		
	彩涂车间		
	装配车间		
辅助生产成本	供水车间		
	供电车间		
管理费用			
合计			

直接人工费用分配表

201×年 11 月

应借科目			定额工时	直接人工费用	
				分配率	分配额
基本生产成本	毛坯车间	全自动洗衣机			
		普通洗衣机			
		合计			
	彩涂车间	全自动洗衣机			
		普通洗衣机			
		合计			
	装配车间	全自动洗衣机			
		普通洗衣机			
		合计			

辅助生产成本明细账

车间：供水车间　　　　单位：元

日期		凭证编号	摘要	原材料	职工薪酬	折旧费	合计	转出
月	日							

辅助生产成本明细账

车间：供电车间　　　　单位：元

日期		凭证编号	摘要	原材料	职工薪酬	折旧费	合计	转出
月	日							

辅助生产费用分配表

201×年 11 月

项目			供水车间		供电车间		合计
			数量	金额	数量	金额	
待分配的辅助生产费用（元）							
供应辅助生产以外的劳务量							
分配率							
应借科目	制造费用	毛坯车间					
		彩涂车间					
		装配车间					
	管理费用						

制造费用明细账

车间：毛坯车间　　　　单位：元

日期		凭证编号	摘要	原材料	职工薪酬	折旧费	辅助费用	合计	转出
月	日								

制造费用明细账

车间：彩涂车间　　　　单位：元

日期		凭证编号	摘要	原材料	职工薪酬	折旧费	辅助费用	合计	转出
月	日								

制造费用明细账

车间：装配车间　　　　　　　　　　　　　　　　　　　　单位：元

日期		凭证编号	摘要	原材料	职工薪酬	折旧费	辅助费用	合计	转出
月	日								

制造费用分配表

201×年 11 月

应借科目			定额工时	费用	
				分配率	分配额
基本生产成本	毛坯车间	全自动洗衣机			
		普通洗衣机			
		合计			
	彩涂车间	全自动洗衣机			
		普通洗衣机			
		合计			
	装配车间	全自动洗衣机			
		普通洗衣机			
		合计			

基本生产成本明细账

车间：毛坯车间
产品：全自动洗衣机　　　　　　　　　　　　　　　　　　单位：元

日期		凭证编号	摘要	成本项目			
月	日			直接材料	直接人工	制造费用	合计

基本生产成本明细账

车间：彩涂车间
产品：全自动洗衣机　　单位：元

日期		凭证编号	摘要	成本项目			
月	日			直接材料	直接人工	制造费用	合计

基本生产成本明细账

车间：装配车间
产品：全自动洗衣机　　单位：元

日期		凭证编号	摘要	成本项目			
月	日			直接材料	直接人工	制造费用	合计

产成品成本汇总表

产品名称：全自动洗衣机　　产量：360 件　　单位：元

	直接材料	直接人工	制造费用	合计
毛坯车间成本份额				
彩涂车间成本份额				
装配车间成本份额				
产成品总成本				
单位成本				

基本生产成本明细账

车间：毛坯车间
产品：普通洗衣机　　单位：元

日期		凭证编号	摘要	成本项目			
月	日			直接材料	直接人工	制造费用	合计

基本生产成本明细账

车间：彩涂车间
产品：普通洗衣机　　单位：元

日期		凭证编号	摘要	成本项目			
月	日			直接材料	直接人工	制造费用	合计

基本生产成本明细账

车间：装配车间
产品：普通洗衣机　　单位：元

日期		凭证编号	摘要	成本项目			
月	日			直接材料	直接人工	制造费用	合计

产成品成本汇总表

产品名称：普通洗衣机　　　　产量：300 件　　　　单位：元

	直接材料	直接人工	制造费用	合计

会计分录簿

凭证编号	摘要	总分类账	明细账	借方金额	贷方金额

图书在版编目（CIP）数据

成本会计学/于富生，张敏编著．—3版．—北京：中国人民大学出版社，2017.2
“十三五”普通高等教育应用型规划教材．会计与财务系列
ISBN 978-7-300-24004-6

Ⅰ.①成… Ⅱ.①于…②张… Ⅲ.①成本会计-高等学校-教材 Ⅳ.①F234.2

中国版本图书馆CIP数据核字（2017）第021552号

北京市高等教育精品教材立项项目
“十三五”普通高等教育应用型规划教材·会计与财务系列
成本会计学（第三版）
于富生　张　敏　编著
Chengben Kuaijixue

出版发行	中国人民大学出版社		
社　　址	北京中关村大街31号	邮政编码	100080
电　　话	010－62511242（总编室）		010－62511770（质管部）
	010－82501766（邮购部）		010－62514148（门市部）
	010－62515195（发行公司）		010－62515275（盗版举报）
网　　址	http://www.crup.com.cn		
经　　销	新华书店		
印　　刷	固安县铭成印刷有限公司	版　　次	2004年6月第1版
开　　本	787 mm×1092 mm　1/16		2017年2月第3版
印　　张	18.25 插页1	印　　次	2025年1月第7次印刷
字　　数	388 000	定　　价	34.00元

中国人民大学出版社　管理分社

教师教学服务说明

中国人民大学出版社管理分社以出版工商管理和公共管理类精品图书为宗旨。为更好地服务一线教师，我们着力建设了一批数字化、立体化的网络教学资源。教师可以通过以下方式获得免费下载教学资源的权限：

- ★ 在中国人民大学出版社网站 www.crup.com.cn 进行注册，注册后进入“会员中心”，在左侧点击“我的教师认证”，填写相关信息，提交后等待审核。我们将在一个工作日内为您开通相关资源的下载权限。

- ★ 如您急需教学资源或需要其他帮助，请加入教师 QQ 群或在工作时间与我们联络。

中国人民大学出版社　管理分社

教师 QQ 群： 648333426(工商管理)　114970332(财会)　648117133(公共管理)
教师群仅限教师加入，入群请备注(学校+姓名)

联系电话： 010-62515735，62515987，62515782，82501048，62514760

电子邮箱： glcbfs@crup.com.cn

通讯地址： 北京市海淀区中关村大街甲 59 号文化大厦 1501 室（100872）

管理书社　　人大社财会　　公共管理与政治学悦读坊